中国人民警察大学学术著作专项经费资助

国际移民问题研究

(2001—2021)

李琦◎著

时事出版社
北京

序 一

全球移民始终伴随着人类社会的发展和进步。起源于非洲大陆的人类祖先，经历了漫长的历史演进过程，最终一步步移民扩展到了世界各地。从历史上的移民速度来看，全球移民的步伐与人类科技的进步密切相关。当人类社会形成以国家为基本单位的国际关系结构后，移民逐渐由一个人类寻求更好生存环境的自然现象，转变为一个可以利用的问题。如第一次世界大战和第二次世界大战结束后，经济重建面临大量劳动力短缺的困境，引进劳动力就成为一些国家的必需，这就是主动引进移民；而世界发展的不平衡，导致一些处于贫穷落后、动荡不安的国家民众向能够提供更好生活环境的国家移动，这就是被动吸收移民。无论如何，移民将始终是这个世界不得不面临的关乎人类社会发展的重要组成部分。

在人类社会科技进步不断加速经济全球化的态势下，过去看来"无穷大"的世界逐渐变成了"地球村"，也使得移民变得更加便利（当然这是在不考虑各国移民控制政策的情况下）。移民在出现了合法移民与非法移民之分的同时，还出现了难民问题。而移民（难民）自身的属性，包括种族、宗教、文化、习俗等，对移民目的地国家产生的影响也逐步显现。特别是移民及其后裔所形成的不同社区，所代表的不同文化、宗教和传统，与原有居民文化、宗教和传统产生的矛盾，在国际大背景和国内小环境下不断突出，甚至激化，导致社会族群对立与分裂的现象日趋明显。冷战结束以来，国际移民潮的出现，西方国家"白人至上"极端种族主义的死灰复燃，就从一个侧面反映了这种矛盾、问题和冲突的激化。因此，如何看待移民问题、如何解决移民问题，全球移民问题的出路在何方，成为当今世界各国不得不深思、不得不考虑、不得不面对的一个重大课题。

当今世界是一个发展不平衡的世界，众多发展中国家经历了西方殖民统治，虽然获得独立，但并未从根本上摆脱西方国家在资源和能源上的掠夺、剥削和压榨，发展中国家的民众也仍未脱离西方国家的奴役（很多发展中国家民众移民到西方国家，成为廉价劳动力）。因此，众多贫穷落后的发展中国家成为最大的移民输出国。这个问题的存在，是国际关系和世界格局的不公正、不平等和不民主造成的，也是西方国家维护自身霸权地位的结果。与此同时，移民中的难民问题，更是成为当今世界面临的最突出的人道主义灾难问题。纵观当今世界不断出现的难民问题，西方国家，特别是美国，可以说是难民问题的最大制造者。从世界上几大难民输出国来看，阿富汗、伊拉克、叙利亚、利比亚和也门，无一不是美国和它的西方盟国制造的灾难。当今的俄乌武装冲突以及由此产生的难民问题，美国既是始作俑者，也是最大推手。由此可见，在国际难民问题上，美国等西方国家难辞其咎。

当今世界正面临"百年未有之大变局"，全球治理作为使这个世界更加公平美好的理念，越来越受到各国的高度重视。其中，移民（难民）问题也成为摆在我们面前的一个重大全球治理难题。我们看到，我国学者——中国人民警察大学副教授李琦长期着眼于研究移民（难民）问题，而且新的研究成果《国际移民问题研究（2001—2021）》即将面世，这必将推动并促进我国学者对移民（难民）问题的更加全面、更加深入的涉猎与研究。

《国际移民问题研究（2001—2021）》一书既从理论上对当前仍存争议的"移民"等相关概念进行界定，也重新梳理"国际移民问题治理"的相关理论。可以说在一定程度上，在理论上对"移民"和"移民治理"有了进一步的深化。从研究的时间段上看，重心放在了2001年到2021年这20年，这一时间段正是国际形势发生深刻变化、国际移民（难民）问题更加突出的时间，与世界政治、经济、安全等问题联系更加紧密。特别是本书对产生移民（难民）问题的深层次因素分析，对把脉全球局势动荡下移民（难民）发展趋势具有很好的启示意义。在此基础上，本书也提出了全球治理中存在的移民（难民）问题、如何解决以及相关路径选择，具有重要参考价值。

长期以来，移民（难民）一直是国际上的热点问题，但在国内进行相关研究的学者和产生的成果并不多。随着中国综合国力进一步提升，吸引来华工作、生活的外国人不断增加，由此对做好移民管理服务提出了新要求。因此，重视移民问题也成为中国现代化建设的一个重要方面。2018年3月13日，第十三届全国人民代表大会第一次会议表决通过关于国务院机构改革方案的决定，组建"国家移民管理局"。《国际移民问题研究（2001—2021）》一书最后浓墨重彩的部分，是通过研究国际移民（难民）问题，为中国移民管理工作献计献策，真正做到学有所用。李琦曾在中国现代国际关系研究院攻读博士研究生，在三年学习期间不负期望，顺利完成学业并获得博士学位。作为李琦的博士研究生导师，我十分欣慰见证了他的成长。李琦是一位有着坚定政治理念和理想，对科研工作十分认真负责的青年学者。在此，衷心祝贺李琦的研究成果公开发表，期望再接再厉，不断有新的成果出现。

李 伟

2022年3月于北京

序　二

李琦老师要我为他的《国际移民问题研究（2001—2021）》一书写个序，我很高兴地应承下来。之所以愿意做这个序，一是因为李琦老师作为我的年轻同事，我一直在关注他的成长。他在原中国人民武装警察部队学院研究生毕业留校任教后，便与我成为同事。我知道，在高校，年轻老师要想打拼出一片天地着实不易，他们不仅要在最短的时间站稳讲台，还要在较短的时间产出成果。所以，年轻老师上的第一节课、第一门课，发表的第一篇文章，申请的第一个课题，出版的第一本著作，在他们的职业生涯中都具有标志性意义。他前面几个第一次我都见证了，最后这个第一次又实现了，我为他取得的成果高兴。

二是国际移民问题也是我一直关注的问题。最早我是从偷渡问题开始了解和研究国际移民问题的，但由于各种原因，我的关注和研究时断时续，很多想法也没有产出成果，但我一直鼓励年轻老师在这一领域深耕。在国家边防出入境管理体制改革以后，国家移民管理局成立，我所服务的单位在学科专业设置上进行了调整，我退休以前所做的最后一项有意义的工作就是参与移民管理相关学科专业的论证。学科专业调整以后，国际移民问题的研究需求和研究空间更大了，国际移民问题的研究也正在成为"显学"。李琦老师研究成果的出版，使得已经渐趋繁茂的国际移民研究的百花园中又多了一枝花朵，这同样是令人高兴的事情。

移民问题之对于中国而言，是一个既古老又新鲜的话题。说其古老，是说我国的移民问题或者移民现象不比任何国家出现得晚，如果考察一下我们的移民史，很可能比很多国家更悠久。说其新鲜，是因为它作为一门学问研究的历史并不长。这本《国际移民问题研究（2001——2021）》选取了21世纪开始以后的前20年作为研究的视角。这20年是中国在各个方面发生翻天覆地变化的20年，也是国际移民领域，中国由流出国转变为流出国、流入国并存的20年，是出入境管理日趋规范化、法治化的20年，是移民管理事务由边防出入境管理向移民出入境管理从理念到体制机制转变的20年。

就世界范围而言，这20年也是国际移民问题频出，甚至影响国际政治、国际格局的20年。《国际移民问题研究（2001—2021）》选取了四个方面的突出问题作为研究的视角，探讨了移民安全问题、移民政治问题、移民经济问题、移民公共卫生问题的表征、机理和原因。我们看到，国际移民问题从来不是一个独立存在的问题。国际移民问题的产生是因为诸多安全、政治、经济、战争、公共卫生等一系列问题的存在，同时，国际移民问题也会引起新的安全、政治、经济、战争、公共卫生等问题。其中的相互关系和内在机理既困惑着学者，也困惑着政治家。由此，我们看到学者提出了不同的观点，政治家开展了不同的实践。这些讨论和实践又吸引着学者和政治家进行着新的讨论和实践。李琦老师关注着这些讨论和实践，也提出了自己的见解。

国际移民安全、政治、经济、公共卫生等问题，及其对这些问题的讨论和应对的实践，一再提示我们，国际移民问题不是一个国家能独自面对的问题，而是一个必须纳入全球治理范畴的世界性问题。迄今形成的国际移民全球治理机制虽然发挥了应有的作用，但我们也看到其局限性，国际移民组织加入联合国系统正是对这种局限性的回应。但国际移民全球治理中存在的问题和面临的挑战并没有因此得到解决。新冠肺炎疫情肆虐全球的几年中，国际移民成为最尴尬的一个群体，但现今的国际移民全球治理机制所能发挥的作用与人们的期待相比较还是有很大距离。在百年未有之大变局的背景下，国际移民全球治理的改革必定是一个重大的时代命题。我很高兴地看到，《国际移民问题研究（2001—2021）》专门设立了一章讨论这一问题，并从治理理念、治理主体、治理平台、治理规范四个方面进行了分析。

如前所述，我国学术界对国际移民问题作为一个专门学问开展研究的历史并不长，这主要是因为国际移民问题的主体是外国人问题，而外国人入出境、停留居留、就业永居、入籍归化等在我国成为一个问题的历史还不长。但是，随着我国改革开放的深入，随着我国经济社会的发展进步，

序　二

随着我国越来越靠近世界舞台中央，不管是常规还是非常规的国际移民问题都需要面对和研究。我以为，这里存在两个方面的问题需要加强研究，一是作为国内治理范畴的国际移民治理，虽然这一范畴可以把中国公民出入境纳入其中，但重点是外国人入出境、停留居留、就业永居、入籍归化等，其中诸如签证政策、国民待遇、技术移民、"三非"等问题更需加强研究；二是全球治理范畴的国际移民治理，其中的中国角色、中国方案与中国作为，包括大国角色与权力责任的平衡，以及如何协调统筹国际移民治理中的国内治理和国际治理等，都是需要给予理论解答的。《国际移民问题研究（2001—2021）》已经关注到这些问题，其结论也是我所同意的。希望李琦老师继续关注甚至重点关注这些问题，不断深化对这些问题的研究。

再次祝贺《国际移民问题研究（2001—2021）》的出版，祝愿李琦老师学术科研取得更多的成果，为进一步繁荣国际移民领域的研究贡献智慧。

张保平

2022 年 4 月 6 日

前　言

从 15 世纪地理大发现开启国际移民进程以来,移民问题从未在任何时期像今天一样成为重要的全球性问题。国际移民作为全球化进程中除商品和资本之外的第三类流动要素,在 2001—2021 年 20 年间的发展和变化中产生了许多的问题。在这期间,"9·11"事件(2001 年)、经济危机(2008 年)、难民危机(2015 年)、新冠肺炎疫情(2020 年)可以说是问题发展的四个重要节点,也是产生与移民相关的诸如安全问题、经济问题、政治问题和公共卫生问题的主要原因。"9·11"事件后,与移民相关的安全问题成为各国制定政策必须考虑的核心因素;2008 年金融危机又触发了劳动力市场的震荡,移民群体受到严重的冲击,成为经济形势的"晴雨表"和经济衰退的"替罪羊";席卷欧洲的难民危机在 2015 年全面爆发,危机深刻影响着国内和国际政治,民粹主义政党大行其道,右翼势力再次崛起,这一切使欧盟一体化进程受阻并最终导致英国"脱欧"成为现实;2020 年暴发的新冠肺炎疫情使公共卫生成为有史以来影响国际移民的最主要因素之一。疫情阻碍了跨境流动,造成失业和经济衰退,移民和难民遭受种族歧视且自身健康难以保障。总之,21 世纪初至今的 20 年,是开启世界百年未有之大变局的 20 年,是全球化高开低走的 20 年,国际移民呈现出的问题可谓前所未有,治理难度同样也是前所未有。

基于此,第一,本书对相关概念进行理论界定,探讨了国际移民、国际移民问题、国际移民问题全球治理的概念,明确了国际移民问题是研究移民(人)及其行为(迁徙)的问题,确立了重点研究对象,即与国际移民有关的安全问题、经济问题、政治问题和公共卫生问题四大类问题。在明确概念的基础上,从主客观因素、移民产生的原因和法律规定三个不同的角度对国际移民进行了分类,特别是区分了移民与难民、难民与寻求庇护者的差异。通过对国际移民种类的区分，为分析移民问题产生的原因及其治理提供了依据。与此同时，本书介绍了国际移民问题研究的已有理论和创新理论，如"反移民现象的全球化不可能三角理论"、非传统安全理论、全球化与相互依存理论以及"人类命运共同体"理论等，将理论作为问题现象的解释和分析框架。

第二，本书还详细阐述了2001年以来与国际移民相关的四大类问题，即"安全问题""经济问题""政治问题"和"公共卫生问题"，这些问题使国际移民形势日趋复杂，也加深了西方各国的"反移民"情绪。问题的产生与国际局势密切相关，体现了国际移民发展与全球化进程的密切联系。面对诸多难题，联合国及各国政府尚在苦苦探索解决国际移民问题的治理之道。并且在新冠肺炎疫情叠加影响的情况下，国际移民问题以及疫情衍生的公共卫生危机又给治理增添了很多的不确定性，这一切都值得我们深入探讨和研究。

第三，本书在详细论述国际移民问题的基础上，充分分析了问题产生的原因，从历史研究的角度指出了西方殖民主义及其后遗症是当前国际移民问题产生的源头，全球化与逆全球化进程导致了当前的"反移民"现象，由种族、宗教和政治问题引发的地区和国内政变、战乱冲突是难民问题产生的最直接因素，而全球治理失灵、特别是移民问题的复杂化和治理"碎片化"带来的治理困境是国际移民问题迄今尚未有良治之策的根本原因。

第四，本书还围绕如何实现国际移民问题全球治理展开论述，从治理理念、治理主体、治理平台以及治理规范四个方面提出了具体实施路径，即以"人类命运共同体"理念为指导，在加强国际移民组织全球治理主导地位以及发挥全球移民网络、全球移民与发展论坛多边议程重要作用的同时，坚持将《移民问题全球契约》（以下简称《契约》）作为共同行动准则，以保障人权为基础，推动《契约》由国际软法向具有约束力的公约准则变化，全社会共同参与移民问题治理，最终真正实现安全、有序和正常的全球移民治理格局。

第五，本书在研究国际移民问题之余也将视野聚焦中国移民管理事业的未来发展。中国在2016年加入了国际移民组织，2018年又成立了国家移民管理局，改进和完善中国移民管理工作是服务高水平开放、高质量发展的必然要求，是完善国家治理体系，提升治理能力的首要任务。所以，如何促进国际移民管理工作早日与国际接轨，对外展示大国形象、展现社会主义制度优越性，在移民问题全球治理进程中掌握话语权并体现大国的责任与担当，是未来中国移民管理工作改革的重要方向，也是作者在此书中思考的问题。

目　录

绪　论 ··· (1)
　一、选题背景和意义 ······································· (1)
　二、国内外研究动态 ······································· (6)
　三、难点和创新点 ··· (17)

第一章　国际移民问题研究的理论基础 ················· (19)
　第一节　主要概念的理论界定 ··························· (19)
　　一、国际移民的概念 ···································· (19)
　　二、国际移民问题的概念 ······························ (21)
　　三、国际移民问题全球治理的概念 ··················· (23)
　第二节　国际移民的分类 ································ (25)
　第三节　国际移民问题研究的相关理论 ················ (29)
　　一、国际移民产生的理论 ······························ (29)
　　二、国际移民的融合理论 ······························ (32)
　　三、国际移民的延续理论 ······························ (34)
　　四、反移民现象理论解释 ······························ (36)
　　五、国际移民的治理理论 ······························ (43)

第二章　2001年至今国际移民问题的主要表现形式 ··· (47)
　第一节　"9·11"事件凸显移民安全问题 ··············· (47)
　　一、移民与恐怖主义相关联成为重要的安全问题 ···· (48)
　　二、移民管控力度受安全因素的影响而逐渐加大 ···· (52)
　　三、移民因外国恐怖分子之特定身份而遭到仇视 ···· (55)

第二节　金融危机加深移民经济问题 (58)
一、金融危机对欧美国家社会的整体影响 (58)
二、欧美国家移民政策在危机中深度调整 (60)
三、国际移民受到金融危机的严重冲击 (63)

第三节　难民危机加剧移民政治问题 (66)
一、难民问题在国际层面深刻影响国际政治形势 (67)
二、难民危机在地区层面破坏欧洲一体化进程 (71)
三、在国内层面导致右翼民粹主义崛起 (75)

第四节　新冠肺炎疫情突出移民公共卫生问题 (79)
一、全球流动迁徙受到前所未有的限制 (80)
二、移民成为受新冠肺炎疫情冲击最大的群体 (81)
三、新冠肺炎疫情加深国际难民的生存困境 (85)

第三章　2001年至今国际移民问题产生的主要原因 (89)

第一节　殖民主义及其后遗症 (89)
一、殖民主义加速国际移民的发展进程 (90)
二、殖民主义使移民问题有种族主义色彩 (92)
三、去殖民化运动深刻影响国际移民进程 (95)

第二节　全球化与逆全球化 (100)
一、全球化发展阶段及其影响下的移民进程 (101)
二、现阶段全球化进程所呈现出的主要问题 (105)
三、全球化与逆全球化对国际移民的影响 (107)

第三节　地区战乱和国内冲突 (110)
一、2001年至今国际影响较大的难民潮及其特点 (110)
二、美国"全球反恐战争"是问题产生的国际因素 (113)
三、种族、宗教冲突和政变是问题产生的国内因素 (116)

第四节　全球治理陷入困境 (119)
一、21世纪全球治理的整体性危机 (120)
二、全球移民治理困境的具体表现 (122)

第四章　实现国际移民问题全球治理的主要路径 (127)

第一节　积极倡导人类命运共同体理念加强治理合作 (127)
一、人类命运共同体理念的背景和内容 (128)
二、对移民问题全球治理的指导意义 (132)

第二节　强调国际移民组织在全球移民治理中的主导地位 (134)
一、国际移民组织的发展演变 (135)
二、国际移民组织的机构设置 (137)
三、国际移民组织的重要功能 (140)

第三节　发挥全球移民网络和论坛等多边议程的重要作用 (142)
一、重视全球移民网络在联合国框架内的积极作用 (142)
二、充分利用全球移民与发展论坛多边和多元优势 (146)

第四节　尊重并实现《移民问题全球契约》提出的倡议性目标 (152)
一、《移民问题全球契约》的产生过程和基本内容 (153)
二、《移民问题全球契约》的主要特点和积极意义 (156)
三、《移民问题全球契约》对移民治理的重要作用 (159)

第五章　国际移民问题研究对中国移民管理工作的启示 (163)

第一节　加速推动中国移民管理法制建设进程 (164)
一、加强顶层设计和整体谋划 (164)
二、制定和修订相关法律法规 (164)
三、积极参与国际协议的制定 (165)

第二节　制定中国特色移民政策适应未来发展 (165)
一、改进外国人入出境和居留管理制度 (166)
二、建立中国特色移民社会融合制度 (167)
三、兼顾国际惯例制定中国难民政策 (167)
四、完善处理"三非"人员相关政策制度 (168)

第三节　以人才强国为目标深化国际人才战略 (168)
一、完善技术移民引进路径 (169)
二、优化永久居留管理制度 (170)

第四节　加强中国参与国际移民治理的话语权 (172)
一、加强中国国际移民治理话语权的重要性 (172)

二、加强国际移民治理话语权的主要途径 …………………… (173)
第五节　重视理论研究、区域合作及人才培养 ………………… (174)
一、加强智库建设努力实现理论创新 …………………………… (174)
二、坚持推动国际和区域交流与合作 …………………………… (175)
三、开展国际移民管理专业人才培养 …………………………… (176)

结　论 ……………………………………………………………… (177)

参考文献 …………………………………………………………… (180)

绪 论

一、选题背景和意义

世界目前正在经历第三波大规模的人类移民浪潮。从全球化开始扩张的 19 世纪末到 1914 年的第一波浪潮中，世界上有近 10% 的人口从一个国家流向另一个国家，其中大部分是跨洋迁徙。第二波人类移民浪潮开始于二战之后，这是因大规模的战争破坏和国家边界的重新划定所引起的，这次浪潮主要发生在欧洲。现在，我们正处于第三波浪潮之中，由世界上大部分人口组成、主动和被动移民相结合是第三波移民浪潮的主要特征。一些人为了寻找工作和更好的生计，主动向发达国家和新的发展中国家移民，另一些人因为战争、武装冲突或自然灾害而被迫离开家园。[①] 常规移民、非常规移民和难民的界线也因此而变得越来越模糊。[②]

在全球化进程飞速发展（"超级全球化"）的 21 世纪，世界开始面临百年未有之大变局。西方国家持续衰落，"9·11" 事件、2008 年经济危机、2015 年难民危机、特朗普执政、英国"脱欧"等"黑天鹅"事件层出不穷。"9·11"事件引发了移民安全问题，2008 年经济危机造成了移民经济问题，2015 年难民危机加剧了移民政治问题。"9·11"事件发生至今，种族主义、保护主义、民粹主义和右翼势力强势崛起，移民"问题

[①] Ashok Swain, "Increasing Migration Pressure and Rising Nationalism: Implications for Multilateralism and SDG Implementation", https://www.un.org/development/desa/dpad/wp-content/uploads/sites/45/publication/SDO_BP_Swain.pdf, pp. 1-2.（上网时间：2021 年 3 月 29 日）

[②] 因此，以"混合式移民"（mixed migration）为研究对象成为目前移民研究领域的主要视角。

化"和"妖魔化"不断充斥于西方媒体。在前任美国总统特朗普上台后，其代表的政治部落主义（tribalism）逐渐兴起，推动全球化进程的新自由主义遭受了极大的挑战，反全球化和逆全球化逐渐成为西方世界的主流意识形态，全球治理面临严重危机。特别是暴发于2020年初的新冠肺炎疫情又进一步加剧了全球化的倒退（deglobalization），商品和贸易流通受限，人的流动更是被严令禁止，因移民和移民行为而产生的各类问题在疫情的影响下恶化速度不断加剧。在战后国际秩序面临挑战、全球乱象频发的21世纪，从未有哪个时代像今天一样因移民和移民行为而产生诸多的问题，而这些问题无法再由一个国家在其主权框架下自行处理，而唯有通过全球共同治理方能实现解决之道。然而，治理之路也布满荆棘。

首先，国际移民人数不断增加，非法移民安全难以保障，爆发冲突的地区难民危机从未缓解。2019年11月联合国公布了《世界移民报告2020》，报告显示：2019年全世界共有2.72亿移民，占全球总人口的3.5%，移民人口较2000年的世界移民人口1.50亿增加了近1.22亿人，亚洲依然是移民人口流动最多的地区。2019年10月，发生在英国的39名越南偷渡者集装箱内死亡案震惊世界，非法移民的安全问题再次凸显。[①] 与此同时，难民问题也在逐年增加，2018年全球难民人口为2590万，较2000年的1400万增加了46%。冲突和战乱仍然是造成国际难民的最主要原因。难民来源国排名前5名的分别为叙利亚、阿富汗、南苏丹、缅甸和索马里，这也是当前世界主要战乱和不稳定国家，这5个国家难民的总数占世界难民人口的2/3以上。[②] 自2011年叙利亚内战以来，近550万叙利亚人逃离本国，在附近国家寻求避难，其中大部分前往欧洲。在2015年超过100万人涌入欧洲后，欧盟与土耳其最终在2016年达成了一项60亿欧元的经济援助和相关协议，土耳其同意阻止难民潮涌向欧洲，并在其境内建立了多处安置点。截至2020年3月26日，土耳其已登记的叙利亚难民

---

① 中国日报网："集装箱藏尸案：全部死者遗体已运回越南"，http://world.chinadaily.com.cn/a/201911/30/WS5de241e9a31099ab995eee45.html。（上网时间：2020年7月8日）
② IOM,"World Migration Report 2020"（世界移民报告2020），p.41.

已有360万。① 更加难以解决的是缅甸的罗兴亚难民问题,在孟加拉国的罗兴亚难民营中至今仍生活着100多万难民。②

其次,国内移民问题政治化倾向严重,单边主义对治理合作构成严重挑战。近些年来,移民问题逐渐成为西方国家选举中的重要议题,移民问题政治化倾向越来越严重。精英阶层从国家大局制定的移民政策无法被民众接受,导致移民政策的调整出现了自下而上逆向决策的过程,其中充斥着民众对移民和难民的担忧、怀疑和抵制。如视穆斯林移民为"文化威胁",警告欧洲会出现"衰落"和"伊斯兰化"等。③ 虽然从经济学的角度早已证实——长期以来在适当的政策下移民可以促进国家经济的发展,甚至"移民对我们的社会做出了积极的贡献"。④ 然而,"文明冲突""认同危机"等呼声越来越变得"政治正确",因移民问题政治化引发的各种不确定性因素最终导致了不同群体之间的分裂——精英与民众、政党与政党,甚至是英国与欧盟。

2018年7月13日联合国通过了《安全、有序和正常移民全球契约》(以下简称《移民问题全球契约》),该契约是联合国各成员国通过讨论协商达成的一份以整体和全面方式覆盖国际移民所有问题的全球性框架文件,对共同治理移民难民问题具有里程碑式的意义。然而,《移民问题全球契约》遭到了美国、澳大利亚、奥地利、智利、波兰、巴西、匈牙利、捷克、斯洛伐克的明确反对,瑞士、意大利、以色列等国家虽未反对但也没有加入⑤,这些国家的行为使得《移民问题全球契约》原本期望的效力

---

① Ayça Tekin – Koru, "Precarious lives: Syrian refugees in Turkey in corona times", April, 2020, https://voxeu.org/article/precarious – lives – syrian – refugees – turkey – corona – times. (上网时间: 2020年7月10日)

② John Letzing, "How COVID – 19 is throttling vital migration flows", https://www.weforum.org/agenda/2020/04/covid – 19 – is – throttling – vital – migration – flows/. (上网时间: 2020年7月10日)

③ Christopher Caldwell, "Reflections on the Revolution in Europe: Immigration, Islam, and the West", New York: Doubleday, 2009.

④ 联合国常务副秘书长:"移民是全球化的重要特征,对社会做出积极贡献", https://news.un.org/zh/story/2018/04/1005871。(上网时间: 2020年7月9日)

⑤ 人民网:"联合国通过《移民问题全球契约》,美等十国退出", http://m.people.cn/n4/2018/1211/c57 – 12027097.html。(上网时间: 2020年7月28日)

大打折扣。

再次，主要移民接收国政府在处理移民和难民问题上逐渐乏力，致使西方"人道主义"和"普世价值观"蒙上冰霜。为了应对穆斯林和拉美裔移民带来的所谓"国家安全和社会问题"，美国前任总统特朗普从上任之初就大刀阔斧地修建"边境墙"、颁布"限穆令"，大搞"骨肉分离"、对非法移民"零容忍"，更是关押了超过10万名非法移民儿童。[①] 2019年因"边境墙"的经费问题不惜让美国政府停摆，甚至曾在2020年1月从国防部调拨72亿美元，并计划于2020年底之前建成652公里的"边境墙"。种种迹象表明，美国在处理移民问题上已经黔驴技穷，不得不用上最原始的物理隔绝方式。同时，2015年开始的移民和难民危机严重破坏了欧洲一体化进程，各国在危机面前各怀私心、力求自保。欧盟各国因难民配额问题争论不休，一些国家不顾难民安全关闭边境，拒绝难民船只靠岸。难民问题直接导致了意大利右翼政党上台执政、德国右翼另类选择党（AfD）坐大、英国"脱欧"成为现实等政治闹剧。接受了移民和难民的国家政府，也对后续的一系列问题束手无策，难民和移民在德国、法国和瑞典产生的诸多社会安全问题难以解决，国际移民问题已被打上"后难民危机"时代的深深烙印。另外，在国际政治背景下，难民问题逐渐"工具化"，土耳其挟大量叙利亚难民与欧盟谈判获取利益，白俄罗斯希望通过难民问题迫使欧盟解除对其制裁，直接导致3万名难民试图从白俄罗斯进入波兰，更多的难民滞留在两国边境。[②]

最后，新冠肺炎疫情放大了国际移民本已存在的各类问题并使情况更加复杂。第一，新冠肺炎疫情的暴发严重限制了移民的正常流动。自疫情暴发以来，世界上很多国家都紧急采取了完全或部分强制关闭边境、拒绝外国人入境等十分严格的限制措施。在移民国家，在工作岗位竞争上处于劣势的移民群体受到的冲击更大。第二，难民的生存困境正在进一步加

---

① 中国妇女网："联合国：美国关押超10万非法移民儿童"，http：//www.cnwomen.com.cn/2019/11/21/99181333.html。（上网时间：2020年7月8日）

② 张春友："边境难民危机升级，白俄罗斯与欧盟矛盾加剧"，《法治日报》2021年11月15日第5版。

深。自从新冠肺炎疫情暴发以来，难民营的卫生安全问题十分突出，人员密度大、卫生条件差、缺乏必要的医疗物资，使疫情在难民营中暴发的风险剧增。第三，对移民的种族歧视问题更加严重。新冠肺炎疫情暴发以来，美国政府高官不顾人类良知和道德底线，为维护自身霸权借疫情大搞政治操弄，一时间种族主义言论盛行，引发了对外来者的大规模排斥和仇恨，造成了言语和肢体冲突，甚至造成了6名亚裔女性被杀的2021年"3·16"亚特兰大枪击事件。[1]

总之，国际移民问题因百年未有之大变局背景下国际秩序的变化、经济全球化的深度调整和不断凸显的"全球治理赤字"等因素影响，与任何时期呈现出的特点都有所不同。其正以一种全新的面貌展现在世人面前，特别是在新冠肺炎疫情的严重冲击下，原有问题被无限放大，新的危机又层出不穷，国际移民问题正变得愈加复杂并充满不确定性。所以，在21世纪的第二个10年到来之初，我们有必要认真思考国际移民问题在全球化衰退的背景下将会如何发展。迄今为止，欧洲难民危机的影响还远没有结束；美墨边境滞留的大量人员还在翘首以待；英国卡车藏尸案39具遗体仍触目惊心；口岸被封锁、人员被限制流动，散布于世界各地的移民群体逐渐被当地民众"另眼看待"。种种现象不得不引起我们的反思：当前的国际移民问题背后有哪些理论和规律？为什么在文明程度远高于过去的今天，人的迁徙反而变得越来越困难？2001年至今，国际移民问题呈现的主要特征是什么？问题的形成有哪些原因？实现国际移民问题全球治理的路径应如何选择？这些都将是本书探讨的主要问题。

另外，随着改革开放的不断深入，中国已连续几年成为世界主要移民输出国。截至2019年11月，中国的海外移民人数为1070万，位列世界第三，紧随墨西哥（1180万）排在印度（1750万）之后。[2] 同时，随着"一带一路"倡议的深入推进，良好的政策和发展环境也对海外人才产生了巨大吸引力。中国在2016年加入国际移民组织，2018年成立了国家移

---

[1] 环球网："反歧视亚裔的怒火仍在美国燃烧"，https://world.huanqiu.com/article/42Ur0BDcOVu。（上网时间：2021年3月29日）

[2] IOM, "World Migration Report 2020", p. 3.

民管理局。随着国际地位的不断提升，中国将更多地承担国际责任和贡献中国智慧，在国际移民问题治理方面发挥积极作用。然而，中国的国际移民问题研究刚刚起步，急需能站在全球治理的视角上构建有中国特色的移民管理体系和政策理论成果。特别是在 2020 年 2 月 27 日《中华人民共和国外国人永久居留管理条例（征求意见稿）》一经发布便遭舆论热议的情况下，更加迫切需要将当前全球治理视角下的世界移民问题与中国的移民管理研究相结合，为推进移民治理法治化、现代化进程服务。

综上所述，本书选取 2001—2021 年这 20 年间的国际移民问题进行研究，既可以丰富国际关系研究中移民问题的理论构建，又可以剖析 2001 年至今国际移民问题产生的深层次根源并探索全球移民治理之道，还可以对中国移民管理工作提供智力支持，具有深刻的理论价值和现实意义。

二、国内外研究动态

国际移民问题研究在欧美国家是一门显学，相关文献从社会学、国际政治学、民族学、法学等不同领域对移民问题都有所涉猎。从 20 世纪初开始，西方学者对国际移民问题逐渐开始关注，特别是在二战之后，随着几次移民潮的兴起，研究成果数量逐渐可观。总体来讲，在 2015 年的欧洲难民危机出现之前，西方学者比较关注的领域主要有以下几个方面：一是移民理论，有代表性的是"推拉"理论；二是移民政策，重点是欧洲国家和美国等主要西方国家移民政策的制定过程和政策调整等；三是移民认同和融合，比如美国最初的"熔炉"、欧洲的"同化"以及备受争议的"多元文化"等融合模式；四是移民与安全及非法移民问题，移民与安全主要在"9·11"事件之后成为研究热点，有关宗教背景的移民问题出现较多，对非法移民问题的研究主要聚焦于苏联解体后东欧、亚洲、拉美等地区人群向欧洲和美国非法移民的现象；五是难民问题，不同时期关于难民问题的关注点有所不同：二战前后主要是种族迫害和种族屠杀造成的难民问题，冷战时期更多的是关注意识形态斗争下的政治难民问题，冷战结束后新自由主义和美式民主盛行的 20 世纪 90 年代主要是关注人权视角下的难民问题以及生态恶化、粮食短缺造成的环境难民问题。随着欧洲难民危机的爆发和特朗普上台，西方学者在研究国际移民（难民）问题本身的同时，更多的关注国际移民（难民）造成的诸多衍生问题，比如欧洲一体化问题、社会安全问题、文明冲突问题、右翼政党和民粹主义问题等。总之，西方学者对国际移民问题的研究与国际形势和国内政治的变化密不可分，不同时期有不同的关注热点。

国内对于国际移民问题的研究基本是从改革开放之后的第一次出国潮开始，最早聚焦的主要是对华人华侨问题的研究，包括华人华侨移民史的研究、华人华侨在国外的移民生活等。随着20世纪90年代中国改革开放的不断发展，海外移民群体逐渐增多，同时非法移民现象也越来越多，国内出现了很多对于非法出入境、边境管控和打击非法移民和偷渡行为的研究，此类研究的主体主要以相关部门和行业内学者为主。随着中国加入世界贸易组织（世贸组织），成功与全球化接轨，在21世纪迎来了更大规模的出境潮，一跃成为世界主要移民输出国之后，开始有学者在关注华人华侨问题的同时研究欧美国家移民政策，并且开始对进入中国的外国人进行研究，对国际移民的研究逐渐变热。特别是在2016年中国加入国际移民组织和2018年成立国家移民管理局之后，国际移民问题越来越受到重视，中国学者的相关研究逐渐与国际接轨，出现了可喜的成果，特别是最近几年围绕欧洲难民危机产生了一定数量的研究成果，与此同时，在国际移民的其他领域也引起了学者们的广泛关注。但是，总体来说，目前国内学者的主要研究领域和代表性成果还多是围绕华人华侨问题的，虽然不乏对国际移民问题的研究，但更多的还只是局限于某一国家和地区，视角有一定的局限性，能够以"百年变局"为背景并站在全球治理的高度去审视国际移民问题的成果不多，能够发出中国声音、展现中国智慧的成果更是稀少，很难打破国内学者在国际移民研究中话语权缺失的窘境。

基于此，本书将在对国内外学者对以下问题的研究成果进行梳理的基础上，研究包括：逆全球化、反全球化与移民问题；移民问题安全化现象；移民问题政治化现象；移民民族认同与文化冲突难民问题及难民危机；移民问题全球治理；中国的国际移民问题；新冠肺炎疫情与国际移民等，明确本书关于国际移民问题的主要研究方向和创新点，以期从中国学者的视角出发，综合分析国际移民问题并提出治理之策。

（一）逆全球化、反全球化与移民问题

近几年来，随着美国对外政策调整和前任总统特朗普的相关言论，关于逆全球化和反全球化的问题逐渐成为讨论的热点，逆全球化和反全球化的一个主要特征也体现于西方国家反移民浪潮的兴起。

在吴前进主编的《欧洲移民危机与全球化困境：症结、趋势与反思》一书中，相关学者讨论了难民危机、民粹主义、欧盟一体化困境以及逆全球化等问题，认为当前全球化在一定程度上因欧洲难民危机问题而陷入了困境，全球移民治理失效，欧洲的民主国家制度受到挑战，这一切会对未来国际秩序造成影响，同时对移民问题全球治理的未来进行了展望。

关于西方国家反移民群体分类方面，厦门大学李明欢教授在2011年出版的专著《国际移民政策研究》中认为，西方政党国家反移民群体主要有三股力量：一是狭隘民族主义立场的极右政治势力；二是担心外来移民会破坏既有社会秩序的中产群体；三是工会下的普通工薪阶层，特别是低技术和无技术领域的蓝领工人。[1]

另外，宋全成[2]、储昭根[3]、王瑞平[4]、栾文莲[5]、付随鑫[6]、周琪[7]等对当前欧美国家的逆全球化和反全球化现状、成因、特点和未来发展趋势等进行了分析和阐述，论述了反移民浪潮是反全球化和逆全球化的主要表

---

[1] 李明欢：《国际移民政策研究》，厦门大学出版社2011年版，第187页。

[2] 宋全成："反移民、反全球化的民粹主义何以能在欧美兴起"，《山东大学学报（哲学社会科学版）》2018年第5期。

[3] 储昭根："当前西方的反全球化浪潮：成因及未来走向"，《人民论坛·学术前沿》2017年第2期。

[4] 王瑞平："对当前西方'反全球化'浪潮的分析：表现、成因及中国的应对"，《当代世界与社会主义》2018年第6期。

[5] 栾文莲："对当前西方国家反全球化与逆全球化的分析评判"，《马克思主义研究》2018年第4期。

[6] 付随鑫："美国的逆全球化、民粹主义运动及民族主义的复兴"，《国际关系研究》2017年第5期。

[7] 周琪："美国的反全球化及其对国际秩序的影响"，《太平洋学报》2017年4月第25卷第4期。

现，民粹主义是反移民、反全球化的重要力量。尹志国[①]、宋爽[②]、陈志强[③]等从全球化的视角对国际移民问题进行了探讨，宋爽分析了全球化背景下国际移民的特点，尹志国认为全球化推动并加剧了欧洲移民问题化，陈志强则阐述了如何在全球化背景下加强欧洲移民治理。

国外关于逆全球化、反全球化与移民问题的成果近些年也比较多见，例如，学者马蒂亚斯·柴卡和海因·代·哈斯[④]通过对一段时期全球迁徙结构的分析，提出全球化与迁徙行为是互相影响的，当前已形成了"迁徙的全球化"，即迁徙的人数越来越多，距离越来越远，涉及的国家越来越多，移民目的地国变得更加分散。在澳大利亚的全球化101研究所出版的研究报告《移民与全球化》中，作者认为，随着全球化的不断深化，各国的移民政策反而变得更加严厉，其目的是为了减少人的大量流动对经济、文化和安全的影响。

（二）移民问题安全化现象

随着非传统安全研究的兴起，移民与安全问题的研究在欧美国家进入了一个新的发展阶段，从20世纪90年代开始文献逐渐增多且观点具有多样性，其中也存在着对于移民是否真正影响安全的争论。然而，在"9·11"事件印证了移民对安全确有重大影响之后，这一争论逐渐减少，学者的研究主要集中于移民是如何影响安全以及怎样消除影响等方面。国内对移民与安全问题的研究比较有建树的成果是田源博士的专著《移民与国家安全：威胁的衍生及其条件研究》，该书的研究基于国际政治现实主义的立场，从国家安全研究的视角，对移民可能产生的政治、经济、社会后果进行审视，找出了影响安全的规律性问题并提出了相应对策。该成果是国内比较少有的能够从国际政治学的角度系统研究移民与安全问题的著作，不仅拓展了国家安全中非传统安全的视野，而且将移民与安全问题研

[①] 尹志国："从全球化角度解读欧洲移民问题"，《学术探索》2012年第7期。
[②] 宋爽："全球化背景下的国际移民特点"，《求索》2006年第11期。
[③] 陈志强："全球化语境下的欧洲化移民治理困境"，《华东经济管理》2010年第10期。
[④] Mathias Czaika, Hein de Haas, "The Globalization of Migration: Has the World Become More Migratory", https://onlinelibrary.wiley.com/doi/full/10.1111/imre.12095. （上网时间：2020年7月29日）

究提升到了一个新的高度。

同时，国内也存在较多有关欧美国家非法移民问题的研究。近几年比较有代表性的著作是陈积敏教授的《国际非法移民治理比较研究》和唐慧云副研究员的《二战后美国国会非法移民立法研究：基于公共政策理论视角》，前者阐述了非法移民的概念、特征和动因，聚焦欧美非法移民治理体系结构、逻辑关系及其治理效果；后者着重探讨了非法移民问题与美国国内政治和移民政策立法的相互影响关系。另外，王吉美在其博士论文《"9·11"后美国边界安全政策变化研究》中论述了移民入境带来的恐怖主义问题对边界安全的影响及由此产生的政策变化；戴长征[1]和徐军华[2]也在文章中论述了移民安全研究中占有重要地位的跨境恐怖主义流动问题，并提出了解决国际人口流动中存在的恐怖主义问题的对策建议。

（三）移民问题政治化现象

山东大学宋全成教授在其2007年出版的著作《欧洲移民研究：20世纪的欧洲移民进程与欧洲移民问题化》中对移民政治化现象进行了分类，他认为主要表现在三个方面：一是对外国移民的公民政治权利问题的争论；二是对外国移民的态度和政策问题已成为欧洲各国大选中的核心议题；三是高举反移民和极端民族主义旗帜的右翼政党利用移民问题在国内选举中获得支持，成为重要政治力量。作者在书中就第三个方面进行了详细阐述，他认为移民政治化现象使移民成为严重的政治问题，各国的移民政策也会越来越严厉。[3] 厦门大学李明欢教授在2011年出版的专著《国际移民政策研究》中也阐述了政治与国际移民政策的关系，她认为移民涉及国家主权，移民政策是国家政治权利运作的重要组成。在政治范畴内，移民政策是一国、多国、地区、全球各政治力量博弈的结果，所以，移民政治化现象也是一个博弈的过程。[4]

---

[1] 戴长征："国际人口流动中的反恐问题探析"，《中国人民大学学报》2009年第2期。
[2] 徐军华："恐怖主义·移民安全·法律控制——后'9·11'时代国际人口流动中的反恐问题"，《第四届移民法论坛：出境入境管理法、中国和世界论文集》，2012年11月18日。
[3] 宋全成：《欧洲移民研究：20世纪的欧后移民进程与欧洲移民问题化》，山东大学出版社2007年版，第315—318页。
[4] 李明欢：《国际移民政策研究》，厦门大学出版社2011年版，第166页。

唐慧云①、宋全成②、朱陆民③和葛腾飞④等人在文章中认为，因安全、文化冲突等社会问题，移民问题的政治色彩越来越强，高度政治化的移民问题又绑架了国内政治。另外，移民参政又进一步提高了相关问题的政治化倾向，使移民问题成为未来重大的政治挑战。

葡萄牙学者祖奥·卡维奴⑤在研究中将英国、法国和意大利的案例做比较后得出，政党政治对国家的移民政策有着重要的影响，随着极右翼政党在3个国家地位的相对上升，因选举而对移民采取的敌视进一步促进了民粹主义的复兴，随后又反作用于国家的移民政策。

（四）移民民族认同与文化冲突

国内外关于移民融合、民族认同以及文化冲突的研究成果十分丰富。学者梁茂信在其专著《现代欧美移民与民族多元化研究》中认为，人口迁徙不会中断，移民迁入新的国家之后，会最终融入主流社会，这是历史趋势。然而，只要移民无法全面地参与所在国家的社会生活，移民融入当地主流文化的前景依旧漫长。所以，欧美国家在此过程中应坚持开明和平等并消除排外主义。陈昕彤在著作《公民认同与移民整合：欧盟移民和公民政策的演进与移民政治参与》中讨论了欧洲一体化进程中运用后民族主义公民认同理论分析建构泛欧公民认同的合理性和可行性，结合全球化趋势对后民族主义的公民认同理论的未来发展前景进行了探讨。

另外，近几年有关欧洲穆斯林移民融合及冲突也逐渐成为了学术界的热点，汪波在专著《欧洲穆斯林问题研究》中介绍了欧洲的穆斯林主要由移民群体组成，穆斯林移民群体融入欧洲社会的过程中出现了诸多问题，比如穆斯林与主流社会的意识形态冲突、伊斯兰极端主义以及穆斯林的政

---

① 唐慧云："移民问题高度政治化绑架美国政坛"，《文汇报》2018年1月27日第7版。

② 宋全成："论法国移民社会问题的政治化——一种政治社会学的视角"，《山东大学学报（哲学社会科学版）》2010年第1期。

③ 朱陆民："西方关于移民参政的几种理论阐释"，《湖南师范大学社会科学学报》2004年第6期。

④ 葛腾飞："国家安全·社会认同·个人自由——'9·11'事件后美国社会政治领域中的移民问题"，《国际政治研究》2006年第3期。

⑤ João Carvalho, "Impact of Extreme Right Parties on Immigration Policy: Comparing Britain, France and Italy", Routledge, 2014.

治参与和政治影响等，阐述了欧洲"伊斯兰恐惧症"的成因，探讨了欧洲国家对穆斯林移民采取的各种政策，如同化和融合政策、多元文化主义政策等，对欧洲穆斯林移民这一当前值得特殊关注的群体进行研究，从社会学的角度提供了族群研究的理论成果。伍惠萍在其专著《移民融入：伊斯兰移民的融入与欧洲的文化边界》中，以穆斯林移民融入引发的认同危机和欧洲本土意识的加强为前提，定性和定量研究相结合地考察了穆斯林移民在欧洲基督教文化中的融入现状以及伊斯兰文化差异和两者的冲突对欧洲社会产生的影响，反思了文明冲突的根源与实质。其认为欧洲应自我审视，视移民的到来为机遇，定义一种新的公民身份，做到宽容开放，接受文化碰撞和交流，不断学习，自我更新。王冀平、单海鹏在专著《全球化背景下的国际移民问题及其经济影响》中认为，自由民族主义可以作为解决当前全球化背景下移民问题的一种理论尝试——在全球化的背景下，同化很难实现，多元文化主义还将是移民问题的解决之道。但是，多元化不等于分裂，各族群应有一个基本的、共同的价值观作为基础（国家层面的），文化传统要与政治脱钩，不追求绝对的、纯粹的民族文化认同。自由民族主义强调文化的多元，即实现文化的平等和公正、宽容和包容，而不是社会和政治的多元。

国外学者关于民族认同与文化冲突的著作较多，其中最有争议的就是美国学者塞缪尔·亨廷顿的《文明的冲突与世界秩序的重建》和《我们是谁？美国国家特性面临的挑战》。亨廷顿在前一本书中认为，过去和未来，世界的冲突不是种族、意识形态的冲突，而是以异质文化为表征的文明的冲突，而外来移民正是异质文化的载体；在后一本书中，亨廷顿将视角转向美国国内，他认为美国的拉美裔等移民群体正在改变美国的"盎格鲁-新教文化"这一美国"特性"，书中鼓吹"白人本土文化保护主义"，并暗含着对移民群体的抵制，这与美国前总统特朗普宣扬的"白人至上"和采取的反移民政策有异曲同工之处。澳大利亚学者简·帕库尔斯基和蒂芬·马科夫斯基[①]就全球化、移民以及多元文化主义的政策在欧洲各国和澳

[①] [澳] 简·帕库尔斯基、[波] 蒂芬·马科夫斯基著，冯红译："全球化、移民和多元文化主义：欧洲和澳大利亚的经验"，《国外理论动态》2016年第1期。

大利亚实施的不同情形也做了对比性的描述和分析，指出欧洲各国在移民与多元文化主义政策的具体实行上存在着巨大的分歧与困境，肯定了澳大利亚目前采取的一体化的多元文化主义策略的可行性和实际效果，认为澳大利亚在多元文化主义策略以及应对移民措施上的成功值得欧洲各国政府思考和借鉴。学者 R. 斯维尔斯、C. 约翰曼、F. 西姆和 P. 麦基[1]从公共卫生健康问题的视角得出，公共卫生健康与移民及其种族、族群有一定的联系，然而这不能作为种族主义者的借口，社会还应保持多元和包容。

（五）难民问题及难民危机

伴随着2015年欧洲难民危机的爆发，近几年国内关于难民问题和难民危机的文章较多，但是学术著作较少，多是翻译的外国纪实文学类著作，比如《难民革命：新的人口迁徙是如何改变世界的》《我未尽的苦难：欧洲难民危机全纪实》《人贩：难民危机中的罪恶生意》等。比较有代表性的学术著作主要有毛国民和刘齐生主编的《欧洲移民发展报告（2018）：难民危机与管理》和《欧洲移民发展报告（2019）：难民危机与移民融入》，对难民危机形势特点进行了分析并提出了相应的对策，其中比较有价值的是提出了当前已进入了"后难民危机"时代，欧洲应主要关注难民的融合问题。

在难民危机发生之前也有国内学者对难民问题进行过研究，比如李晓岗博士2004年出版的著作《难民政策与美国外交》，该书作者认为，"难民"具有浓厚的政治色彩：一方面，难民是由其产生国的政治状况所造成的；另一方面，其他国家对难民的接纳与否也取决于其政治考量，即意识形态上的好恶以及与难民产生国的关系。总之，美国的难民政策从来都是一种外交的工具。[2] 这对于研究今天的难民问题具有很重要的参考价值。另外，国内还有一部分学者从国际法的角度去研究难民法的相关问题，比如刘国福的《国际难民法》和梁淑英的《国际难民法》等，由于与本书所研究的难民问题关系不大，这里不做赘述。

---

[1] R. Swiers, C. Johnman, F. Sim, P. Mackie, "Migration, Ethnicity, Race and Health, Public Health", The Royal Society for Public Health, Vol. 172, 2019, A1–A2.

[2] 李晓岗：《难民政策与美国外交》，世界知识出版社2004年版，第4页。

国内关于欧洲难民危机的文章类成果可谓汗牛充栋、不胜枚举,其中具有代表性的是宋全成的文章《欧洲难民危机:结构、成因及影响分析》《欧洲难民危机:进程、特征及近期发展前景》《欧洲难民危机政治影响的双重分析》,吴慧的文章《国际法中的难民问题》,郑春荣、周玲玲的文章《德国在欧洲难民危机中的表现、原因及其影响》,方华的文章《难民保护与欧洲治理中东难民潮的困境》,伍惠萍的文章《难民危机背景下的欧洲避难体系:政策框架、现实困境与发展前景》等,其对研究难民危机相关问题都有一定的价值。在国外,学者除了关注难民危机问题,也对环境难民有一定的研究。意大利学者拉菲拉·普吉奥尼[1]认为,在2015年难民危机中,因与国家主权和安全发生冲突,难民的国际保护机制出现了诸多问题,既没有保护国家又没有保护难民,所以无论是国际组织还是国家都需要对难民国际保护进行反思。

(六)移民问题全球治理

国内关于移民问题治理的专著数量比较有限,文章数量却十分丰富,由此可见,移民问题治理在国内还是一个比较新的研究议题,这与中国加入国际移民组织时间较晚和中国的输入型移民体量较小不无关系。但是,国内关于全球治理的专著还是比较丰富的,如秦亚青教授的《全球治理:多元世界的秩序重建》、蔡拓教授的《全球学与全球治理》、江涛等学者的《全球化与全球治理》都谈到了全球化与全球治理的困境和前景,以及中国参与全球治理的角色和能力,其中一些观点对全球移民治理研究大有裨益。

与此同时,关于移民治理的专著可见郭秋梅的《国际移民组织与全球移民治理》和陈松涛的《东盟域内非法移民问题及治理》,前者主要是在全球治理视角下考察"国际移民组织在全球移民治理进程中有着怎样的影响和作用",并探讨了全球移民治理的制度建设;后者主要立足地区视角,对东盟域内非法移民的发展历程、原因、影响及治理进行了综合分析,并且考察了当前的国际移民治理现状:国家限制性移民政策治理模式、开放国家边界模式、全球移民治理模式等。在移民问题治理方面比较有代表性

---

[1] Raffaela Puggioni, "The Sovereign, the State, the Refugee", Palgrave Macmillan, 2016.

的文章是李明欢[①]、刘国福[②]、左晓斯[③]、杨靖旼[④]、文峰[⑤]、严骁骁[⑥]、章雅荻[⑦]、陈斌[⑧]等学者撰写的学术论文，这些文章从不同视角、不同层次和维度对移民难民问题治理进行了研究，有一定的借鉴意义。在国外，研究全球移民治理的学者亚历山大·贝茨在其经典著作《全球移民治理》中阐述了国家主权和全球移民治理之间的矛盾，并描述了一种"自下而上"的移民治理框架，提出了非国家行为体在全球移民治理中的重要作用以及规范全球移民治理的途径，此书可谓是西方研究移民问题全球治理的奠基之作。国外学者西尔哈·克莱普[⑨]在文章中梳理了从1980年至今气候变化与迁徙之间关系的相关辩论和观点发展脉络，提出要从气候问题和移民问题两方面着手开展全球治理，特别指出还要关心环境移民的权利问题。

（七）中国的国际移民问题

目前，在中国国际移民问题研究方面比较有代表性的成果，大多出自全球化智库（CCG）创始人王辉耀博士领导的研究团队。相关著作主要有《中国国际移民报告》《国家移民局：构建具有国际竞争力的移民管理与服务体系》《移民潮》以及《人才竞争：海外看中国的人才战略》等，同时该智库还翻译了近几年国际移民组织《世界移民报告》等。在《国家移民局：构建具有国际竞争力的移民管理与服务体系》一书中，王辉耀认为中国需要建设具有国际竞争力的国家移民局，分析了中国建设国家移民局的

---

① 李明欢："国际移民治理的现实困境与善治趋势"，《人民论坛·学术前沿》2014年第14期。

② 刘国福："试论国际社会对非常规移民的治理"，《学习论坛》2016年第1期。

③ 左晓斯："全球移民治理与中国困局"，《广东社会科学》2014年第5期。

④ 杨靖旼："主权国家与联合国难民署视角下全球难民治理的困境分析"，《国际关系研究》2017年第5期。

⑤ 文峰："制度与结构：难民危机对欧盟难民治理体系的冲击及其应对"，《暨南学报（哲学社会科学版）》2016年第4期。

⑥ 严骁骁："国际难民机制与全球难民治理的前景——叙利亚难民保护实践的启示"，《外交评论》2018年第3期。

⑦ 章雅荻："国际移民问题全球治理的现状、困境与展望——以欧洲移民危机为例"，《国际关系研究》2017年第1期。

⑧ 陈斌："'人类命运共同体'视角下全球移民治理与中国角色"，《中国人民大学学报》2019年第1期。

⑨ Silja Klepp, "Climate Change and Migration", 2017.

基础和面临的挑战，并提出了如何建立中国的国家移民局，对中国移民管理事业的发展具有一定的指导意义。

针对当前非洲移民在中国存在的一系列问题，加纳学者博艾敦在其专著《非洲人在中国：社会文化研究及其对非洲—中国关系的影响》中选取了香港、澳门、广州、义乌、上海、北京6个城市，采用社会调查的方法，展现了非洲移民在中国的生活状况，探讨了移民与中非关系问题，为中国政府开展非洲移民管理工作提供了支撑。同时，中国学者也比较关注国内的非法移民问题，目光多集中在对境内"三非"[①]问题的研究，如学者宋全成[②]、吴兴春[③]和李琦[④]的文章都体现了对非法移民，特别是"三非"问题的关注。

（八）新冠肺炎疫情与移民问题

因新冠肺炎疫情从有报道的世界范围大暴发开始算起，迄今为止时间较短，所以，有关新冠肺炎疫情与国际移民问题的学术文章在国内外基本未曾发表，著作更是无从谈起。目前与该问题相关的文献主要是来自于各类移民研究组织和机构的报告、新闻报道和学者观点，如："国际移民组织应对疫情情况报告"和美国移民政策研究院学者兰迪卡普斯、珍妮·巴塔洛娃和朱莉娅·普拉特撰写的有关新冠肺炎疫情与美国移民劳工的报告；难民[⑤]、移民劳工[⑥]感染病毒的报道、因疫情引发的排外

---

① 非法越境、非法居留、非法就业。

② 宋全成："非法外国移民在中国的现状、症结与对策"，《山东大学学报（哲学社会科学版）》2015年第1期。

③ 吴兴春："我国'三非'外国人问题的现状和对策"，《云南警官学院学报》2013年第3期。

④ 李琦："吉林中朝边境地区境外边民'三非'问题研究"，《河南警察学院学报》2011年第2期。

⑤ Ayça Tekin-Koru, "Precarious lives: Syrian refugees in Turkey in corona times", April 6, 2020, https://voxeu.org/article/precarious-lives-syrian-refugees-turkey-corona-times. (上网时间：2020年7月10日)；新华网："德国一难民营发生新冠病毒聚集性感染事件"，https://news.china.com/internationalgd/10000166/20200518/38237229.html. (上网时间：2020年7月10日）

⑥ 参考消息："外籍劳工宿舍成抗疫盲点 新加坡付出高昂代价"，https://tech.sina.com.cn/roll/2020-05-14/doc-iircuyvi3062932.shtml. (上网时间：2020年7月10日)

和种族歧视[①]的报道；以及学者约翰·莱青[②]和穆罕默德·沙希杜尔·哈克[③]的观点。总之，新冠肺炎疫情是影响未来移民问题走向的一个非常重要的因素，值得深入探讨和研究。

三、难点和创新点

（一）研究难点

1. 移民研究具有显著的时代性特征，国际移民问题与国际政治和国际形势变化紧密相关，国际形势变化日新月异。所以，在研究中一直在时刻关注问题的发展变化，根据需要及时调整研究方向和内容。另外，因当前问题还存在诸多不确定性，经典的移民理论很难完美解释现实，所以，在研究中也对理论进行了创新和完善。

2. 国际移民问题研究涉及的专业领域纷繁复杂，涉及经济学、政治学、社会学，法学等，很难有一部著作能够将所有问题说清楚，所以，本书在研究中无法实现面面俱到，仅对重点问题进行了阐述。

3. 本书的选题较宏大，研究的问题时间跨度也较长，所以只能从宏观上加以把握，通过选取重点移民国家和重要问题为研究对象，力求总结规律，阐明问题。

4. 中国的移民管理部门成立较晚，国家对移民管理工作刚刚开始重视，相关投入不多。中国的国际移民问题研究起步更晚，并且受历史、文化和民族问题影响，国内民众大多对外来移民问题持保守态度，所以，在研究中可借鉴的文献和可调研的内容较少。

---

① 中国青年网："调查显示华裔加拿大人在新冠肺炎疫情爆发后遭遇种族歧视"，https：//www.360kuai.com/pc/9c3ec4f3d325dbfc3？cota=3&kuai_so=1&sign=360_e39369d1&refer_scene=so_54。（上网时间：2020年7月11日）

② John Letzing, "How COVID - 19 is throttling vital migration flows", https：//www.weforum.org/agenda/2020/04/covid - 19 - is - throttling - vital - migration - flows/. （上网时间：2020年7月9日）

③ Md. Shahidul Haque, "COVID - 19 could bring about a migration crisis. Here's how we can avoid it", https：//www.weforum.org/agenda/2020/04/covid19 - coronavirus - migration - crisis - refugees - international/. （上网时间：2020年7月13日）

(二) 研究创新点

1. 在21世纪的两个10年中，因受"9·11"事件、2008年金融危机、欧债危机、难民危机、大国竞争和新冠肺炎疫情全球暴发的影响，世界正在经历百年未有之大变局，全球化趋势正在衰退，民族国家越来越强化主权，移民自由转变为移民限制。本书以世界秩序深刻变化期和全球化衰退期"两期叠加"为背景进行研究，具有鲜明的时代意义，体现了研究的创新性。

2. 欧洲难民危机的爆发凸显全球移民治理困境，"治理赤字"成为国际移民问题的主要难题。本书将从历史角度出发，以理论研究为基础，分析移民问题的历史根源和现实成因，以"人类命运共同体"等中国方略和"多边主义"治理机制探寻全球移民治理困境的解决之道。

3. 本书尝试思考中国的国际移民问题，探讨国际移民问题全球治理对中国移民管理工作的启示，以期为相关部门的实践工作提供参考。

第 一 章

国际移民问题研究的理论基础

在研究国际移民问题之前，有必要对国际移民、国际移民问题、国际移民问题全球治理等相关概念进行理论界定。因为移民问题虽然由来已久，但是现代意义上的"国际移民"无疑是在威斯特伐利亚体系确定近代民族国家以来才作为一个具有特殊意义的社会现象而出现的。同样，全球治理概念的提出也相对较晚，且最早的全球治理也仅局限于经济问题。直到21世纪，有关国际移民问题全球治理的概念才开始被探讨并进入学术研究领域。另外，国际移民的分类和相关理论也是研究国际移民问题的基础。理论可以很好地解释各种国际移民现象，而不同类别的移民其治理方法和手段也都是不同的。所以，本书先从国际移民问题研究的理论基础展开论述，目的是在构建理论框架的基础上对2001年至今国际移民问题呈现的主要特征及其产生的原因等进行深入分析。

第一节 主要概念的理论界定

一、国际移民的概念

"移民"一词在英文中有不同的表述，但在中文里该词却既包含行为主体（migrants），又是该主体发生的行为（migration）。所以，本书中所提及的"移民"，从中文语意来说，是两者的兼顾。此外，移民还涉及两个重要属性，一个是时间属性，另一个是空间属性。[①] 国内外学术界对于

[①] 孙文凯、宋扬、王湘红：《劳动经济学》，清华大学出版社2015年版，第141页。

"国际移民"概念的界定有着不同的观点,特别是在移民的时间属性上,尚未形成一个统一的概念。联合国经济和社会事务部(UNDESA)在1998年发布的《国际移民数据统计建议》(Recommendations on Statistics of International Migration)中对国际移民的定义为"任何一位改变了常住国家的人"。在此定义中,常住国家是指某人在该国有通常居住地。而那些因为娱乐、度假、商务、医疗或宗教朝圣等目的而临时短期出国的人不包括在定义之内。同时,《国际移民数据统计建议》也将国际移民分为两个类别,一类是长期移民(long-term migrant):移居到其通常居住地以外的国家并居住至少一年(12个月)以上,并把移居的国家作为其实际居住地的人;一类是短期移民(short-term migrant):移居到其通常居住地以外的国家并居住至少3个月但不超过12个月,并且不包括以度假、探亲访友、商务、医疗和宗教朝圣为目的的人。[①]

另外,从移民目的国[②]的角度来看,对于国际移民的定义往往关系到其如何制定移民政策。因为根据国内法律,一旦定义为移民身份,就需要被纳入相关部门的管理。比如,多数欧洲国家通常只允许外国人取得3—6个月的居住期限,而无需签证或居留许可,一旦超过这个期限就被目的国法律认为是一种定居行为,需要向主管部门申请居住许可。[③] 所以,有关以时间标准来定义移民的方法在现实中存在着较大的争议,各国目前只是根据本国实际以法律和政策的方法来定义移民,也就是说,"对移民的界定毫无任何客观标准,一切取决于国家政策,而政策则是对政治和经济情况方面的需要以及对公众态度的反应"。[④] 而从政策出发对不同移民进行管理和调配就使得移民的分类显得比较重要,这在本章随后的部分将会

---

① United Nations Department of Economic and Social Affairs, "Recommendations on Statistics of International Migration", 1998, pp. 9 - 10, https://unstats.un.org/unsd/publication/SeriesM/SeriesM_58rev1E.pdf.(上网时间:2020年11月2日)

② 本书根据学界对于国际移民研究的相关成果和国际移民组织的定义,将与国际移民有关的国家概念称为移民输出国(来源国)、移民接收国(目的国)和移民中转国。

③ 田源:《移民与国家安全:威胁的衍生及其条件研究》,世界知识出版社2010年版,第12页。

④ [澳]斯蒂芬·卡斯尔斯:"21世纪初的国际移民:全球性的趋势和问题",《国际社会科学杂志》(中文版)2001年第18卷第3期,第22页。

阐述。

厦门大学李明欢教授的著作《国际移民政策研究》在总结其他学者和国际组织提出的相关概念后，对国际移民做了如下定义："跨越主权国家边界，以非官方身份在非本人出生国居住达1年以上，即为国际移民。他们可能在迁移后加入新的国家的国籍；也可能仍然保持原来国家的国籍，仅持有效居住证件在异国居住；还有些人则可能同时有多个国家的国籍。这是一个跨越国家政治边界生存的特殊人群。"① 这一概念涵盖了因主权国家边界变动造成的并未迁移却客观成为移民的群体（苏联解体）以及常驻外交人员等，同时也强调了以主权国家边界作为判断移民空间属性的标准，使移民行为可以在国际政治的领域被探讨，具有一定的借鉴意义。

基于国际移民的定义尚未达成一致，国际移民组织（IOM）在2019年编著的《移民词汇手册》中对移民提出了较为概括和笼统的定义："出于各种原因，不管是在国内还是跨境流动，临时或永久离开通常居住地的人。"② 总之，从以上定义可以看出，国际移民的概念应包含三个基本要素：一是空间性，跨越主权国家边界；二是时间性，在非原籍国居住一定的时间，虽然居住的时间界限还存在争议，但"居住"这一行为是通常具备的；三是目的性，以居留和生活为目的，这里排除了官方的外交人员、军事人员以及以度假、探亲访友、商务、医疗和宗教朝圣为目的的人。所以，本书将国际移民的概念定义为：以居留和生活为目的，跨越主权国家边界，在非原籍国居住一定时间以上的人及其行为的总称。

二、国际移民问题的概念

根据上文对国际移民概念的界定，国际移民问题首先是一个全球性问题，这是国际移民问题的天然属性。对全球性问题的研究始于1968年罗马俱乐部的成立。罗马俱乐部认为，全球性问题就是困扰当代人类的"总问题""世界性问题"和"全球危机"，是当代国际社会所面临的一系列超

---

① 李明欢：《国际移民政策研究》，厦门大学出版社2011年版，第7页。
② International Organization for Migration, "Glossary on Migration 2019", p. 132, https://publications.iom.int/system/files/pdf/iml_34_glossary.pdf.（上网时间：2020年12月20日）

越国家和地区界限、关系到整个人类生存与发展的严峻问题。① 我国学者王林聪认为："全球性问题"是指人类社会共同面临的超越国家和区域界限，关涉人类整体生存和发展状况，且需要共同应对的挑战和普遍性问题。② 总之，全球性问题应包括但不限于移民、毒品、跨国犯罪、核武器扩散、科技风险、环境保护等问题。

国际移民问题其次是一个有关人及其行为的问题，这也是国际移民问题的另一个天然属性。人与人、人与社会（国家行为体）的互动是移民问题的外在表现。而围绕解决"人的安全"问题和保障基本人权的问题，是国际移民问题的核心。一般认为，人的安全包括两个方面，一是拥有"免于恐惧"的自由，二是拥有"免于匮乏"的自由。③ 与国际移民有关的安全问题、政治问题、经济问题和公共卫生问题，都与"恐惧"和"匮乏"相关，而如何保护移民者的基本人权也一直伴随着国际移民问题的出现和发展。也正是因为国际移民问题是关于人及其行为的问题，决定了其在实践中的复杂性。所以在解决国际移民问题时需要考虑人的共同利益，也就是说，需要将移民问题置于人类命运共同体的框架内实现全面考量和具体治理。

所以，从国际移民问题的属性上来看，其具有以下四个基本特点：一是全球性。国际移民问题超越了国家边界和地区的界限，成为了全人类共同面临的问题。移民是一种跨国流动的行为，超越国家主权边界和地区界限是其内在属性，所以，无论是移民输出国、中转国还是目的国，都面临着国际移民问题。二是扩展性。有些问题可能产生在某一个国家或某一个地区，但其具有明显的"外溢"效应，使其他国家也都同样受到影响。所以，国际移民问题在有些时候不是一个国家单独能够解决的问题，必须依赖全球治理合作，比如非法移民问题和难民问题（叙利亚难民危机、罗兴亚难民危机等）等。三是复杂性。国际移民问题往往不等于具体事件（非法移民、反移民、移民失业、难民危机），而是取决于事件背后的驱动力

---

① 蔡拓等：《全球问题与当代国际关系》，天津人民出版社2002年版，第1—2页。
② 王林聪："全球性问题对中东地区发展的影响"，《当代世界》2021年第6期。
③ 陶坚、谢贵平：《全球冲突与人的安全》，社会科学文献出版社2016年版，第2页。

量和具体原因，问题只是原因的表现。研究移民问题，在关注这些表现的同时，更要探讨深层次的原因和现象背后的驱动力量，这种力量不是单一的因素，而是全球化进程中各种综合因素复杂互动下的产物。① 四是严峻性。国际移民问题在进入20世纪之后、特别是经济全球化发展之后已呈现出越来越严重的态势和越来越迅速的发展趋势，若不及时治理就会影响到人类的基本生存和可持续发展，比如生态恶化、战争冲突造成的移民（难民）问题和新冠肺炎疫情影响下的国际移民问题。②

综上所述，国际移民问题是有关移民（人）及其行为（迁徙）对自身和人类社会（国家行为体及其公民）造成的所有影响的总体概括。具体的国际移民问题包括与移民有关的安全问题、经济问题、政治问题和公共卫生问题等。

三、国际移民问题全球治理的概念

迄今为止，全球治理并没有一个一致的概念，而被学术界引证最多的全球治理的概念仍是由全球治理委员会提出的——治理是各种各样的个人、团体（公共的或个人的）处理其共同事务的总和，是一个持续的过程。通过这一过程，各种相互冲突和不同的利益可望得到调和，并采取合作行动。这个过程包括授予公认的团体或权力机关强制执行的权力，以及达成得到人民或团体同意或者认为符合他们的利益的协议。③ 在我国学术界，学者俞可平对全球治理的定义可谓言简意赅，他认为："所谓全球治理，指的是通过具有约束力的国际规制解决全球性的冲突、生态、人权、移民、毒品、走私、传染病等问题，以维持正常的国际政治经济秩序。"④

总之，全球治理是在缺乏主导性政治权威却又相互依赖的全球化背景下，为了应对全球性问题和追求人类共同利益，包括非国家行为体在内的

---

① 李少军：《当代全球问题》，浙江人民出版社2006年版，第14页。
② 刘雪莲："论全球性问题治理中西方发达国家的责任"，《政治学研究》2008年第1期，第54页。
③ 蔡拓："全球治理的中国视角与实践"，《中国社会科学》2004年第1期，第94页。
④ 俞可平："全球治理引论"，《马克思主义与现实》2002年第1期，第25页。

国际行为主体，通过各种强制性的正式管理或规制以及非正式的社会化倡议、公共程序或机制，来避免全球风险和追求可预见的、安全的社会秩序的行为。① 全球治理的几个主要特点是：首先，全球治理应区别于主权国家的权力政治，是治理（governance）而不是统治（government），由政府绝对主宰转变为政府和非政府组织（国际组织、跨国集团）及公民共同参与；其次，全球治理应体现公平性、合作性和可协调性，应以增加全人类的共同利益为目的；最后，制定普遍适用的国际规制是全球治理的基础和关键。各种机构或组织通过具有约束力的国际规制解决全球性问题是全球治理的根本目的。全球治理一词在20世纪90年代被提出后得以广泛使用，但针对移民问题并未统一使用全球治理这一术语。无论是学术界还是实务部门，都习惯使用国际移民管理和国际移民治理。虽然这两个概念经常被混淆，且在一些领域也通用，但是从多个国家参与的全球治理的角度来看，前者指的是在国家、地区和全球层面有效应对移民问题的具体措施；后者强调在一定的制度框架下通过运用一定的权力来实现人口的有序迁移②，管理的主体是单一的政府，治理的主体是在共同框架下的多元合作。

所以，国际移民问题全球治理的概念应该为：在共同框架下，政府之间通过多元合作，在全球层面有效应对国际移民问题的具体措施，其中包括制定的规则、秩序及其有效运行。与其他领域的全球治理不同，国际移民治理理念从1994年联合国国际人口与发展大会开始提出到现在，即使在全球化进入21世纪的20年时间里，发展也是十分缓慢的，直至2003年12月联合国成立了国际移民全球委员会（GCIM）才标志着国际移民议题上升到全球治理的层面。2006年9月，联合国首次召开了移民与发展高级别对话，120多个国家就移民与发展展开讨论，探求更好的移民合作模式，以此促进发展。高级别对话是国际移民治理的一个重要里程碑。2013年10月联合国又举办了第二次移民与发展高级别对话，会上强调了移民作为发展行为体的作用并呼吁国家采取措施确保移民安全、合法及有序迁徙。当

---

① 江河：“从大国政治到国际法治：以国际软法为视角”，《政法论坛》2020年第1期，第53页。

② 郭秋梅：《国际移民组织与全球移民治理》，暨南大学出版社2013年版，第14—15页。

欧洲难民危机的产生以及国际移民组织正式成为联合国"相关"组织之后，国际移民问题全球治理才真正被国际社会重视并加快了发展进程。2015年9月，联合国大会通过了可持续发展目标。在设定的17个目标中，"促进有序、安全、正常和负责任的移民和人口流动"是其中的重要内容，可持续发展目标从治理和权利的视角关注移民并为将来的行为提供了一个战略指导框架。2016年9月，联合国首次召开了难民和移民问题峰会，主要就难民问题展开了高级别对话，与会国家在通过的《难民和移民问题纽约宣言》（以下简称《纽约宣言》）中决定将启动谈判议程并最终通过一项有关所有移民问题的全球契约。[①] 2018年12月19日，第73届联合国大会正式通过了《移民问题全球契约》，该契约是首份涵盖国际移民各方面问题的全球性框架文件。虽然这是一份没有法律约束力的协议，但其标志着国际移民治理第一次以大部分国家参与并拟定文件的方式成为全球治理的重要组成部分，在移民问题全球治理进程中具有里程碑式的意义。

第二节　国际移民的分类

在研究国际移民问题时，将复杂的国际移民进行分类，其目的不仅是简单的对不同移民加以区别，而是蕴含了国际移民产生的原因，并且根据不同的分类，在实现国际移民问题全球治理时其路径选择也是完全不一样的。所谓"对症下药"，在此之前应首先明确"症"是什么和"症"在哪里。

学术界和实务部门目前对国际移民的分类主要有以下几种：

一是以主客观意愿区分，国际移民可以分为自愿移民和非自愿（被迫）移民。前者包括因务工、学习、家庭团聚以及其他个人原因而跨国迁徙的人员；后者是为了逃避迫害、冲突、压迫、自然及人为灾害、生态恶化或其他危及生命、自由或生计等不利条件而跨国迁徙的人员。虽然后者也通常被称之为难民，但其实难民是有特殊定义的一类群体，并不包括所有非自愿的移民。自愿和非自愿从区分上来看是相对合理的，但因现实情

[①] 陈松涛：《东盟域内非法移民问题及治理》，社会科学文献出版社2018年版，第194—195页。

况的复杂性，很难比较清晰地界定是否自愿，比如因工作原因迁徙的国际移民，从表面看是自愿来到他国，然而实际上又是因生活所迫。

二是以产生移民的原因区分，国际移民可以分为出于政治原因和出于经济原因而跨国迁徙。前者就是我们通常所称的真正意义上的难民，其由于政治迫害或战乱、冲突而被迫离开祖国；后者通常称为劳动力移民，即为了找到工作，或寻求更好的工作机会和工作条件而迁徙的人员。[1] 按此标准，出于经济原因的国际移民又进一步被分为高技术移民（技术移民）和低技术移民（非技术移民）。这一划分标准对移民最终目的国具有较大的意义，不同的群体在劳动力市场的地位不同，在目的国受到的政策待遇也是不同的。在现实中，国际移民问题的治理主要也是围绕非技术移民或低技术移民的。

三是以法律的角度进行划分，国际移民可以分为合法移民和非法移民。合法移民是经移民输出国发放护照并允许出境，移民目的国批准签证允许入境并发放居留证或其他文件同意迁徙的人，合法移民处于政府的管理之下。[2] 非法移民的情况就比较复杂，各国政府因自身移民政策不同，对非法移民的界定受主观性影响而有不同的解读。所以，国际上对非法移民并没有一个统一的标准，只是对非法方式移入有一个比较统一的认识。非法移民的情形主要有以下两种：未持有证件或持有伪假证件非法入境；持合法证件入境但签证逾期而不归，也就是主体和行为两个方面。我国虽然没有关于"非法移民"的概念，但是根据《中华人民共和国出境入境管理法》中关于"非法入境、非法居留、非法就业"[3]（"三非"问题）的规定来看，其实已基本涵盖非法移民的主要行为特征。所以，本书以我国法律规定为准。

联合国经济和社会事务部将国际移民划分为三大类：特许（privi-

---

[1] ［美］哈立德·科泽著，吴周放译：《国际移民》，译林出版社2015年版，第15页。
[2] 陈松涛：《东盟域内非法移民问题及治理》，社会科学文献出版社2018年版，第44—45页。
[3] 非法入境是指外国人未持有有效入境签证或合法有效的入境证件，或未从我国对外开放、指定的口岸入境，或未经出入境边防检查而进入我国国境的违法行为。非法居留是指在境内居（停）留的外国人超过签证或居留许可规定的有效停留期，未办理延期、变更手续的违法行为。非法工作是指未取得在华合法就业身份，私自从事社会劳动的行为。

leged)移民、受害者（victim）移民和普通（average）移民。特许移民主要指专业技术人才，通常称为国际精英，他们有权选择自己的职业路径和居住地；普通移民没有特许移民的优势，属于低技术的社会职业群体，在移民目的国通常从事低收入、临时性的工作，就业通常受经济波动的影响；受害者移民是指为逃避贫困、环境灾害、迫害和不稳定的政治形势而被迫迁徙他国，这一类移民最易遭遇人权危机。[1]

所以，在不同分类的基础上，结合联合国经济和社会事务部上述分类以及欧洲难民危机爆发以来国际移民组织的相关文件，本书将国际移民的种类分为常规移民、非常规移民和难民（寻求庇护者）。常规移民从法律属性来讲即是合法移民，其中包括合法的工作性移民、团聚性移民、学习性移民、投资性移民、养老性移民，但这里不包括合法的寻求庇护者和难民。非常规移民与此相对，从法律属性来讲即是非法移民。

根据以上分类，难民作为第三类，情况比较复杂和特殊。难民问题是伴随着人类社会军事、政治、民族、宗教纷争与冲突以及生态灾害的产生而引发国际社会高度关注的世界性问题。[2] 根据1951年联合国《难民地位国际公约》和1967年《关于难民地位议定书》中的定义，严格意义来讲，只有具备"政治原因"的难民才属于国际法中关于难民的定义。难民一词的出现，与二战期间因战乱和政治迫害而流离失所、迁徙他国的特殊群体相关，这一用词在冷战结束后因新自由主义和经济全球化的兴起而逐渐淡化了其政治内涵，联合国难民署等组织的主要关注点也逐渐聚焦于国内流离失所者。[3] 所以，随着二战后国际、国内形势变化，部分国家和地区将难民的概念加以扩充，1969年《非洲统一组织关于非洲难民问题特定方面的公约》和1984年《关于中美洲难民国际保护的卡塔赫纳宣言》中都将那些受国内暴力泛滥威胁、战争冲突引起的公共秩序混乱而被迫逃离国家的人归为难民。所以，因阿富汗战争、利比亚战乱、叙利亚内战以及"伊

---

[1] 陈松涛：《东盟域内非法移民问题及治理》，社会科学文献出版社2018年版，第44—45页。
[2] 陈积敏：《国际非法移民治理比较研究》，中国社会科学出版社2019年版，第24页。
[3] 李琦："全球化背景下的移民和难民问题：现状、成因及应对"，《武警学院学报》第36卷第9期，第12页。

斯兰国"（IS）肆虐而大量前往欧洲的人员，无论是理论界还是政策制定者在目前的实践中都称其为难民或寻求庇护者。虽然近几年因难民问题十分突出而将其与一般移民问题并列讨论，但难民仍应是国际移民中的一类。[①] 同样，在实践中，往往也将寻求庇护者划归为难民，需要指出的是，寻求庇护者与难民之间是既有区别又有联系的。寻求庇护者是根据相关国际或国家规定等待难民身份申请结果的人，是成为难民之前所拥有的身份，而一旦寻求庇护未被通过，则必须离开所在国或者以某种方式留下成为非法移民。[②] 根据联合国难民署的定义，难民是"根据适用的国际公约和定义，离开原籍国并在所逃往的国家取得受保护的难民地位的人。此定义也包括那些具备难民特征但既没有获得受保护的难民地位也不是寻求庇护者的人"。[③] 正因为难民问题的复杂性和特殊性，即难民问题的政治性与人道性相互交织，所以，从历史上来看，以何种态度对待难民，对其接纳与否，国家往往出于更多的政治考虑，即意识形态上的好恶以及与难民产生国的关系等。[④] 最典型的当属冷战时期美国对待难民的态度，美国在20世纪七八十年代对古巴和海地难民表现出特别明显的双重标准，在同一时期因同一原因到达同一地方（迈阿密）的难民受到了不同的对待。对于古巴难民，不管其是否受到了"政治迫害"，出于意识形态斗争的需要，美国都无条件接受；而对于海地难民则采取抵制的态度，实施扣押和驱逐。[⑤]

---

① 在近几年的欧洲难民危机中，移民和难民群体已没有非常明显的界限，很难判断其中有多少是因为单纯的战乱、宗教等政治原因还是其他原因而迁徙，这也导致了对难民进行甄别成为了欧洲国家的现实难题；另外，在联合国移民组织所编著的《2018世界移民报告》和《2020世界移民报告》中，也都将移民和难民问题合并讨论，并未从国际法的角度突出难民的特殊性，只是在迁徙的原因上做了简单区分，在《关于难民和移民的纽约宣言》中这种趋势体现得更加明显。（李琦："全球化背景下的移民和难民问题：现状、成因及应对"，《武警学院学报》第36卷第9期，第12页）

② UNESCO, "Asylum seeker", https://www.unesco.org/new/en/social-and-human-sciences/themes/inernational-migration/glossary/asylum-seeker. （上网时间：2020年12月18日）

③ UNHCR, "Global Trends: 2019", p. 64, https://www.unhcr.org/statistics/unhcrstats/5ee200e37/unhcr-global-trends-2019.html. （上网时间：2020年12月18日）

④ 李晓岗：《难民政策与美国外交》，世界知识出版社2004年版，第4页。

⑤ 李晓岗：《难民政策与美国外交》，世界知识出版社2004年版，第204页。

第三节 国际移民问题研究的相关理论

研究国际移民问题,应该首先明确国际移民作为全球化影响下的一种跨国行为,其产生的动因是什么?移民接收国对移民的政策因何制定?为什么会有源源不断的移民产生?而这些问题都免不了通过相关理论对其进行理解。国际移民行为按照其过程,可以分为:移民产生—移民融合—移民延续,只有在这一过程中把握相关规律(国际移民理论)才能在研究国际移民问题时有的放矢,才能理解反移民现象因何产生,国际移民问题全球治理该走向何方。

一、国际移民产生的理论

国际移民是如何产生的,各种理论可谓众说纷纭,既有经典的"推拉"模型来进行宏观解释,又有劳动力市场分割理论这种微观解释;既有基于工资和绝对收益的新古典主义经济理论,又有马克思主义政治经济学影响下的世界体系理论。所以,国际移民理论体现了跨学科、跨领域和多角度的分析方法,体现了国际移民问题的复杂性,也体现出国际移民问题治理的困难性。

(一)推拉理论

19世纪末,现代移民研究的奠基者地理学家莱文斯坦(E. G. Ravenstein)在《移民法则》一文中对移民产生的原因进行了论述,他认为人口迁移并非完全盲目的无序流动,而是遵循一定的规律,左右人口迁移的动力,是推动因素作用的结果。在此基础上,赫伯尔(R. Herberle)、李(E. S. Lee)和博格(D. J. Bogue)又对此进一步展开研究,并最终形成了移民产生的经典理论——推拉理论。[①] 在"推拉理论"中,推力指原居地不利于生存和发展的种种排斥力,它可以是战争、动乱、灾害、生态环境

---

① 孙朝辉、禹响平:"国际移民理论及移民与输出国经济发展的关系研究",《宜宾学院学报》2008年第9期,第64页。

恶化等对某一地区具有普遍性影响的因素，也可以是某一小群体遭遇的意外或不幸，比如严重失业、政治迫害、种族歧视、宗教矛盾等。拉力则是移入地所具有的吸引力，它可以是大量呈现的新机会，也可以是仅仅对于某一小群体的特殊机遇。① 推拉理论之所以经典，是因为它构建了一个宏观研究国际移民问题的框架模型，在分析具体问题的时候，可以将很多其他影响因素放入这一模型中展开研究。同时，因为这一理论只能从宏观上审视移民问题，所以这也是其存在的缺陷。它不能解释一些具体现象，比如同样受到推力的影响，为什么有些人选择迁徙，有些人并未离开所在国家，也就是说，这一理论忽视了国际移民作为"人"的主观能动性。但不管怎样，这一理论在解释难民及寻求庇护者跨境流动现象时是十分适用的。

（二）新古典主义经济理论和劳动力市场分割理论

新古典主义经济理论从经济学的角度分析了国际移民产生的动因，认为国际人口迁徙是由全球劳动力供需分布的不平衡所引起的劳动力调整的过程，是个人希望通过迁徙来获得收益最大化的超越国界的人口流动。② 由于在经济发展较快而又缺乏劳动力的国家所得到的工资要高于经济发展慢但劳动力充裕的国家，所以收入和福利差距成为国际移民产生的根源。并且移民个体在衡量迁徙成本与回报之后，对绝对收益的追求也是该理论认为人们会选择移居他国的原因。这一理论从主客观上都对国际移民的产生进行了解释，成为分析移民问题的主要理论之一。

劳动力市场分割理论也称为双重劳动力市场理论，它是由迈克尔·皮奥里于1979年提出的。他认为，现代发达国家已经形成了双重劳动力需求市场，即上层劳动力市场和下层劳动力市场的分割。上层提供的是高收益、高保障、环境舒适的工作；而下层劳动力市场则是提供工资行业水平低、社会地位低、安全保障差、本国劳动力避而远之的工作，在高福利的社会中这些工作岗位只能由外来移民填补。劳动力市场分割理论其实也是

---

① 李明欢："20世纪西方国际移民理论"，《厦门大学学报（哲学社会科学版）》2000年第4期，第13页。

② 傅义强："当代西方国际移民理论述略"，《世界民族》2007年第3期，第47—48页。

从经济学的视角去审视移民问题,其可以看做是新古典经济理论的延伸。因为即使发达国家的下层劳动力市场仅能提供本国人不愿从事的3D[肮脏(dirty)、危险(dangerous)、困难(difficult)]工作,但与移民所在输出国的就业和生活相比,移民所产生的收益如果依然高于留在本地生活,这种差距就会引发移民行为。

(三)世界体系理论

世界体系理论也称为历史—结构主义理论。这一理论是由美国历史社会学家伊曼纽尔·沃勒斯坦在1974年提出的。他认为:世界体系由"核心(core)—半边缘(semi-periphery)—边缘(periphery)"国家组成。核心国家是指在资本、技术、市场上占主导地位的西方发达国家,边缘国家是指在这三方面处于从属地位的发展中国家。该理论认为核心国家的发展依靠的是对边缘国家的压榨和剥削,由此导致了不平等国际秩序的产生。该理论也被西方学者用于研究国际移民问题。他们认为,世界经济政治发展的不平衡导致了国际移民的产生,而国际移民从产生之初就是服务于资本的廉价劳动力,即"所谓移民,不过是强权的人质,资本积累规律麾下的世界进程的抵押品"。[1] 大量国际移民特别是劳工移民的产生,根源在于历史上殖民主义对边缘国家的剥削和战争造成的地区间政治、经济的不平衡发展。特别是在全球化发展的背景下,国际移民成为了发达资本主义中心国家与落后的边缘国家之间除资本、商品之外的第三类重要联系纽带,它与中心国家的军事霸权、对世界贸易与投资的控制结合在一起。在边缘国家不得不融入核心国家主导的全球经济的过程中,国际移民随着商品和资本的流动而反向流动到中心国家,形成了主要方向为前殖民地国家向旧宗主国流动的国际迁移路线。[2]

历史和现实都可以用来对此理论进行解释,比如二战后大量北非地区移民前往法国、印巴移民前往英国以及因发展不平衡导致的拉丁美洲国家移民进入美国等。此外,因发达资本主义国家对"西方中心"这一世界体

---

[1] [西]华金·阿朗戈:"移民研究的评析",《国际社会科学杂志》第18卷第3期,第35—46页。
[2] 李芳田:"国际移民及其政策研究",南开大学博士生毕业论文,2009年,第26页。

系的维护而导致的战乱和冲突并由此引发的难民流动，也是世界体系理论在近几年可以不断更新和丰富的具体表现。在当前全球化遭遇逆流，西方主导的国际秩序面临危机和挑战的百年未有之变局大背景下，根植于马克思主义政治经济学的世界体系理论对国际移民问题的解释有其独特的魅力。本书在随后第三章国际移民问题产生的原因中对有关"殖民主义及其后遗症"这一历史根源的论述也正是基于世界体系理论而具体展开的。

二、国际移民的融合理论

融合理论多用来解释国际移民进入并在目的国定居之后不得不面对的问题。而这一问题对移民接收国来说，是一个影响深远的社会问题，是决定了国家采取什么政策、选择哪些人留下，对留下后成为"准公民"的拥有不同文化和民族属性的移民群体应该怎样使其与本国主体民族和谐相处的问题。比较经典的国际移民融合理论是"同化"理论和"多元文化"理论。

（一）同化理论

在同化理论中，最有代表性的就是美国的"熔炉论"。"熔炉论"比较形象地展现了最初来到美国的移民，在开疆扩土的西进运动中，不同文化背景之下的各民族互相影响、互相融合，最终形成了"美国人"这一共同民族文化的融合过程。"熔炉论"是同化理论的初级阶段，经过融合，最初来到美国的移民最终形成了"盎格鲁—撒克逊"这一美国民族特性，并且对随后到来的移民进行同化，使其尽可能变成拥有同样属性的"美国人"。

所以，研究同化理论的学者认为：国际移民在接收国一般要经历定居、适应和同化三个阶段。移民在进入接收国时，由于不懂或不能熟练掌握当地语言、不完全了解当地文化，很难与主流社会相适应，因此只能先在边缘地区或移民社区落脚，以相对低的工资水平从事低层次工作。在定居和适应的过程中，有的移民能够顺利进入移民小社会，有的移民能够通过努力提升自己在接收国的社会地位，比如进入当地社会的中上层住宅区，在交往中进入主流社会的社交网络等，从而不断褪去自己的"异属性"而被主流社会接纳。这些"先进者"作为同源移民族群的榜样，被同伴和后来者积极仿效。于是，越来越多的移民将接受主流社会的文化，认同于主流族群，进而实现完全同化。①

(二) 多元文化主义理论

多元文化主义最早出现在美国犹太裔哲学家霍瑞斯·卡伦于1915年发表的文章《民主与大熔炉》中。他在文章中批评了"熔炉论"，他认为，个人与族群的关系取决于祖先、血缘和家族关系，是不可分割、不可改变的。美国不仅在地理和行政上是一个联邦，而且也应该是各民族文化的联邦，美国的个人民主也应该意味着各族群的民主。1924年，卡伦在此基础上进一步提出了"文化多元论"，他认为，在民主社会的框架内保持各族群的文化，将使美国文化更加丰富多彩。② 20世纪60年代，欧美的民权运动和自由主义的兴起使多元文化主义走上了政治舞台。20世纪70年代，因西方国家种族和民族矛盾有所升级，多元文化主义被政府用来解决尖锐的民族矛盾，澳大利亚就是在这个时期废除了盛行已久的"白澳政策"而向多元文化主义张开双臂，英国、法国、荷兰、比利时等国也在不同程度上支持"多元文化"。多元文化主义的基本范式可以理解为：让少数族群在地区与中央政府机构中具有代表性；改组制度组织结构，提供更加多元化的公共服务；采取措施促进平等、互相包容与尊重，尤其是促进人口主体对少数族群的尊重和包容；提供资源，支持移民群体保持自己的文化传统和对本民族的认同（而不是同化）。③

多元文化主义理论赋予了西方移民一个新型的公民身份，包括：通过宪法、立法或议会确认中央、地区和市政各级的多元文化主义政策；在学校课程中采纳多元文化主义；将族群代表性和敏感性纳入公共媒体或媒体许可之中（通过法令或法院判例）；豁免着装法规和礼拜日；允许双重公

---

① 李明欢："20世纪西方国际移民理论"，《厦门大学学报（哲学社会科学版）》2000年第4期，第16页。
② 李明欢："20世纪西方国际移民理论"，《厦门大学学报（哲学社会科学版）》2000年第4期，第16页。
③ [德] 斯蒂芬·维尔托维奇著，刘晖译："走向后多元文化主义？变动中的多样性共同体、社会条件及背景"，《国际社会科学杂志》2011年第1期，第88页。

民身份；资助各种族群组织开展文化活动；资助双语教育和母语教学；采取惠及弱势移民群体的平权措施。①

多元文化主义理论应用在移民融合中有其积极的意义，它以尊重移民文化为基础，确保了移民经济、政治权利的平等，促进了国际移民，服务了全球化发展，并且有助于形成包容和理解不同文化的社会氛围，能够在一定程度上缓解民族宗教矛盾和冲突。然而，多元文化主义理论在促使国际移民融合的问题上只能治标不能治本。西方的种族主义、"白人至上主义""达尔文主义"依然盛行，不平等还是外来移民面临的最主要问题。并且多元文化主义造成了移民与主流群体的二元平行社会，使对立甚至对抗成为可能，最终可能会造成更严重的冲突。

总之，无论是同化理论还是多元文化理论，其在制定并实施移民融合政策时的效果都不太尽如人意。随着20世纪90年代初苏联解体，原中东欧多民族国家和西亚北非穆斯林国家不再受苏联的控制和影响，民族主义和宗教原教旨主义开始兴起，加之欧盟的扩大和经济的快速发展，进入西方的不同民族和宗教的移民越来越多，同化不能解决问题，而多元文化主义也暴露出了弊端。"9·11"事件严重挑战了西方多元文化主义，在"9·11"事件之后，随着国家安全问题的凸显，多元文化主义理论作为一种实现移民融合的策略已经不再受到欢迎。另外，近几年来，除了新西兰，德国和瑞典也都出现了针对移民群体的恶性事件，多元文化主义的包容、理解、平等受到了极大的挑战。

三、国际移民的延续理论

前往一个国家的移民为什么会连续不断？移民返回后为什么还会再次来到先前的目的国？除了上面提到的移民产生理论的影响之外，能够促使移民产生不断延续现象的原因还有人际网络和累积因果关系理论。

（一）人际网络理论

人际网络理论的主要解释是：因移民的血缘、乡情和朋友之间的关系

---

① 郭才华："美国多元文化主义面临的挑战和威胁"，《国际关系研究》2017年第4期，第101页。

使移民与仍在原籍国的亲人、朋友等保持着紧密的联系，而这种联系会促使有关移民的信息更准确、广泛地进行传播，为想要移民的人提供各种形式的支援，如助人钱财、代谋差事、提供住宿等，这就降低了新移民的成本和风险，从而不断推动跨国移民延续不断。所以，当一定数量的移民在目的国定居后，将形成新的人际网络，使跨国移民行为保持一种惯性。在一些国家中，某些特定民族群体的存在极大地增加了具有同样文化背景的另外一些人迁徙而至的可能性。随着时间的推移，向国外特定地区定向移民的行为不再与经济、政治条件直接相关，更多地是由与移民网络的联系程度和在移民网络中积累的社会资本等因素来决定。20世纪六七十年代西方国家实行的"家庭团聚"计划就促使了移民网络的扩大，从而产生了"移民增殖效应"，最终形成了对接收国社会造成一定影响的"移民社区"或"移民城市"。[①] 虽然移民的人际网络理论是使移民现象长久不衰的重要机制，但这种"滚雪球"效应不会无限发展，当移民数量到达临界点或是爆发了一些严重社会问题时，相关国家就会及时调整政策。

(二) 累积因果关系理论

累积因果关系理论认为，当一个人有过移民经历，并且在经历中获益，哪怕最初导致移民的客观环境发生了变化，比如原籍国生活水平有所提高，他还是会仍然坚持移民。累积因果关系理论与移民作为"人"所遵循的"习惯"相关，即积累了移民经验之后，再次移民的可能性将变得越来越大。同样，累积因果关系理论也促使了"移民社区"的形成，并对新移民产生了较强的"磁场"效应。再有就是"移民汇款"往往会使其家庭成员在原居住地生活水平大大改善，优于未有家庭成员出国务工的家庭，从而产生一种"示范效应"，带动身边其他家庭的人员积极仿效。比如从20世纪八九十年代开始，中国福建沿海地区家庭中的年轻人大多出国务工挣钱，在此过程中，年轻移民的身影遍布发达国家。福建沿海地区的年轻人出国务工，在改善家庭生活水平、为地区经济发展带来好处的同时，也使那一段时期东南沿海偷渡现象屡禁不绝，破坏了国家正常的出入境秩

---

① 傅义强："当代西方国际移民理论述略"，《世界民族》2007年第3期，第51—52页。

序，炒作"非法移民"问题一时间成为西方社会诬蔑中国的"手段"。另外，随着移民数量在一个国家某地区的增多，该地区的移民社区就会逐渐衍生出一种新的文化。这种文化具有跨国性——那些成功的移民会被原籍国青年和新移民尊为榜样，其走过的移民之路会被不断的追随，使移民行为逐渐积累，生生不息。

四、反移民现象理论解释

反移民现象从历史上来看一直层出不穷。无论是19世纪美国的《排华法案》、澳大利亚的"白澳政策"，还是20世纪70年代石油危机造成的移民政策缩紧，都离不开经济、政治、文化和安全等原因，反移民的主导者多为国家政府，可谓是"至上而下"由政策作为导向。2001年至今，反移民现象仍然离不开经济、政治、文化和安全等原因，但其主导者除了国家政府之外，民粹主义的影响也占有很大的比重，出现了"自下而上"的反移民现象。是否接纳移民并不取决于政府基于经济增长、人口发展的宏观决策，而取决于民众对移民的态度，所以，研究反移民现象的理论根源，有助于把握当前国际移民问题产生的原因和规律。

（一）全球化"不可能三角"理论

移民现象演化成为问题开始于西方民主国家对移民采取限制政策。如果人类的迁徙依然能够像19世纪初那样没有限制，则移民问题就无从谈起。所以，分析移民问题，首先要从理论上理解在当前全球化高度发展背景下，为什么西方国家反移民的现象却越来越常见。

从历史发展来看，人类社会伴随着全球化的进程而出现了国家主权弱化、贫富差距加大等现象，同时也出现了更加严厉的移民限制。人的迁徙流动相比之前更加不自由，反移民逐渐成为西方国家民主进程中一股不可忽视的政治力量。而这一切暴露出的与反移民相关的经济和政治原因可以用全球化背景下的"不可能三角"理论来尝试解释。

美国经济学家克鲁格曼曾在"蒙代尔—弗莱明"模型的基础上提出：在开放经济条件下，一国不可能同时实现资本的自由流动、货币政策的独立和汇率的稳定,最多只能同时拥有其中两项,而不得不放弃另一项。①这是货币理论中"不可能三角"模型被人们认知的开始。哈佛大学教授丹尼·罗德里克在2007年则将其适用范围进一步拓展,并在其著作《全球化的悖论》中提出了"全球经济的不可能三角"理论,又称"全球经济的三元悖论",即深度全球化、民主政治、国家主权构成了"不可能三角",难以三全其美,只能择其二。他认为:"我们不能在拥有'超级全球化'的同时拥有民主制度和国家主权。我们最多能在三者中取二。如果我们想要超级全球化和民主制度,我们就要放弃国家主权。如果我们想要保住国家主权,也想要超级全球化,我们就必须放弃民主制度。如果我们想要将民主制度和国家主权结合在一起,我们就要和超级全球化说再见。"②也就是说,在一个高度经济全球化的西方民主国家,由于经济自由化带来的资本流动,势必会造成国内不同群体的财富分配差距越来越大,在民主制度下,选民会要求对内调整分配、对外采取贸易保护,结果会造成国家利用政治手段压制全球化;如果坚持深度全球化,则必须以国家政治的手段来压制民主诉求。罗德里克最终得出的结论是:全球化只能在有限的前提下发展,国家和选民不会接受高度发达的经济全球化,这也解释了当前西方国家特别是曾经的特朗普政府反全球化政策产生的原因。同样,这一理论也可以尝试解释全球化背景下西方国家限制移民的原因,即移民问题在全球化背景下也存在"不可能三角",这一理论可以解释为:

在确保国家权力至上的情况下,自由移民和民主政治存在相互冲突。比如,欧洲政府从西方普世价值观和人道主义出发制定了对移民和难民的接纳政策,这在一定程度上实现了移民的流动自由,但由此却引发了本国选民基于移民和难民带来的安全和社会问题而进行的抵制行为,最终产生了国家权力与民主政治之间的冲突,从而使民粹主义和右翼政党大行其道。

---

① 葛浩阳:"全球经济的'不可能三角'真的不可能吗——对丹尼·罗德里克全球化理论的批判性考察",《经济学家》2019年第6期,第105页。
② [美]罗德里克著,廖丽华译:《全球化的悖论》,中国人民大学出版社2011年版,第37页。

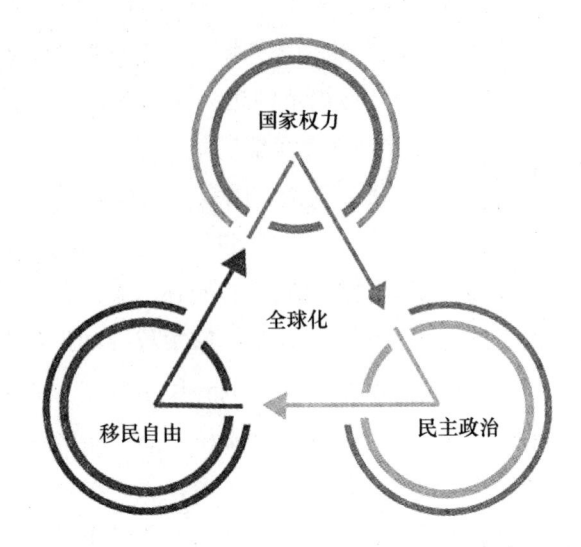

图1-1 全球化背景下移民"不可能三角"理论示意图

在民主政治占主导地位时，国家权力与移民和难民自由流动存在相互冲突。比如在叙利亚难民危机爆发初期，出于对难民的同情，民众呼吁政府开放边界、接纳难民，民主对国家权力产生了影响；而当进入欧洲的难民越来越多，并引发了一定的社会问题之时，右翼政党又重新登台，控制选民迫使政府制定严格的移民和难民政策或是采取限制手段。同样以美国为例，前任总统特朗普为了迎合国内民众对拉美移民抢占劳动岗位和社会福利的质疑，采取强化国家主权的一系列行动，比如修建"边境墙"、发布"限穆令"、打击非法移民等政策措施，放弃移民自由而选择了国家权力和民主政治。

在一个高度移民自由的社会，随着外来移民人口的增加，其在具备了满足生存必须的经济基础后必然将以民主团体的形式参与所在国政治，从而对国家权力进行影响。其中比较明显的是美国，作为曾经高度宣扬自由主义和以移民立国的国家，其国内存在人口数量较大的拉美裔群体以及社会阶层较高的犹太人群体，这类族群在民主议程下对美国的选举政治和对外政策都有一定程度的干扰。

当然，全球化背景下的移民"不可能三角"理论模型不能解释当前西方国家反移民现象出现的所有原因，这其中必然还应夹杂着诸如国家利益论、多元文化论和文明冲突论等作为支撑，当然也更不能忽略这一理论模型是建立在各变量选取最大值这一假设前提之上的。总之，该理论可以为分析全球化与目前的移民难民问题之间的关系提供一个全新的视角，也可以用来解释西方国家移民问题为什么存在越来越严重的政治化倾向这一特殊现象。①

（二）文明冲突论

美国哈佛大学教授塞缪尔·亨廷顿于20世纪90年代初提出了文明冲突论，该理论一经问世便在全世界的文化、思想和政治领域掀起了极大的波澜。尤其是"9·11"事件的发生从某种程度上更加印证了文明冲突论的预言，一时间使该理论成为西方国家审视国际关系问题的一个新的视角。而与此同时，欧美国家的国际移民，作为亨廷顿口中区别于西方文明的"异质"文明的重要载体，从进入西方国家的那一刻起，就带来了人口、民族认同和国家安全等各类挑战。而这种挑战主要反映在文化的差异性上，也就是说，基于文化差异的反移民现象根源来自于文明冲突论的理论解释，以语言、民族、宗教、生活习俗的不同为主要表现方式，体现了反移民政策争论的核心。

在《文明的冲突与世界秩序的重建》一书中亨廷顿认为："在这个新的世界里，最普遍的、重要的和危险的冲突不是社会阶级之间、富人和穷人之间，或其他以经济来划分的集团之间的冲突，而是属于不同文化实体的人民之间的冲突。""最危险的文化冲突是沿着文明的断层线发生的那些冲突。"② 而国际移民文化属性的差异恰恰带来了不同文明的碰撞。而这种碰撞从亨廷顿的视角看来，是造成冲突、恐慌甚至对抗的最主要原因。在"9·11"事件之后，有关"文明冲突"的事例可谓是不胜枚举，其中大多数都是围绕欧洲穆斯林移民问题展开的。这也印证了亨廷顿的观点——伊

---

① 李琦："全球化背景下的移民和难民问题：现状、成因及应对"，《武警学院学报》2020年第9期，第14—15页。

② ［美］塞缪尔·亨廷顿著，周琪、刘绯、张立平、王圆译：《文明的冲突与世界秩序的重建》，新华出版社1998年版，第6—7页。

斯兰文明是唯一使西方的存在受到过威胁的文明，而且这种情况至少发生过两次。① 从20世纪六七十年代开始，来自伊斯兰国家的移民不断进入毗邻的欧洲国家。由此开始，欧洲穆斯林移民问题逐渐凸显：在法国，因穆斯林女性戴头巾、面纱和穿罩袍以及学校提供清真餐等问题引发的社会争论至今还没有结束，频繁出现在欧洲国家具有移民背景的"独狼式"恐袭事件又加剧了反移民倾向，尤其是2015年难民危机带来的安全和社会问题更是将本土基督教民众和穆斯林移民之间的矛盾推向了高潮。特别是2015年1月发生在法国的《查理周刊》恐怖袭击事件和2020年10月发生的"教师被斩首案"，因涉及伊斯兰宗教文化、行凶者的移民身份②，加上随后不久发生在奥地利维也纳的极端组织恐袭事件③等，再次将所谓文明的冲突推至风口浪尖。时至今日，欧洲极右翼排外政治势力迅速崛起并不断以"文明冲突"为理由掀起反移民的浪潮。④

同样，反移民现象也出现在美国。从2017年特朗普上台后，就着手实施了一系列反移民政策，包括加大投入修建"边境墙"、实施"限穆令"和清除非法移民的"骨肉分离"等举措，无一不体现其源于盎格鲁—撒克逊以新教文化为主体的"白人至上"理念，而这种理念令笔者认为也离不开文明冲突论的影响。正如亨廷顿另外一本在美国国内影响力较大的《谁是美国人？——美国国民特性面临的挑战》一书中描述的那样：大量拉美西班牙语系移民进入美国后，对美国的语言、信念、道德等核心文化形成的挑战会破坏美国人的国家认同，从而改变以盎格鲁—撒克逊新教文化为

---

① ［美］塞缪尔·亨廷顿著，周琪、刘绯、张立平、王圆译：《文明的冲突与世界秩序的重建》，新华出版社1998年版，第231页。

② 2020年10月16日，巴黎一名中学历史教师在学校附近被"斩首"死亡。此前，该教师在课上向学生们展示了有关伊斯兰教先知穆罕默德的漫画，并与学生进行了讨论。袭击发生后，法国总统马克龙宣称，此事件为"伊斯兰恐怖袭击"，法国政府在随后采取了一系列针对穆斯林移民群体的行动。

③ 2020年11月2日，奥地利首都维也纳市中心发生枪击事件，4名平民死亡，枪手被击毙。枪手是一名拥有奥地利国际的北马其顿移民，该人曾宣誓效忠极端组织"伊斯兰国"。事发之后该组织也声称对袭击事件负责。

④ 李益斌："欧盟恐袭主体认知偏差与'文明冲突'的关系"，《当代世界与社会主义》2019年第4期，第149页。

主体的美国特性。甚至他更直接地表示:"对美国传统的国家特性的唯一最直接、最严重的威胁来自拉丁美洲,特别是来自大量的持续不断的墨西哥移民,以及他们远比黑人和白人高得多的出生率。"① 另有学者也说:"一个没有共同文化的社会根本就不是一个社会。一个移民大规模持续涌入的社会将慢慢地不再拥有共同的文化。"② 而随着拉丁美洲移民人口的不断增多,文明的冲突将变得更加激烈,美国的反移民现象则会毫无疑问地不断上演。

(三) 非传统安全理论

冷战结束后国际格局和安全环境都发生了巨大的变化,影响国家安全的因素也不再仅局限于军事与政治安全,而是伴随着全球化的蓬勃发展,朝向多元化、复杂化转变。交通和通信方式的迅猛发展打破了旧有的时空与地域限制,实现了资源与资本的全球性流动,扩大了旧有的全球市场,也推动了人的自由流动,促进了人类文明的交流与拓展。但是全球化是一把双刃剑,在带来机遇的同时也提出了挑战。恐怖主义活动、跨国有组织犯罪、公共卫生问题、环境污染以及经济危机的全球化,都对国际安全产生了深刻的影响。非传统安全研究成为国际政治领域安全研究的新内容,为国际社会解决全球性问题提供了一个全新的视角,越来越多的国家加强了对非传统安全的重视,国家安全观发生了较大的转变。

非传统安全理论多由西方学者提出。受新自由主义的影响,较多西方学者(以巴里·布赞为首的哥本哈根学派)在非传统安全研究中将视角转向人的安全,强调以人的安全为核心,研究人的安全与国家安全的互动,由此也引发人权是否大于主权的争论。而移民问题,因其也具有非传统安全的各类属性,即"跨国性、多元性、社会性和相互关联性",以及区别于传统安全的、无法"以军事实力、结盟和战争手段来应付的威胁"③ 的

---

① Samuel P. Huntington, "The Hispanic Challenge", Foreign Policy, March/April 2004, p. 32.
② 仇朝兵:"一个被撕裂的美国社会?——评亨廷顿的《我们是谁?》",《美国研究》2006年第3期,第130页。
③ 陆忠伟:《非传统安全论》,时事出版社2003年版,第38页。

特征而成为非传统安全中一项重要的安全因素。① 所以，亨廷顿认为，"在当今世界上，对社会安全的最大威胁是来自移民"。② 我国学者陆忠伟在其主编的《非传统安全论》一书中，也将非法移民列为一种非传统安全因素进行分析，认为非法移民无论是对输出国还是接收国，都构成了严重的威胁。③ 所以，移民以及其中包含的非法移民和难民，在某种程度上都与国家安全有密切的联系。以2015年爆发的欧洲难民危机为例，大量移民和难民的涌入，使欧洲国家在经济、政治、社会、文化等方面都遭受了严重威胁，从而对总体国家安全产生了深刻的影响。另外，2020年开始国际大流行的新冠肺炎疫情，也因移民跨境流动可能对公共卫生安全带来威胁，而作为一项非传统安全因素上升至国家安全的层面。

正因为在非传统安全观的理论视角下移民会带来安全问题，甚至上升为国家安全的威胁之一，反移民行为就成为西方社会维护国家安全的一项"政治正确"的必要措施。于是，美国前总统特朗普的一系列反移民、限制入境政策无一不打着维护"国家安全"的旗号；欧洲右翼政党在政治宣言中除了"移民抢走了我们的工作"之外，还大力鼓吹"移民威胁我们的安全"，移民安全问题被用来作为政治口号；获联合国多数国家支持、标志着共同应对移民难民问题和全球治理的里程碑式框架文件《促进安全、有序和正常移民全球契约》还没实施，便被一些国家（如美国、澳大利亚、奥地利、智利、波兰、巴西、匈牙利、捷克、斯洛伐克等）以威胁本国"国家安全"为理由而采取明确反对的态度。④ 所以，反移民现象中的安全因素，离不开非传统安全理论的深刻影响，而探讨移民是否会真正带来安全问题是非常复杂的，其中既有政治方面的考量，又有经济形势的影响，更有深刻的国际关系背景。

---

① 傅勇：《非传统安全与中国》，上海人民出版社2007年版，第24页。
② ［美］塞缪尔·亨廷顿著，程克雄译：《我们是谁？——美国国家特性面临的挑战》，新华出版社2005年版，第151页。
③ 田源：《移民与国家安全：威胁的衍生及其条件研究》，世界知识出版社2010年版，第30页。
④ 人民网："联合国通过《移民问题全球契约》美等十国退出"，http://m.people.cn/n4/2018/1211/c57-12027097.html.（上网时间：2020年12月28日）。

五、国际移民的治理理论

上文中已经提到，国际移民问题早已成为全球治理的重要内容而得到了国际社会的充分重视。虽然国际移民问题与全球经济和生态环境等问题有所不同，其影响因素更加复杂，治理难度更大，但归根结底它也是全球化进程中的一部分。全球化进程使不同国家在移民领域存在一定的相互依存，也正因为国家之间存在"休戚与共"的相互关系，推动人类命运共同体理念应用于全球层面移民治理实践的构想才能够最终实现。所以，全球化与相互依存以及人类命运共同体理论成为当前比较重要的国际移民治理理论。

（一）全球化与相互依存

从国际政治的角度来看，全球化与相互依存理论可以用来解释国际移民治理的产生。全球化与相互依存理论最早出现在罗伯特·基欧汉和约瑟夫·奈合著的《权力与相互依赖》一书中。约瑟夫·奈在之后的《理解全球冲突与合作：理论与历史》中也对全球化与相互依存理论有过相关论述，认为"全球化是世界范围的相互依存网络"，"全球化即全球层面的相互依存"。[①] 在上文的论述中也曾谈到国际移民现象是全球化的重要特征，"人的流动"是全球化的一部分。所以，国家对移民的态度即国家的移民政策也受到相互依存的影响，也就是说，全球化背景下的国际移民问题符合"交往带来显著的需要各方都付出代价的结果"，[②] 国际移民成为复合相互依存的一部分。具体解释是：根据上文移民产生的相关理论，引发国际移民流动的重要原因就是经济与人口的不平衡，发达国家因人口老龄化和福利社会制度等问题，急需大量青壮年移民填补劳动力市场空白、弥补人口变化或其他因素造成的劳动力短缺，为企业创造就业机会，为财政做出贡献（移民可以通过创造财富分担一部分养老压力，大部分劳务型移民在

[①] [美]小约瑟夫·奈、[加]戴维·韦尔奇著，张小明译：《理解全球冲突与合作：理论与历史（第十版）》，上海人民出版社2018年版，第324页。
[②] [美]罗伯特·基欧汉、约瑟夫·奈著，门洪华译：《权力与相互依赖（第三版）》，北京大学出版社2002年版，第283页。

年老时都会选择返乡，这又恰恰不会造成目的国的养老负担）；发展中国家则需要移民汇款带来经济增长，于是就造成了某种程度上的各取所需。所以，发达国家政府不得不承担国家安全的风险去制定宽松的移民政策，甚至在特定时期"大赦"非法移民；发展中国家则需要承受"人口流失"（主要是熟练工人，如医疗护理人员、技术工人等）和"丧失一定的外交平等"之代价去解决青年人就业问题以及获得移民汇款，这就形成了全球化进程下的"相互依存"。换言之，如果所有国际移民活动立即停止，并在今后几十年中保持为零，到2050年较发达地区的人口将比保持目前迁徙水平和模式少近10%。北美洲和大洋洲的人口将比预期少13%，而在欧洲则为6%①，相关国家将出现非常大的劳动力缺口，所以，国际移民的存在意义重大。同样，移民输出国也依赖迁出移民带来的好处，根据联合国的统计，2017年中低收入国家移民汇款达到了4660亿美元，这些汇款帮助了数百万人脱贫，改善了原籍国家庭和社区的粮食安全、教育、健康和住房条件。然而移民汇款仅是移民输出国获益的一个方面，大量的返乡人员除了带回资金，更是带回了技能和知识甚至追求幸福生活的希望。② 总之，全球化带来了经济上的相互依存，全球化又加速了国际移民的流动，移民带来的双向收益使移民输出国与接收国的相互依存更加紧密。因此，一旦国际移民问题出现危机，唯有大部分甚至所有国家采取双边、多边合作的方式才能解决，即在全球层面实现国际移民问题的治理。所以，全球化与相互依存现象使国际移民治理成为解决移民问题的唯一途径。

（二）人类命运共同体

历史进入21世纪，原有的全球治理体系已无法应对超级全球化带来的各种挑战，在移民领域更是如此。近年来全球移民问题变得越来越严峻，战乱冲突、环境恶化和经济衰退造成的非法移民和难民问题不断冲击着民族国家和全球治理体系，国际社会对全球移民治理的需求越来越迫切。进

---

① UN, "International migration and development", p. 4, https://www.un.org/development/desa/pd/sites/www.un.org.development.desa.pd/files/general/n1824656.pdf. （上网时间：2020年1月3日）

② UN, "International migration and development", p. 7, https://www.un.org/development/desa/pd/sites/www.un.org.development.desa.pd/files/general/n1824656.pdf. （上网时间2020年1月3日）

入21世纪，随着中国逐渐成为全球治理的重要参与者，为世界贡献了大量公共产品。为了实现紧跟时代精神、合作共赢、包容共享、监管有力和公共产品充足的理想治理目标，中国国家主席习近平提出了人类命运共同体理念，为处于困境中的全球治理指明了方向，也为全球移民治理困局提供了理论思路。人类命运共同体所包含的包容开放、平等协商、法治正义理念，为国际社会在合法移民吸收、跨国难民接纳、非法移民管控等方面提供了全新的理论指导。① 所以，人类命运共同体理念逐渐成为适应当前国际移民问题治理的重要理论。

首先，人类命运共同体理念深化了"人的安全"在移民治理中的重要性。冷战结束后非传统安全理论的兴起使"人的安全"因不断涌现的全球性问题而成为关注的热点。尊重和保障"人的安全"是在全球化打破国家主权边界后，世界能够在安全领域形成认同、促进合作的唯一途径。而人类命运共同体的出现正是"人的安全"理论的深化。人类命运共同体理念超越了国家利益，构建了国家道德与人类道德的平衡性。另外，人类命运共同体理念实现了集体人权对全球治理的约束。集体人权的权利主体是各国人民和全人类，义务主体是各国政府及其所组成的政府间组织，权利内容涉及的是各国人民和全人类作为人类共同体及其成员生存和发展所必需的最基本条件。② 所以，人类命运共同体理念使基于集体人权的治理合作成为可能。具体到国际移民治理领域则体现在：作为从属于人类这一整体的国际移民，唯有以"人的安全"为出发点和落脚点，才能够破除"国家利益至上"这一严重阻碍全球治理合作的重要因素，实现正确的"义利观"，在全球移民治理中依托"人的安全"来构建国家间的最大公约数，以合作谋求"共赢"。③

其次，人类命运共同体理念回应了当前移民治理中的诸多问题。在政

---

① 陈斌、周龙："'人类命运共同体'视角下全球移民治理与中国角色"，《中国人民大学学报》2019年第1期，第83页。
② 常健："构建人类命运共同体与全球治理新格局"，《学术前沿》2017年第6期，第38页。
③ 康晓："人类命运共同体视角下的亚太区域气候治理：观念与路径"，《区域与全球发展》2018年第1期，第82—83页。

治方面，人类命运共同体理念强调建立多边、民主、平等的国际治理体系，各国需增强彼此互信，以多边取代单边，坚持无论国家具有什么样的历史传统和现实处境都一律平等对待这一原则，在国际组织和多边机构管理的各项国际事务中都应有平等的话语权。[1] 所以，在移民问题治理过程中，作为移民输出国的发展中国家，其利益需求理应得到更多重视。在文化方面，人类命运共同体理念强调多元共生，建设一个开放、包容的世界，理想的社会应该是和而不同、兼收并蓄的文明交流。正如2014年3月习近平主席在联合国教科文组织总部演讲时指出："当今世界，人类生活在不同文化、种族、肤色、宗教和不同社会制度所组成的世界里，各国人民形成了你中有我、我中有你的命运共同体。"[2] 这也是对困扰欧洲的穆斯林移民融合问题的有力回应。在环境方面，人类命运共同体理念坚持可持续发展，坚持建设一个"清洁美丽的世界"。所以，基于人类命运共同体理念构建的自然、绿色发展的生态体系也正是从根本上解决因环境恶化造成的大规模移民和难民的有效途径。

---

[1] 陈旭："习近平新时代人类命运共同体思想实践价值研究"，吉林大学博士学位论文，2019年，第92页。

[2] 人民网：王义桅：'人类命运共同体'新理念三解"，http://theory.people.com.cn/n1/2017/0206/c40531-29061417.html。（上网时间：2021年1月4日）

第 二 章

2001年至今国际移民问题的主要表现形式

2001—2021年的20年间，国际移民作为全球化进程的一个客观产物在其自身发展和变化中产生了许多问题。在众多问题里，"9·11"事件（2001年）、金融危机（2008年）、难民危机（2015年）、新冠肺炎疫情（2020年）可以说是问题发展的四个重要节点，也是产生诸如安全问题、经济问题、政治问题和公共卫生问题的主要原因。"9·11"事件后，与移民相关的安全问题成为各国制定移民政策必须考虑的核心问题；2008年金融危机又触发了劳动力市场的震荡，在失业率居高的情况下移民群体的利益受到了严重冲击，移民作为经济形势的"晴雨表"再次被现实所证明；席卷欧洲的难民危机在2015年全面爆发，危机使民粹主义政党大行其道，破坏了欧盟一体化进程并在某种程度上深刻影响着国际政治；2020年初开始的新冠肺炎疫情使公共卫生安全一跃成为有史以来影响国际移民的最主要问题之一。疫情阻碍了迁徙流动，造成了经济衰退和失业，相当多的移民和难民受到了种族歧视且自身健康难以保障。总之，21世纪初至今的20年，是开启世界百年未有之大变局的20年，是全球化高开低走的20年，国际移民呈现出的这些问题可谓前所未有，而每一个问题的背后都有着极其复杂的因素，对国际移民政策的发展将产生深远的影响。

第一节 "9·11"事件凸显移民安全问题

2001年9月11日在美国发生的重大恐怖袭击事件，使美国在军事行动和外交政策方面都做出了较大调整，也引起了世界大部分国家对国土安全和航空安全的极大关注。在"9·11"事件发生后，劫机者持合法签证入境的行为和其外国人身份使移民与恐怖主义和国家安全立即产生了联系。自此开始，以美国为首的一些国家开始重新用安全的视角审视入境移民，即"移民问题安全化"（securitization of immigration）的产生，并由此还引发了移民管理部门的改革、移民准入的缩紧、强硬的非法移民管理政策以及对特定民族的重点关注。"9·11"事件标志着冷战结束以来全球化进程下自由主义支持的移民跨国流动被恐怖主义所终结，由移民行为引发的安全问题不断凸显，移民由此成为国家安全问题的重要议程。

一、移民与恐怖主义相关联成为重要的安全问题

在"9·11"事件之前，有关国际人口流动与国家安全之间的关系多围绕非法移民、边界管控，移民对目的国的经济与社会安全以及难民问题等展开讨论；而在"9·11"事件以后，国际人口流动中的反恐问题逐渐凸显，一跃成为西方学者研究的热点。以美国为例，有数据显示，1975—2015 年底，有 154 名在外国出生的恐怖分子在袭击中造成 3024 人死亡（仅"9·11"事件中就有 2983 人死亡）。涉及"9·11"事件的所有恐怖分子中，有 10 人是非法移民，54 人是合法永久居民（持有绿卡），19 人持学生签证，1 人持结婚签证（K-1），24 人是难民（其中 4 人是寻求庇护者），34 人持旅游签证，3 人来自免签证计划（VWP）国家，另有 9 名恐怖分子的身份未知。[1]因此，移民安全中的恐怖主义问题迅速上升为美国等西方发达国家国家安全战略中的重要组成部分。[2] 美国移民政策研究所在 2011 年的一份报告中对此有如下描述："'9·11'劫机者是从国外进入

---

[1] Alex Nowrasteh, "Terrorism and Immigration: A Risk Analysis", Cato Institute, https://www.cato.org/publications/policy-analysis/terrorism-immigration-risk-analysis. （上网时间：2021年1月11日）

[2] 徐军华："恐怖主义·移民安全·法律控制——后'9·11'时代国际人口流动中的反恐问题"，《第四届移民法论坛：出境入境管理法、中国和世界论文集》，2012 年，第 357 页。

美国这一事实立即将移民与恐怖主义和国家安全联系起来。"①

（一）"9·11"事件中恐怖分子的移民身份

根据资料显示，"9·11"事件中的发动恐怖袭击的劫机者都是外国人。他们全部都是通过临时签证合法进入美国的，大部分都拥有6个月入境许可旅行签证。尽管其中有4人在美国上过飞行学校，并且在美国居留了很长一段时间，但在事件发生时大部分人的签证已经过期。所以在登机时，恐怖分子故意利用佛罗里达州、弗吉尼亚州、加利福尼亚州和新泽西州的驾驶执照替代签证的方式获得了用于登机的美国身份证明。其中的2人具有比较明显的移民背景。

1. 驾驶飞机撞向五角大楼的哈尼·萨利赫·哈桑·汉约尔

该人国籍为沙特，于1991年10月首次来到美国，在亚利桑那州图森学习英语。1996年4月在加利福尼亚州奥克兰市居住并学习英语，随后在亚利桑那州的斯科茨代尔接受飞行训练。1996年11月离开美国，并于1997年11月再次返回，当时他获得了FAA商业飞行员证书。虽然在此之后他申请签证被拒绝，但是在2000年9月在沙特阿拉伯的吉达，他又获得了学生签证，在获得这次签证的过程中，其申请时故意隐瞒了之前曾去过美国的经历。2000年12月再次返美，在圣奥古斯丁学院（位于加利福尼亚州奥克兰）学习英语，但从未在学校露面。发动袭击时签证已经过期，以持有弗吉尼亚州驾照的方式登机。

2. 驾驶飞机撞向世贸大厦双子塔的马瓦·艾尔－沙辛

该人国籍为阿联酋，曾在德国汉堡获得电气工程学位。2000年1月在阿联酋申请并获得了10年多次入境美国的旅行签证，5月进入美国，并于9月获得了学生身份，之后就读于佛罗里达州的飞行学校，获得了美国联邦航空局飞行员的证书。随后离开并多次返回美国（2001年4月8日飞往埃及，5月2日从摩洛哥返回），在威尼斯的霍夫曼航空公司接受过培训，

---

① Foster, "How U. S. Immigration Policy Has Changed Since 9/11", https://www.fosterglobal.com/blog/how-u-s-immigration-policy-has-changed-since-911/. （上网时间：2021年1月11日）

持有佛罗里达州的驾照。在发动袭击时签证也已经过期。①

总之，从其中两名恐怖分子的身份和背景可以看出，在"9·11"事件发生之前，美国的入境政策是比较宽松的，对于国内非法移民的管控也不是十分严格，这为恐怖分子提供了可乘之机。另外，恐怖分子的外国人身份和境内居留记录也使国内已定居移民成为探讨安全问题时的重点关注对象。

（二）"9·11"事件后的移民与恐怖主义行为

在"9·11"事件之后，具有外国移民背景的恐怖袭击事件在西方不断上演，这些事件更加刺激了西方敏感的神经，西方国家在某种程度上都纷纷仿效美国，加强了对移民的管控，并将移民与国家安全问题紧密联系在一起。然而即便如此，恐怖主义的阴云依然笼罩着西方世界，移民与恐怖主义成为欧洲人最关心的两个议题。根据2016年"欧洲晴雨表"的调查，在欧盟公民最关注的问题中，移民问题占所调查总数的45%，排名第二的是恐怖主义的32%，这两个问题远远领先于经济形势的20%、会员国公共财政状况的17%和失业状况的16%。在除西班牙和葡萄牙之外的所有成员国中，移民成为欧盟公民最关心的问题。② 一时间，在西方国家眼中，外来移民与恐怖主义具有"因果关系"似乎成为了一个不争的事实，恐怖主义这一西方社会的"顽疾"，仿佛都可以归结于移民和难民的到来。

---

① FAIR, "Identity and Immigration Status of 9/11 Terrorists", https：//www.fairus.org/issue/national‐security/identity‐and‐immigration‐status‐9·11‐terrorists.（上网时间：2021年1月11日）

② Eurobarometer, "Future of Europe", http：//ec.europa.eu/COMMFrontOffice/publicopinion/index.cfm/Survey/getSurveyDetail/instruments/SPECIAL/surveyKy/2131.（上网时间：2021年1月13日）

表 2-1 后 "9·11" 时代具有移民背景者发动的恐怖袭击事件统计表①

时间	地点	恐袭者 国籍身份	恐袭 方式	恐袭组织/ 恐袭性质	伤亡人数
2004.03.11	西班牙马德里 地铁	摩洛哥裔移民	爆炸	"基地"组织 宗教极端	191人死亡, 1800人受伤
2005.07.07	英国伦敦 地铁	巴基斯坦裔英国人 (移民后代)	爆炸	"基地"组织 宗教极端	56人死亡, 700多人受伤
2013.04.15	美国波士顿 马拉松场地	俄罗斯裔移民	爆炸	"独狼式" 宗教极端	3人死亡, 260多人受伤
2015.01.07	法国巴黎 《查理周刊》	阿尔及利亚裔法国人 (移民后代)	枪击	"基地"组织 宗教极端	12人死亡
2015.11.13	法国巴黎	摩洛哥裔法国人 (移民后代)	爆炸 枪击	"伊斯兰国" 宗教极端	132人死亡, 300多人受伤
2016.03.22	比利时 布鲁塞尔机场	摩洛哥移民后代	爆炸	"伊斯兰国" 宗教极端	26人死亡, 136人受伤
2016.07.14	法国尼斯	突尼斯裔移民	车辆 冲撞	"伊斯兰国" 宗教极端	84人死亡, 202人受伤
2016.07.22	德国慕尼黑	德国、伊朗 双重国籍	枪击	"独狼式" 宗教极端	9人死亡, 多人受伤
2016.12.19	德国柏林 圣诞市场	突尼斯籍难民	车辆 冲撞	"独狼式" 宗教极端	12人死亡, 48人受伤
2017.04.03	俄罗斯 圣彼得堡 地铁	中亚移民	爆炸	"基地"组织 宗教极端	16人死亡, 50多人受伤
2017.04.07	瑞典 斯德哥尔摩	乌兹别克裔移民	车辆 冲撞	"独狼式" 宗教极端	5人死亡, 15人受伤

---

① 此表中所列出的恐袭事件具有两大特点：第一，恐袭造成的人员伤亡较多；第二，恐袭具有鲜明的代表性和严重影响。比如 2020 年 10 月 16 日发生在法国的教师被斩首事件，虽然只有 1 人死亡，但是其影响是十分恶劣的，该事件既与 2015 年《查理周刊》恐袭案相关联，又直接引发不久之后发生在奥地利的系列枪击案，并且该事件再次挑起了法国国内针对穆斯林的情绪，在国际社会上也造成了与土耳其等伊斯兰国家的纠纷。

续表

时间	地点	恐袭者国籍身份	恐袭方式	恐袭组织/恐袭性质	伤亡人数
2017.05.22	英国曼彻斯特体育场	利比亚难民后裔	爆炸	"独狼式"宗教极端	22人死亡，59人受伤
2017.08.17	西班牙巴塞罗那	摩洛哥移民后代	车辆冲撞	"独狼式"宗教极端	21人死亡，130人受伤
2018.03.23	法国奥德卡尔卡松	摩洛哥裔移民	枪击	"独狼式"宗教极端	3人死亡，16人受伤
2020.10.16	法国巴黎	俄罗斯裔难民	刀具	"独狼式"宗教极端	1人死亡（中学教师被斩首）

二、移民管控力度受安全因素的影响而逐渐加大

在"9·11"事件发生之后，美国及欧洲多国政府迅速采取了一系列行动来确保国家安全，其中包括组建管理机构，加强对特定群体的监视，从法律上限制入境、赋予警察更多权力和驱逐非法移民。

（一）美国

在袭击发生后的2002年，时任美国总统布什签署了《国土安全法》，计划通过组建国土安全部来整合移民管理机构。国土安全部的成立被纳入法律后，政府依法将美国海岸警卫队和特勤局、联邦应急管理局和美国海关等22个联邦机构进行了整合。原先隶属于美国司法部的美国移民和归化局（移民局）被解散，其职能被归入国土安全部，并在国土安全部下划分为三个部门：海关和边境保护局、移民和海关执法局、美国公民和移民局。[①] 海关和边境保护局主要负责人员和物品的出入境管理和检验检疫；移民和海关执法局是国土安全部内最大的调查机构，负责海关和移民的调查及情报工作，负有对移民的调查、拘留和遣返等职能；美国公民和移民局负责处理合法永久居留、公民身份和其他合法移民福利以及非公民服务

---

① U. S. Citizenship and Immigration Services, "Overview of Agency History: Post – 9/11", https://www.uscis.gov/about – us/our – history/post – 911. （上网时间：2020年12月30日）

的申请，并通过电子核实方案确保就业资格的真实性。国土安全部的成立是自第二次世界大战后美国国防部成立以来最大的一次政府重组。新部门在移民方面的首要目标包括：实现对美国边境的有效控制和扩大美国边境以外的"安全区"、执行移民法、加强对旅行者/劳务人员的甄别和简化合法游客入境手续，以及通过拒绝向"危险人群"赋予移民资格来确保国家安全。① 也就是说，如果国土安全部认为合适，他们就可以调查和拘留那些他们关注的移民。另外，相关法律赋予了警察在处理移民问题时具有更多的权力。在奥巴马时代，2008 年启动的"安全社区"方案使地方执法部门与国土安全部可以通过数据库分享被逮捕者的指纹，如果搜索结果显示其具有移民背景，那么被逮捕者将被一直拘留，直到联邦移民机构前来处理。这就使地方警察成为了事实上的移民管理者，其结果是如果一名警官因其他原因要逮捕某人，该警官有权力通过移民部门将其驱逐出境。②

另外，政府同样也加强了对边境的管控。美国投入了数十亿美元用来增加边境管控的人力、开发设备、建设基础设置，并且修订了相关法律政策。布什和奥巴马都曾授权在美国和墨西哥边境临时部署国民警卫队，以协助边境管控并提供监视支持和情报分析。在技术装备领域，无人机被投入使用在边境地区的巡逻中，在人迹罕至的地区还增设了感知人员进入的运动探测传感器，再配以遥控摄像机监视和地面雷达，美国边境至此形成了被称为"虚拟围栏"的信息化边境管控系统。根据国会 2006 年批准的《安全围栏法》，政府继续在美墨边境建造物理围栏，该法案规定沿西南边境要修建约 1125 公里的物理围栏。2008 年 4 月，时任国土安全部部长废除了 30 多项涉及环境保护、美洲原住民自治和历史保护的法律，以促进在

---

① Michelle Mittelstadt, Burke Speaker, Doris Meissner Muzaffar Chishti, "Through the Prism of National Security: Major Immigration Policy and Program Changes in the Decade since 9/11", p. 2, https://www.migrationpolicy.org/pubs/FS23_Post-9-11policy.pdf.（上网时间：2021 年 1 月 2 日）
② Ted Hesson, "Five Ways Immigration System Changed After 9/11", https://abcnews.go.com/ABC_Univision/News/ways-immigration-system-changed-911/story?id=17231590.（上网时间：2021 年 1 月 3 日）

美墨边境修建边境围栏,而这也为日后特朗普修建"边境墙"埋下了伏笔。① 总体来说,通过机构调整、政策出台和资金设备的投入,美国基本实现了从移民入境到获得永居和美国公民身份的全过程管理,对移民的管理更加具体化和精细化,而这一切都以加大对移民的管控力度为最终目的。

（二）欧洲

为了应对与"9·11"事件类似的极端恐怖主义威胁,欧洲国家仿效美国调整和加强了与安全和反恐相关的法律,其中进一步限制移民是调整的重点,恐怖主义也不再被定性为外国或国内恐怖主义,而是跨国恐怖主义。为了更彻底地消除与穆斯林移民有关的潜在威胁,欧洲主要国家都及时出台了相关法规来扩大国家维护安全的权力,比利时和德国都对寻求庇护者采取了更强硬的态度,在收入、语言技能和逗留时间方面规定了更严格的标准。在法国,2001 年出台的《每日安全法》扩大了警察的权力,作为反恐调查的一部分,警察被允许拦截车辆、搜查未占用的房屋建筑,并且可以在未经通知的情况下监测或记录电子交易。在 2003 年法国的一项新移民法规定下,那些具有"威胁公共秩序"行为的个人更容易被驱逐出境。该法律同时加重了对非法移民的处罚,增加了临时拘留中心,并对家庭团聚实行了新的限制。除了扩大了警察的许多权力外,法国的相关法律还允许警察可以禁止威胁民主秩序的宗教团体,允许警察不受限制地获取金融记录、电子和邮政通信以及大多数形式的交易记录。在英国,议会通过了《移民和庇护法》,取消了寻求庇护者的若干上诉权利并且在 2006 年又通过了一项新的《反恐、犯罪和安全法案》,其中规定可以无限期拘留被认为对本国不安全的外国人,还可以将其驱逐到原籍国,甚至允许警察在预谋暴力而还没有发生时便可以对移民进行拘留。而根据种族关系研究所（Institute of Race Relations）的一项研究表明：英国在同一时期出台的一系列法规大都针对穆斯林移民。其他国家在"9·11"事件之后对移民

---

① Michelle Mittelstadt, Burke Speaker, Doris Meissner Muzaffar Chishti, "Through the Prism of National Security: Major Immigration Policy and Program Changes in the Decade since 9/11", p. 11, https://www.migrationpolicy.org/pubs/FS23_Post-9-11policy.pdf.（上网时间：2021 年 1 月 2 日）

造成的恐怖主义威胁也做出了反应。西班牙虽然是少数几个没有显著修改其安全和反恐法律的欧洲国家之一，但该国对涉嫌策划者的预防性拘留却急剧增加，并且新的移民法也加强了对"不受欢迎的"外国人入境的限制，外国人行使集会等基本权利也受到了限制。同样，意大利也修改了移民政策，严格控制移民的入境和居留，对非法移民采取了更严厉的处罚，政府要求建立更多的拘留中心并对家庭团聚实施了限制。[1] 总之，在"9·11"事件后，随之而来增加的是对恐怖主义和移民的法律修订和管控力度，加大了对欧洲的移民特别是穆斯林移民的限制，最终形成了三个主要结果：第一是移民群体更加被监视；第二是在处理与移民有关的事件中警察权力被扩大；第三是一些宗教团体的活动被禁止，一定数量的激进分子被驱逐。

三、移民因外国恐怖分子之特定身份而遭到仇视

"9·11"事件中的恐怖分子多为来自中东地区的阿拉伯裔穆斯林，这些人受伊斯兰极端主义宗教影响，在本·拉丹领导的"基地"组织指挥下以自杀式袭击的方式发动了恐袭。事件的细节使民众很容易给恐怖分子贴上比较显著的身份标签，如：阿拉伯民族、来自伊斯兰国家、信奉伊斯兰教、男性移民等。所以，在事后无论是美国政府还是社会层面都发起了一系列针对阿拉伯裔穆斯林移民的敌视行动，并随后将范围扩大到了所有穆斯林移民，这其中有国家安全政策的需要，也有社会负面情绪的宣泄。

在国家层面，新出台的《爱国者法案》中的"加强警察驱逐移民权力"的条款实质为针对穆斯林移民所设。"9·11"事件后不久就有600名阿裔穆斯林移民遭到遣返。在2002年的又一次驱逐中，又约3000名被认为来自有"安全威胁"国家的阿裔移民被非法拘留。到了2003年，政府又要求来自25个中东阿拉伯和南亚伊斯兰国家的16岁以上男性移民，

---

[1] Jocelyne Cesari, "Muslims in the West after 9/11: Religion, Politics, and Law", New York: Routledge Press, 2010, pp. 20–22.

按照划分的四个群体在各自的"群体"内进行特别登记,① 被登记的人员又要根据需要进行特殊询问,最后根据登记结果共调查了8.2万人,有大约1.3万人被驱逐。②

在社会层面,在事件发生后美国社会针对穆斯林移民的仇视行为剧增。据美国伊斯兰关系委员会(CAIR)2009年度《美国穆斯林公民权利状况》报告显示:美国穆斯林公民权利受侵犯的投诉事件在1995—2001年间每年都保持在500起以下,并且年增长率较小。而"9·11"事件后则呈快速增长之势,2003年超过1000起,2005年超过2000起,而到了2008年时甚至达到了2728起。③ 随着时间的推移,虽然"9·11"事件已发生多年,但是美国社会并没有淡化对穆斯林群体的敌视。同样根据美国伊斯兰关系委员会的报告,因特朗普上台后基于国家安全制定的一系列针对穆斯林移民的政策,2017年美国国内反穆斯林事件比2016年增加了17%。美国伊斯兰关系委员会收到的穆斯林公民权利受侵犯的投诉事件高达5650起,排名前五的分别是非暴力骚扰、边境和海关的区别对待、仇恨犯罪、不当调查和工作性歧视,其中与出入境相关的边境和海关管控首次排进前五,这与特朗普的"禁穆令"有关。

并且在美国,针对穆斯林的仇恨犯罪也比同期增加了15%。相关数据也表明,针对包括儿童、青年和家庭在内的仇视穆斯林事件不仅都有所增加,而且这些事件的性质也日益暴力。

另外,由于"9·11"事件使移民特别是非法移民与国家安全密切联系,所以除了穆斯林移民群体因身份特殊而受到影响,拉美裔移民也受到了一定程度的冲击。事实上,虽然拉美裔移民与"9·11"事件无关,因

---

① 这一规定就是被称为"国家安全出入境登记计划"(National Security Exit - Entry Registration System),主要是指那些来持临时签证的、来自于穆斯林占主导地位国家的人员必须向联邦当局登记,一旦有甚至轻微违反移民规定的人则将被驱逐出境。

② Muzaffar Chishti, Claire Bergeron, "Post - 9/11 Policies Dramatically Alter the U. S. Immigration Landscape", https:∥www. migrationpolicy. org/article/post - 911 - policies - dramatically - alter - us - immigration - landscape. (上网时间:2020年1月12日)

③ Council on American - Islamic Relation, "The status of Muslim civil rights in the United States 2009", p. 8, http:∥www. cair. com/Portals/0/pdf/CAIR_2009_Civil_Rights_Report. pdf. (上网时间:2020年1月14日)

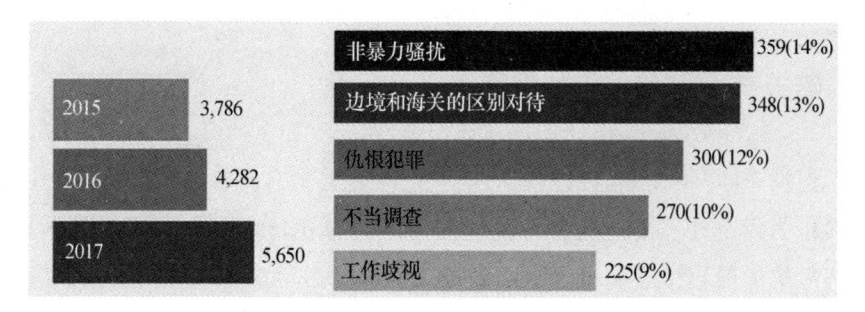

图 2-1　美国排名前五的反穆斯林歧视事件示意图（件数）

资料来源：Council on American – Islamic Relations, "Targeted: 2018 Civil Rights Report", p.12, http://www.islamophobia.org/images/Targeted_2018_Civil_Rights_Report.pdf.

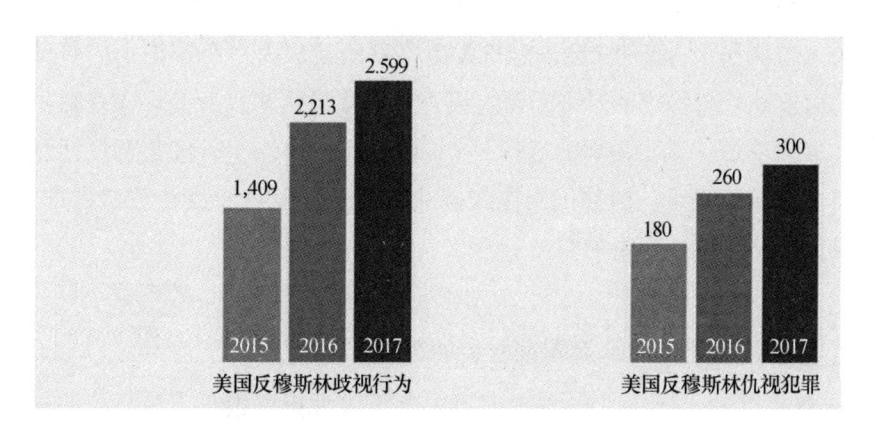

图 2-2　2015—2017 年美国反穆斯林的歧视行为和仇视犯罪增长示意图（件数）

资料来源：Council on American – Islamic Relations, "Targeted: 2018 Civil Rights Report", p.11, http://www.islamophobia.org/images/Targeted_2018_Civil_Rights_Report.pdf.

为恐怖分子既没有从美国西南部边界入境，也不是拉美裔移民。但是，在随后政府针对非法移民的执法管控力度加大的情况下，许多拉美裔移民的生活和工作都发生了变化。根据皮尤研究中心统计，美国的绝大多数非法移民实际上都是来自拉丁美洲，墨西哥移民是美国最大的移民群体。随着形势的变化，在公众视角从恐怖分子转向非法移民之后，除了穆斯林移民，受身份影响最大的就是拉美裔移民。①

第二节　金融危机加深移民经济问题

包括2008年金融危机造成的全球经济衰退在内，现代历史上共发生过三次较大的全球经济危机，每次危机对国际移民流动的影响都是巨大的。经济危机的最直接影响就是导致大量工作岗位的消失和人员的失业。在应对此问题时，大部分移民国家除经济手段之外采取的措施基本都是通过加强对移民流入量的控制，以及鼓励外来移民离开从而保护本国工人。比如在20世纪90年代末的亚洲金融危机时，由于区域经济衰退，马来西亚、泰国和新加坡政府曾驱逐了大量外国工人，以此来避免本国人陷入失业的困境。② 所以，当经济形势较好的时候，移民是西方国家迫切需要的"劳动力人口红利"，而一旦经济危机发生，移民便成为一个影响本国劳动力人口就业和社会稳定的经济问题。是否允许移民到来以及允许哪些移民到来，成为一个"基于需要的选择"（need-based selection），③ 移民问题与经济状况密切联系，即移民问题经济化，而金融危机及经济危机的产生，使移民经济问题变得更加突出。

一、金融危机对欧美国家社会的整体影响

2008年9月15日，随着美国历史上第二大投资银行雷曼兄弟的破产倒闭，金融业开始陷入恐慌，与次贷相关的金融资产遭受到大量抛售和大幅度贬值。包括美林投资银行、美国国际集团在内的几大投行相继倒闭或

---

① Mallie Jane Kim, "After 9/11, Immigration Became About Homeland Security", https://www.usnews.com/news/articles/2011/09/08/after-911-immigration-became-about-homeland-security-attacks-shifted-the-conversation-heavily-toward-terrorism-and-enforcement. （上网时间：2021年1月14日）

② Natasha T. Duncan, Brigitte S. Waldorf, "High skilled immigrant recruitment and the global economic crisis: the effects of immigration policies", Working Paper, February 2010, p.3.

③ Martin Håkansson, "The Economization of Migration: Games played in the arena of Migration", International Human Rights, Refugee law, Autumn 2005, p.1.

被接管，银行资金冻结，这一切标志着第二次世界大战之后最严重的一次金融危机正式爆发。银行的破产迅速波及到企业和个人，由于融资困难，额度较大的贸易被停止，企业开始裁员，实体经济受到了极大的冲击。首先受到冲击的是房地产行业，使得长期以来被认为是美国经济增长重要支柱的房地产成为泡沫，也让成千上万的美国人数年积累的财富化为乌有。随后受到冲击的是与房地产有关的建筑行业以及传统制造业，金融危机最终造成了经济的严重下滑。

欧洲作为美国最大的贸易伙伴，在经济和金融领域与美国联系十分紧密。2008年，美国次贷危机首先蔓延到了欧洲地区并侵蚀了其金融业，先是使冰岛、英国、爱尔兰的经济遭受重创。从2009年夏天开始，金融危机对欧洲实体经济和出口的影响开始显露，随后在第二年又爆发了希腊主权债务危机，危机接着扩散到了爱尔兰、葡萄牙、意大利和西班牙。深陷债务危机的葡萄牙、意大利、爱尔兰、希腊、西班牙一时间被戏谑为"欧猪五国"（PIIGS）。然而欧洲其他国家的境遇也十分糟糕，欧盟及欧元区各国的财政赤字极其严重。2009年12月，欧盟27个成员国中有19个被确认为处于"过度赤字"的状态。[①] 到了2010年，欧洲主权债务危机正式演变成为经济危机。

为了应对危机，欧洲国家普遍采取了财政紧缩政策，包括削减公共开支、递减税率、降低劳动保障和养老金改革等措施。这些措施虽然在一定程度上暂时缓解了危机，但却触碰了欧洲国家实行已久的福利政策，引发了民众的不满和抗议。连续不断的罢工游行在欧洲轮番上演，相继爆发了2008年10月的冰岛，2009年初的拉脱维亚、立陶宛、保加利亚、捷克和匈牙利，2010年2月的英国、法国和德国，2013年的塞浦路斯、希腊等国的游行示威，以及2018—2019年的法国"黄马甲"事件。这些游行示威要么要求保障就业岗位和持续享受了几十年的高福利，要么反对延迟退休和加征税赋。经济危机所带来的冲击也不断向政治领域传导，由此导致了多国的政治生态发生了变化，内阁解散、领导人下台。冰岛总理哈尔德、

[①] 陈新：《欧洲债务危机及其应对举措》，载于周弘主编：《欧洲发展报告（2010—2011）》，社会科学文献出版社2011年版，第31页。

拉脱维亚总理戈德马尼、意大利总理贝卢斯科尼被迫辞职，卡梅伦代替布朗出任英国首相，奥朗德取代萨科齐出任法国总统。①

另外，全球金融危机也使欧美国家的失业率攀升。始于2007年12月结束于2009年6月的经济衰退，是美国自1930年代大萧条以来对就业影响最大的一次危机。在金融危机发生前的2007年11月，美国的就业人数曾达到1.465亿的历史最高水平，而到了经济衰退结束时，则一下子消失了640万个工作岗位，失业人数为1470万，是经济衰退开始时失业人数的2倍。由于就业增长通常滞后于经济复苏，失业情况直到2009年12月才显示最终结果：此次危机共造成870万个工作岗位消失，就业人数降至1.378亿，失业人数为1530万。即使到了危机结束15个月后的2010年8月，失业率仍居高不下，失业人数仍为1490万人。② 在欧洲，从危机爆发至2013年4月底，欧元区失业者已达到1920万人。仅仅在2013年的3月份，就有6.2万人失去了工作，其中年轻人占失业人口中的多数。年轻人失业率排名前五的是希腊（55.3%）、西班牙（53.2%）、葡萄牙（37.7%）、意大利（35.3%）、斯洛伐克（34%）。③

总之，复苏乏力的经济形势使欧美国家底层人民对福利国家的"失落感"不断增强，居高不下的失业率也使社会政治稳定受到了严重的影响。而这一切都为以"美国再次伟大""反移民"为竞选口号的特朗普上台和欧盟一体化进程受阻，甚至为英国"脱欧"埋下了伏笔。

二、欧美国家移民政策在危机中深度调整

金融危机对欧美国家经济造成了严重的打击，特别是在就业方面，形势严峻。在大量人员失业的情况下，政府一方面需要采取紧缩政策削减福

---

① 罗爱玲："国际移民的经济与政治影响：以欧洲穆斯林移民为例"，上海社会科学院博士生学位论文，2013年，第113页。
② Robert G. Cushing, "Immigration status and jobs lost during the US recession of 2007 – 2009", Immigration and the Financial Crisis: The United States and Australia Compared, UK: MPG Books Group, 2011, p.125.
③ 罗爱玲："国际移民的经济与政治影响：以欧洲穆斯林移民为例"，上海社会科学院博士生学位论文，2013年，第113页。

利，另一方面还需要增加工作岗位促进就业。所以，在保护本国人群的前提下，政府采取一些针对外来移民特别是劳工移民的有效政策，虽然对移民的利益有所损害，但也是不得已而为之的办法。在经济危机面前，欧洲国家普遍采取了缩紧移民政策的方法来减轻本国人群的就业压力。许多国家都实施了选择性的移民政策，为了限制低技能移民的进入从而减少失业率，英国引入了比较明确的"移民积分制"政策，对高技能移民更加宽松，而将低技能移民拒之门外。德国、丹麦和法国只向有特定工作机会的移民提供居留资格，并且这些移民的年薪要高于预先确定的门槛。欧盟在2009年还采用了"蓝卡"制度，实施了技能选择性移民政策，目的是挑选高素质的移民临时进入欧洲劳动力市场。[1] 就连一向欢迎高技术移民的澳大利亚也在2009年5月宣布在未来3年，高技术移民计划将减少14%，即1.85万个工作岗位，确保移民总数从2009年的13.35万人减少到2010年的11.5万人，并且对获得临时学生签证的国际学生也实行了限制。[2] 虽然美国在2009年采取了一系列经济手段抵消了金融危机带来的影响，但是美国仍然没有真正从2008年的金融危机中走出，以身处制造业"铁锈地带"为代表的下层白人男性失业率依然居高。所以，在2017年4月18日，特朗普签署了"购买美国，雇佣美国：美国工人优先"的行政命令，旨在为美国工人创造更高的工资和就业率，并通过协调国土安全部及其他相关机构，在移民管理中严格执行移民法，以帮助确保向最熟练或收入最高的人发放 H-1B 签证，从而保护美国下层工人的经济利益。[3]

另外，一些国家也采取了鼓励失业移民返回故土的政策。以受金融危机冲击较大的西班牙为例。从20世纪90年代中期开始，西班牙经济在10年内迅速而稳定地增长。经济繁荣增加了进入该国的外国工人数量，他们

---

[1] Elena Jurado and Grete Brochmann, "europe's immigration challenge Reconciling Work," Welfare and Mobility, London: I. B. Tauris, p. 2.

[2] Jock Collins, "The global financial crisis, immigration and immigrant unemployment, and social inclusion in Australia", Immigration and the Financial Crisis: The United States and Australia Compared, UK: MPG Books Group, 2011, p. 153.

[3] USCI, "Buy American and Hire American: Putting American Works First", https://www.uscis.gov/laws-and-policy/other-resources/buy-american-and-hire-american-putting-american-workers-first. （上网时间：2021年1月16日）

融入西班牙劳动力市场，促进了西班牙社会在种族、民族和宗教多样性方面的迅速转变。然而西班牙的经济发展模式主要集中在特定的行业，如建筑业、酒店和旅游业、服务业、集约化农业等。这种经济环境影响了西班牙的移民，导致了一种主要以寻求工作的低技能移民为基础的移民模式，尽管家庭团聚类和退休类移民也占有一部分比重。总之，西班牙的情况比较符合劳动力市场分割理论，即大部分的移民都成为低层次劳动力市场的主力。从2000年开始，繁荣的经济状况吸引了大量低技能工人从事本国人不愿意进入的建筑业和旅游业，导致西班牙在危机前一跃成为欧盟移民的主要目的国，外国人口在短短20年里增长到占总人口的12%以上。[①]所以，当经济危机来临之时，种种原因使西班牙的移民问题尤其突出。因此，西班牙在2008年11月及时出台了相关政策，企图减少国内的外来移民数量，即失业的非欧盟移民可以提前获得政府提供的失业救济金总额的40%，而其余的60%将在回到原籍国后3个月内获得，并且符合条件的移民也必须同意在3年内不再进入西班牙。然而，这一政策实施效果并不明显，选择离开的移民人数远远低于政府的预期，因为很多移民担心以后没有机会再次回来。日本和捷克也实施了相似的财政激励政策鼓励失业移民返回，并且还提供一定的搬迁费用，但效果同样不明显。

同时，移民政策的调整使穆斯林群体再次成为关注的焦点。在"9·11"事件后，国际移民受到了更多更严格的审查，各国都日益强调移民安全问题，无证或"非法"移民以及穆斯林移民成为政府关注的焦点。在金融危机来临后，经济衰退和居高不下的失业率再次使反移民情绪上升。在2009年欧洲议会选举中，极右翼政治家获得了前所未有的支持率，赢得第一个两席的英国国家党[②]获得了近100万张选票，占总数的6.2%。在芬兰，走右翼民族主义路线的正统芬兰人党（True Finns Party）赢得了其第一个欧洲议会席位；而在荷兰，反伊斯兰运动者海尔特·威尔德斯赢得了

---

① Ana LÓPEZ – SALA, "Managing Uncertainty: Immigration Policies in Spain during Economic Recession (2008 – 2011)", Migraciones Internacionales, Vol. 7, 2013, p. 64.

② 英国国家党是以反移民、反伊斯兰、反多元文化主义著称的极右翼政党，其长期以来在英国处于边缘化地位，但随着经济危机的出现，该党派逐渐活跃并获得了高于以往的支持率。

自由党（PVV）的席位；在比利时，争取佛兰德自治的右翼政党获得了越来越多的选票；在匈牙利，中间偏右的反对党青民盟党获得了多数选票（56.4%）；在保加利亚，极端民族主义的阿塔卡党赢得了10%以上的选票；在斯洛伐克，极端民族主义政党也赢得了席位。[①]

总之，经济危机的爆发深刻地影响了西方特别是欧洲国家的移民政策。受2014年逐渐严峻的难民问题影响，与西方国家从20世纪70年代开始鼓励并吸纳移民的宽松政策相比，不断紧缩的移民政策一直延续，直到21世纪的第二个10年。

三、国际移民受到金融危机的严重冲击

针对全球金融危机，西方国家政府减少了移民入境，加强了移民控制并鼓励移民返乡，这对移民个体的生活造成了最直接的冲击，使移民人数大幅减少。以英国为例，从危机爆发开始到2015年，英国每年净移民平均减少了5万人，离开英国的移民工人人数增加了近30%。仅2009年1—3月期间，在英国登记工作的波兰和其他东欧移民人数比2008年同期就减少了50%。[②] 另外，已入境生活且没有返乡的移民，其受到的影响也是很大的，主要体现在以下三个方面：

（一）危机造成外来移民的大量失业

面对经济衰退和失业率不断上升的困境，各国政府除了计划通过刺激手段来恢复经济之外，还纷纷制定了有利于本国民众就业的政策来避免当地人就业率的下滑，即在就业领域采取了一系列保护主义措施，鼓励公司企业雇佣本国工人。而这些行为却加大了移民劳工失业的风险，因为虽然移民劳工从工资福利需求上有一定的竞争优势，但在经济危机面前，本国工人为了避免失业往往也会降低标准，从事一些原本只有移民愿意从事的

[①] Jock Collins, "The global financial crisis, immigration and immigrant unemployment, and social inclusion in Australia", Immigration and the Financial Crisis: The United States and Australia Compared, UK: MPG Books Group, 2011, p. 157.

[②] Natasha T. Duncan, Brigitte S. Waldorf, "High skilled immigrant recruitment and the global economic crisis: the effects of immigration policies", Working Paper, February 2010, p. 5.

工作。所以，在这种情形下，移民劳工的失业率要高于本国工人。根据经济合作与发展组织（简称经合组织）发布的报告显示，2008—2009年间欧盟15个国家的移民劳工失业率平均高于本国工人3个百分点，而在受到金融危机影响较大的西班牙和法国，移民劳工的失业率比本国工人高出了近12个百分点。① 在西班牙，2013年移民失业率为36.5%，而西班牙总体失业率为24.2%。西班牙的移民大部分聚集在劳动密集型产业如建筑业等，由于建筑业崩溃导致该行业就业下降了15.7个百分点，大量移民失业。2013年西班牙陷入贫困的平均风险概率为20.4%，但其中各群体之间的差异很明显：西班牙公民为16.5%，外国人中欧盟公民为35.1%，外国人中非欧盟公民为47.8%。②

在美国，金融危机在2007—2008年对拉美裔移民的影响也十分巨大。2007年约有300万拉美裔在美国从事建筑业工作，约2/3是在国外出生的移民，而其中的大约30万在国外出生的拉美移民失去了这个行业的工作。另外，即使是在美国出生、拥有移民背景的少数族裔也面临着较大的失业风险。在一年多的时间里，在美国出生的拉美裔失业率从7.1%上升到9.6%，非拉美裔人口的失业率从4.6%上升至5.8%。总之，在美国出生的拉美裔失业率增长率最高，其次是拉美裔移民，然后是非拉美裔移民。这其中就业损失最大的群体是2000年后抵达美国的拉丁美洲移民。③

（二）危机造成国际移民汇款的骤减

在移民汇款方面，金融危机前后也出现了非常大的变化。根据世界银行的数据，在1997—2007年间，全球范围内流入发展中国家的移民汇款从710亿美元上升到2810亿美元，年平均增长率大约是15%，2007年更是高达23%。然而受金融危机的影响，2008年移民汇款的增长率降到了

---

① OECD, "International Migration Outlook 2009", Paris: Organization for EconomicCoopera - tionandDevelopment", http://www.oecd.org/els/mig/internationalmigrationoutlook2009.htm. （上网时间：2021年1月13日）

② Concepción Carrasco Carpio, "Immigration and Economic Crisis: An Analysis of the Impact in Spain", Critical Sociology, 2017, p. 1162.

③ John Higley, John Nieuwenhuysen, Stine Neerup, "Immigration and the Financial Crisis: The United States and Australia Compared", Cheltenham, UK: Edward Elga Pub, 2011, p. 61.

8%，2009年则更低。一份对美国拉美裔移民的调查显示，71%的被调查者表示2008—2009年寄回家里的汇款比以前少，其中83%的人认为金融危机是汇款减少的主要原因。① 世界银行的一份报告也同样显示，2009年流向拉丁美洲和加勒比的汇款在25年来首次下降，甚至有证据表明墨西哥人在向其在美国的移民亲属反向汇款，这种移民汇款的逆向流动也恰恰说明作为一项家庭策略，墨西哥移民自身和其国内的家庭成员期望其能够继续留在美国。②

（三）危机加剧对移民的偏见与仇视

经济危机加剧了本国公民在劳动力市场竞争方面的焦虑。虽然相关问题早已有定论，即移民的存在对所在国的经济发展是有益的，特别是那些被人口问题困扰的国家。即使是非法移民，虽然他们纳税较少，但他们同样也享受不到正常的公共福利，而且也并不会抢占多少工作空间，因为他们从事的工作基本都是本地人不想要的。③ 但是，当经济危机造成的失业率达到很高水平时，这一切就变得不再客观，社会和经济的压力使人们纷纷选择失业的"替罪羊"，从而导致对移民的负面看法和反移民现象的产生。以典型的移民国家美国为例，在历史上因经济原因导致的对移民的偏见和仇视推动了相关政策的出台，比如1882年通过的《排华法案》，1921年通过的临时限制性配额制度，以及1994年在加利福尼亚州通过的第187号提案等。而与此相反，每当经济形势比较好的时候，经济增长都会推动有益于移民的政策，比如影响力较大的《1965年移民和国籍法案》等。所以，对于移民采取何种措施与经济状况密切相关。④ 另外，公众的情绪在很多时候也源于政治领导人的态度，如果政治领导人将不受控制的移民以

---

① 林胜、胡启谱："国际金融危机对劳工移民就业的影响研究"，《经济研究导刊》2015年第22期，第156页。

② John Higley, John Nieuwenhuysen, Stine Neerup, "Immigration and the Financial Crisis: The United States and Australia Compared", Cheltenham, UK: Edward Elgar Publishing, 2011, p. 63.

③ [美]曼昆著，梁小民、梁硕译：《经济学原理（第7版：微观经济学分册）》，北京大学出版社2015年版，第408页。

④ John Higley, John Nieuwenhuysen, Stine Neerup, "Immigration and the Financial Crisis: The United States and Australia Compared", Cheltenham, UK: Edward Elgar Publishing, 2011, p. 57.

及"显而易见的少数族裔"描绘成稀缺工作和福利的竞争者、"输入性社会问题"的来源,以及潜在的安全威胁,那么这些言论就会成为主流政治话语扩散至普通民众当中,成为反移民态度形成和政策出台的基础。[①]

总体来说,由 2007 年开始于美国,并在随后传导至欧洲和世界主要国家的金融危机对国际移民的影响一直持续到今天。这场危机改变了美国,也打击了欧洲。在这场危机中,作为弱势群体的外来移民在宏观层面上再次成为促进经济复苏政策的主要牺牲品,在微观层面上则又一次成为本国民众失业的"替罪羊"。也就是从此开始,宣扬"反移民"口号的欧洲右翼政党和共和党人特朗普有了更多的支持,经济化的移民问题成为政党政治的主要议题和有力武器。

第三节 难民危机加剧移民政治问题

根据本书第一章有关国际移民分类的相关论述,难民是国际移民中的一类,具有天然的政治属性。所以,难民危机的出现,是移民问题在政治领域的深刻影响,即移民问题政治化的表现。无论是 2015 年爆发的欧洲难民危机还是缅甸的罗兴亚难民危机,从国际政治的层面都凸显了对相关国家国际形象和地位的影响、国家间的矛盾冲突以及国际合作的现实困境;从区域层面暴露出难民危机对超国家行为体即欧盟一体化的严重冲击,致使欧盟内部分裂,英国"脱欧"成为现实,欧洲标榜的"自由主义普世价值"的虚伪性被充分揭露;从国内政治层面来看,右翼民粹主义在难民危机中再次崛起并纷纷登上政治舞台,"文明冲突""认同危机"等呼声越来越变得"政治正确",精英阶层制定的移民政策无法被民众接受,导致移民政策的调整出现了自下而上逆向决策的过程,其中充斥着民众对移民和难民的担忧、怀疑和抵制。如西方视伊斯兰为"文化威胁",警告欧洲会

[①] [波]马格达莱纳·莱辛斯卡著,宋阳旨译:"移民与多元文化主义:欧洲的抵制",《国外理论动态》2016 年第 1 期,第 85 页。

出现"衰落"和"欧洲伊斯兰化"等。① 总之,本节就2015年爆发的欧洲难民危机影响下的移民政治问题做重点阐述。这一现象是历史上第一次以危机来定义难民问题,而且其影响范围之大、程度之深是二战以来所未曾经历的。与此同时,本节也将简要论述罗兴亚难民问题,但这一问题仅作为阐述全球范围内移民问题政治化现象的一个补充。

一、难民问题在国际层面深刻影响国际政治形势

国际难民问题最显著的标志就是其跨国性,而跨国性特征也决定了难民问题从产生开始就与国际政治密切相关。历史和现实都曾证明,难民问题会严重影响来源国的国际形象和地位,造成国家间的矛盾冲突,而有效的国际合作也是解决难民问题的途径之一。所以,无论是欧洲难民危机还是罗兴亚难民危机,都对国际政治产生了较大的影响。

(一)欧盟与周边国家在难民问题上的国际合作

从2015年开始,面对来势汹汹的难民潮,欧盟将其一直坚持的"欧盟边境(缓冲区)"战略②变为了现实。2015年10月25日,欧盟国家在布鲁塞尔举行了"西巴尔干迁徙路线会议"。德国、法国、匈牙利、希腊、奥地利、保加利亚、克罗地亚、阿尔巴尼亚、北马其顿、罗马尼亚、塞尔维亚和斯洛文尼亚等国在时任欧盟委员会主席容克的主持下,就管理巴尔干地区难民流动达成了"十七点计划"。计划要求巴尔干地区国家要努力使不需要保护的移民返回原籍,建造临时住所并对他们加强身份登记采集,以此来阻止移民到达欧盟边界,并且双方在加强警务合作的基础上还要确保信息交流和协调。根据计划,北马其顿、塞尔维亚、克罗地亚和斯洛文尼亚政府在半个月内就制定了一项新的政策,通过关闭边境的方式阻

---

① Christopher Caldwell, "Reflections on the Revolution in Europe: Immigration, Islam, and the West", New York: Doubleday, 2009.

② 从20世纪90年代开始,欧盟就一直寻求在其周围建立一个欧盟外部的边界,其实质是利用周边邻国充当保护屏障即缓冲区,阻止非正规移民过境这些国家并最终前往欧洲。该边界主要包括巴尔干地区国家和土耳其,通过将欧盟的移民管控措施转移到这里,试图建立一种外部离岸且扩大延伸的、远远超出自身边界的外部边界。

止非难民前往欧洲边境，即只允许叙利亚、伊拉克和阿富汗籍难民跨境前往欧洲，而来自索马里、刚果、苏丹、塞内加尔和巴基斯坦的移民被禁止进入这些国家。同时，奥地利、斯洛文尼亚和克罗地亚都在边界竖起了围栏和铁丝网，北马其顿则建立了一些过境中转站（难民营）以便于留住难民。① 总之，欧盟与巴尔干地区国家的合作在很大程度上缓解了通过陆地进入欧盟国家的难民潮。另外，为了阻止来自于地中海的北非难民，2015年11月，欧盟、非洲国家领导人及非盟代表召开了"瓦莱塔难民峰会"，就解决难民问题产生的根源、鼓励合法移民、保护难民权益、打击人口贩运、难民遣送和安置五大方面议题进行了磋商。随后，欧洲又以加大对非援助为目的，在2019年举办了以"投资稳定"为主题的首届阿盟—欧盟峰会。②

此外，为了阻止从希腊进入的难民，欧盟与土耳其商讨并签署了"欧盟—土耳其协议"（EU-Turkey deal），将欧盟边界一下扩大到了爱琴海之外，使土耳其也成为其缓冲国。这一协议规定：第一，在2016年3月20日之后通过土耳其过境到希腊岛屿的所有非正规移民都要回到土耳其；第二，土耳其每接纳1名从希腊返回的叙利亚难民，欧盟将按照联合国难民标准从土耳其接收并安置1名叙利亚难民，安置名额上限是7.2万人；第三，土耳其要全力阻止非正规移民从其边境进入欧盟。作为回报，欧盟将最迟在2016年年底前加快实施对土耳其公民的免签政策；加快给土耳其提供用于安置解决难民问题的30亿欧元资金，并在2018年年底前再提供30亿欧元；提高土耳其对欧贸易地位，加快土耳其入欧进程。③ 在协议签订后，土耳其按照协议接收了大量难民，截至2020年9月，在土耳其共有400万难民和寻求庇护者，而仅叙利亚人就有360万，这一数字使土耳其

---

① Medecins sans frontiers, "Greece: MSF teams help create a transit camp for refugees arriving to Idomeni", September 26, 2015, https://www.msf.org/en/article/greece-msf-teams-help-create-transit-camp-refugees-arriving-idomeni. （上网时间：2021年1月20日）

② 罗爱玲：“欧洲要彻底解决难民问题，必须与中东北非国家携手”，http://www.whb.cn/zhuzhan/huanqiu/20190709/275777.html。（上网时间：2021年1月22日）

③ Jonathan Zaragoza-Cristiani, "Containing the Refugee Crisis: How the EU Turned the Balkans and Turkey into an EU Borderland", The International Spectator, November 10, 2017, pp.10-11.

成为世界上接收国际难民数量最多的国家。[①]

然而，欧盟的相关做法也为自身留下了巨大的隐患，特别是与土耳其之间。2020年2月27日，土耳其突然宣布因欧盟未履行2016年协议中承诺的60亿欧元资金以及不满欧洲国家让其单独应对叙利亚伊德利卜战事造成的新一波难民危机，所以自2月28日起开放希土边界，不再阻止境内的360多万叙利亚移民进入欧洲。一时间大量难民前往希腊和土耳其边界，形势十分紧张。土耳其之举既有谋求经济利益的考量，也有逼迫欧盟和北约在叙利亚战场中表明立场的目的，以此在打击叙利亚库尔德人以及在与各方力量的博弈中占据优势。[②] 事件发生之后，欧盟迅速召开会议就叙利亚形势达成一致，以北约的身份敦促伊德利卜实现停火并表明立场支持土耳其。[③] 所以，土耳其境内的难民问题已成为其与欧盟谈判的"砝码"，一旦国际形势需要，土耳其便会再次开放边界给欧盟制造"麻烦"。

（二）罗兴亚难民危机对缅甸、孟加拉国及周边国家的影响

罗兴亚难民问题的产生具有复杂的历史背景，其中既有英国殖民南亚时留下的"遗产"，又有根深蒂固的民族和宗教矛盾，加上近年来不断兴起的极端主义影响，可以说该问题是当前国际社会最棘手的难题之一。2015年后，罗兴亚难民问题再次显现，至2017年因若开邦发生暴力冲突而爆发了难民危机。大量难民逃至邻邦孟加拉国，这是距1978年、1991—1992年之后最大的一次难民潮。据联合国难民署统计，截至2020年12月31日，在孟加拉国有登记的罗兴亚难民为188540户，共866457人。[④]

大量的难民给孟加拉国也带来了沉重的负担。首先，孟加拉国是世界上较贫穷的国家之一，国土面积较小，资源缺乏，但是人口众多，人口密

[①] UNHCR, "Turkey – Fact Sheet September 2020", https：//reliefweb.int/report/turkey/unhcr-turkey-fact-sheet-september-2020.（上网时间：2021年1月22日）

[②] 中国新闻网："土耳其开放边界后，2天内约3.6万难民试图前往欧洲"，https://www.chinanews.com/gj/2020/03-01/9109701.shtml.（上网时间：2021年1月22日）

[③] 潇湘晨报："土耳其宣布开放边境：一场政治斗争导致的难民之殇"，http://k.sina.com.cn/article_1655444627_62ac1493020012pnf.html?from=local。（上网时间：2021年1月22日）

[④] UNHCR, "Refugee response in Bangladesh", https：//data2.unhcr.org/en/situations/myanmar_refugees.（上网时间2021年1月23日）

度极大,接收大量难民给孟加拉国带来了沉重的经济负担;其次,难民也给该国带来了很多社会问题,比如罗兴亚人伪造孟加拉国证件偷渡沙特、贩毒以及从事极端主义行为等违法犯罪活动。[1] 虽然孟加拉国并没有加入《关于难民地位的公约》(1951年),但是基于人道主义和历史因素考虑,为了尽力维护其国际形象,虽然不能将难民妥善安置,却也被迫接受了大量难民。

同样,难民危机在国际上对缅甸的影响也比较严重。近些年来,西方国家政府及"大赦国际"等人权组织不断宣称缅甸在对罗兴亚人采取"种族灭绝"[2]的政策。相关国家借此对缅甸实施了多项制裁,这使得刚刚从军政府时代过渡为民主政府的缅甸面临着巨大的压力。受西方称赞并获得诺贝尔和平奖的昂山素季因罗兴亚问题而跌落神坛,从"人权斗士"变为"种族屠杀者"。[3] 甚至2019年11月,穆斯林占多数的西非小国冈比亚代表伊斯兰合作组织的57个成员国,向国际法庭指控缅甸军方对罗兴亚人犯下了"种族灭绝"罪行,直接制造了70万逃往邻国躲避大屠杀的难民,迫使昂山素季不得不于当年12月在海牙国际法院出庭为缅甸辩护。[4]

罗兴亚难民危机阻碍了缅甸政府的民主化进程,加深了昂山素季政府与军方的裂痕,更使缅甸受到了国际社会的普遍关注。在2017年罗兴亚难民危机的关键时刻,中国国务委员兼外交部长王毅出访缅甸和孟加拉国,就该问题进行了调停。[5] 拥有世界最大穆斯林人口的印度尼西亚对孟加拉

---

[1] Hassan Faruk Al Imran, Md. Nannu Mian, "The Rohingya Refugees in Bangladesh: A Vulnerable Group in Law and Policy", Journal of Studies in Social Sciences, Volume 8, Number 2, 2014, p. 238.

[2] 联合国人权事务代表本·拉达德(Zeid bin Ra'ad)称其为"种族清洗的教科书典范",并在2017年12月5日,声称对罗兴亚人的迫害可能构成"种族灭绝"。时任英国首相特雷莎·梅和法国总统马克龙也称其为"种族清洗"和"种族灭绝"。

[3] BBC, "Myanmar Rohingya: What you need to know about the crisis", https://www.bbc.com/news/world-asia-41566561.(上网时间:2021年1月23日)

[4] 环球网:"海牙国际法院,昂山素季为罗兴亚人问题辩护",https://world.huanqiu.com/article/9CaKrnKogq2。(上网时间:2021年1月23日)

[5] 新华社:"王毅介绍中方在罗兴亚人问题上立场",http://www.xinhuanet.com/world/2017-11/19/c_1121978271.htm。(上网时间:2021年1月23日)

国的罗兴亚难民提供了支持和援助。另外，为了表达对缅甸政府的不满，印尼首都雅加达的缅甸使馆前爆发了大规模抗议，抗议人群向使馆投掷了汽油弹。①

二、难民危机在地区层面破坏欧洲一体化进程

从 2008 年欧债危机开始，欧洲一体化进程因复杂的经济因素而严重受阻。然而在内部经济衰退的趋势还没有结束之时，难民危机又在外部突然爆发并造成了更大的破坏。在难民危机的影响下，欧盟边防管理和难民政策的缺陷不断暴露，导致欧盟内部由团结走向分裂并最终引发了英国"脱欧"，欧洲不断标榜的"自由主义""普世价值"的虚伪性也在难民危机面前被彻底揭露。总之，此次难民危机所造成的影响是欧盟成立以来所经历的"至暗时刻"，使欧洲一体化的未来再次充满了不确定性。

（一）难民危机暴露出欧盟的边防管理和难民政策缺陷

欧洲一体化最显著的一个特点就是《申根协定》的签订，而《申根协定》中最关键也最能体现欧盟超国家属性的一点，就是包括人员在内的生产要素的自由流动。但是，这种自由流动必须是以欧盟能否形成一体式的边防管理为基础的。只有将申根区的边防管理外推到欧盟外部边防管理层面上，这一构想才能真正实现。然而，现实情况却是作为物理属性的欧盟边界，是由一段一段的各成员国边界组成的，由于没有统一的欧盟边防警察，各成员国只负责本国边界的边境管理工作。当各国的边防管理政策、程序和目标不能实现趋同，各国政府在边防管理方面不能彼此协调合作的时候，欧盟的边防管理就会出现严重的问题。其原因在于，随着欧洲一体化进程的加快，扩员所造成的共同边界范围越来越大，成员国的边境情况差异性也越来越强，而无论欧盟层面如何加强协调合作，边防管理作为民族国家主权的一个重要标志，各国在处理该问题时首先想到的都是本国的

---

① Reuters, "Indonesian envoy to urge Myanmar to halt violence against Rohingya Muslims", https://www.reuters.com/article/us-myanmar-rohingya-indonesia/indonesian-envoy-to-urge-myanmar-to-halt-violence-against-rohingya-muslims-idUSKCN1BE0HS. （上网时间：2021 年 1 月 23 日）

自身利益。确保本国边防免于冲击，实现利益最大化是其采取边防管理措施的核心考虑，欧盟的整体利益则相比较而处于从属地位。[①] 所以，在难民危机爆发之初，管理欧盟边界的外围国家首先选择根据本国利益各行其是，特别是中东欧国家塞尔维亚、匈牙利、捷克、奥地利等纷纷在自己国家的边境线上建立铁丝网，防止难民的肆意进入。即使最慷慨接纳难民的德国，也在 2015 年 9 月 13 日恢复了与奥地利之间的边境管控，从而破坏了申根区人员自由迁徙的政策与原则。[②]

另外，难民危机也暴露出欧洲一体化中共同难民政策的严重缺陷。因为根据《都柏林公约》第三条第六款的规定，当难民第一次申请到达某一签约国时，依据条约的规定，该签约国调查难民申请的过程就应自此开始。这也就规定了难民首次进入的欧盟国家对难民的登记、暂时安置、身份甄别和申请处理等负有责任。而根据难民行进的实际路线来看，欧盟外围国家受到的冲击最大，特别是东欧国家和南部的意大利、希腊和西班牙，而德国作为远离欧盟边界的内部国家，显然可以较少受到难民潮的冲击。所以规定欧盟共同难民政策的《都柏林公约》存在的这种不合理之处，在数量巨大的难民面前暴露无遗。欧洲各国开始各打算盘，东欧国家拒绝承担难民责任，拒绝对难民实行配额。意大利、希腊等国由于管控能力弱以及承受的压力巨大，不得不简化了对难民的登记、甄别、调查等程序，甚至在 2011 年，意大利违反规定为难民发放旅游签证，使得难民能够顺利前往相对富裕、社会福利好的欧盟国家[③]，这也造成了国际恐怖分子混在未经严格审查的难民中前往欧盟国家实施恐袭这一后果。

（二）难民危机凸显欧盟内部的分裂并导致英国"脱欧"

难民危机的持续恶化和欧盟整体应对不力相互影响，导致欧盟内部

---

① 王亚宁："难民危机背景下欧盟一体化边防管理存在的问题研究"，《武警学院学报》2019 年第 7 期，第 6 页。

② 宋全成："欧洲难民危机消极影响的三维透视"，《山东大学学报（哲学社会科学版）》2016 年第 2 期，第 13 页。

③ 郑春荣、周玲玲："德国在欧洲难民危机中的表现、原因及其影响"，《同济大学学报（社会科学版）》2015 年第 6 期，第 33 页。

在应对难民问题上的单边行动和小团体主义倾向不断加剧,加速了欧盟内部的分裂。2014年巴黎恐怖袭击发生之后,因担心恐怖分子利用难民身份混入本国,欧盟成员国纷纷抵制难民接收政策,拒绝实施此前达成的安置配额,甚至关闭本国边境,重新恢复边境管制。例如,波兰就率先宣布将不会再实施欧盟推进的难民分配计划,波兰前内政部长希曼斯基强调,在得到安全保障之前,波兰不会接收难民。匈牙利总理欧尔班也将巴黎恐怖袭击与难民危机联系起来,他在议会发表讲话时指出,难民配额制会让恐怖主义在欧洲蔓延,匈牙利和欧洲有必要重新审视难民政策。[1] 随后,欧盟内部纷纷指责提出接纳难民分摊政策的德国,匈牙利总理欧尔班指责德国搞"道义帝国主义",宣称难民问题不是匈牙利或者欧洲的问题,而只是德国的问题;捷克媒体指责德国再次将自己的意志强加于其他国家,称捷克与德国的关系受到难民问题的影响,已经倒退回20年以前的水平;斯洛伐克政府在当年12月初上诉欧洲法院要求取消摊派计划,称其为"德国和布鲁塞尔搞的闪电战"。[2] 另外,成员国还纷纷指责德、法两国分配难民的配额方案有强权色彩,是一种"以大压小"的方式,与欧盟精神背道而驰。由此还导致欧盟内部出现了小团体主义,在2016年2月欧盟领导人峰会召开之前,捷克、匈牙利、波兰和斯洛伐克四国总理预先在捷克首都布拉格举行维谢格拉德集团峰会,商讨如何应对难民危机。会后捷克总理索博特卡代表该集团宣称,如果希腊和土耳其不能限制进入欧洲的难民数量,这4个东欧国家将支持北马其顿强化其与希腊边界的管控措施。[3]

难民危机也成为促使英国"脱欧"的"最后一根稻草"。由于英国曾

---

[1] 新华网:"'血色星期五'促欧盟重新检视难民政策",http://www.xinhuanet.com//world/2015-11/18/c_128440003_2.htm。(上网时间:2021年1月26日)

[2] 伍慧萍:"德国能否在难民危机中再次主导欧洲",http://www.beijingreview.com.cn/shishi/201601/t20160106_800046113.html。(上网时间:2021年1月26日)

[3] 房乐宪、江诗琪:"当前欧盟应对难民危机的态势与挑战",《同济大学学报(社会科学版)》2016年第6期,第36页。

经的国际地位和地理位置,持欧洲怀疑主义①的"疑欧派"长久以来一直在英国政治领域占有一席之地,普通民众也深受此影响。从2008年的金融危机开始,英国国内就普遍认为脱离欧盟有利于英国利益:从经济上来看,英国要每年向欧盟缴纳数十亿英镑的会员费,还要跟其他国家一起处理希腊等国的债务危机;从政治上来看,英国作为曾经的世界霸主,在很多事务上不能行使主权国家的权力,反而受制于欧盟委员会的官僚体制,在国际政治层面上还要和其他国家承担安全风险,可谓得不偿失。最让英国民众无法忍受的是根据欧洲一体化原则,英国也必须要接收一定配额的难民,所以,这最终坚定了英国"脱欧"的决心。② 于是,在2016年6月23日英国就脱离欧盟开始全民公投,投票结果显示"脱欧"支持票数为52%,"留欧"为48%,至此英国开启了"脱欧"进程。2020年1月31日,在经历了多轮磋商和谈判后,英国正式"脱欧",结束了其47年的欧盟成员国身份,而难民危机的爆发可谓是英国"脱欧"的最直接"导火索"。

(三)难民危机揭露西方"自由主义普世价值"的虚伪性

为了避免第二次世界大战对人类造成的创伤再次重演,联合国在1948年12月10日通过了《世界人权宣言》,并在此基础上于1951年通过了《关于难民地位的公约》(简称《难民公约》)。自此以后,欧洲国家不断假借维护"人权"、保护"难民"避免"人道主义灾难"之名追随美国针对他国发动了多起军事行动。战争造成了利比亚、叙利亚和伊拉克原政权被推翻,国内分裂混乱,内战不断,恐怖组织崛起,由此产生了数以百万计流离失所的难民。而当这些难民流入欧洲企图进入欧盟国家之时,本应

---

① 欧洲怀疑主义,也称为欧盟怀疑主义,是指对欧盟和欧洲一体化的批判。欧洲怀疑主义的主要论观点为:一体化破坏了民族国家主权,欧盟缺乏民主合法性和透明度,过于官僚主义和浪费,鼓励大量移民,是一个以牺牲工人阶级只为企业精英服务的新自由主义组织。欧洲怀疑论在左翼和右翼的各个政治派别中都有发现,并且经常出现在民粹主义政党中。尽管他们出于许多相同的原因批评欧盟,但欧洲怀疑论左翼民粹主义者更多地关注经济问题(例如欧洲债务危机),而对欧洲持怀疑态度的右翼民粹主义者则更多地关注民族主义和移民(例如欧洲难民危机),自2000年以来激进的右翼政党的崛起与欧洲怀疑论的兴起密切相关。

② 中国新闻网:"英国为何脱欧?专家:难民危机坚定英国脱欧决心",https://www.chinanews.com/gj/2016/06-24/7916626.shtml。(上网时间:2021年1月24日)

对难民负责的欧洲国家却对此或置之不理或相互推脱和拒绝接纳。这种行为除了违背了联合国《难民公约》"不推回"的核心精神，更凸显了西方国家人道主义和"人权至上"的虚伪性。因为根据联合国《难民公约》第三十一条、二十七条和三十四条的明确规定，对非法入境的难民，接受国应当给予宽容和便利，适当地提供临时安置，不得仅以其非法入境或逗留为由而追诉其刑事责任，或者给予任何刑事处罚。任何不持有有效旅行证件的难民有权获得接受国的身份证件，在入籍方面，接受国也应提供相当的便利和协助。而即使欧盟最终根据与土耳其的协定将难民安置在土境内，这也与《难民公约》背道而驰，因为土耳其既不是难民欲定居的目的国，同时也不能证明该国具备使难民感到安全的客观环境。① 这种虚伪的"自由主义普世价值"的最终结果就是尽管欧洲深受难民危机冲击，但数量最多的难民却分布在欧洲之外的周边国家，真正进入欧洲国家的难民数量少之又少。

三、在国内层面导致右翼民粹主义崛起

在西方民主社会的发展历程中，民粹主义可谓由来已久。20 世纪 70 年代石油危机开始到东欧剧变和苏联解体，以反移民为标志的民族主义、排外心理的兴起使欧洲民粹主义逐渐右转。特别是在"9·11"事件和 2008 年金融危机的影响下，右翼民粹主义政党在欧洲受到广泛支持，成为一股重要的政治力量。而 2015 年的难民危机对国家安全的冲击和特朗普上台的示范效应，最终起到了推波助澜的作用，使右翼民粹主义强势回归并纷纷登上了政治舞台。

（一）欧洲的右翼民粹主义及其复兴

民粹主义作为一种社会思潮，也具有左右之分，一般来说，左翼民粹以反精英、反全球化、反自由贸易为特征，要求平等分享社会经济发展成果；右翼民粹则以民族主义、保护主义、种族主义为特征，要求维护本

---

① 宋全成："欧洲难民危机消极影响的三维透视"，《山东大学学报（哲学社会科学版）》2016 年第 2 期，第 17 页。

国、本民族的根本利益和文化特征，表现为反移民、反难民、排斥外来民族和宗教文化。① 当一个社会出现了民粹主义复兴现象之时便标志着民族国家内部已经出现了问题。正如现实中我们看到的，20世纪90年代开始的超级全球化致使发达国家阶层分化严重，贫富差距越来越大。突如其来的金融危机又加大了底层人民特别是青年人的失业率，人口问题、社会矛盾、族群矛盾日益加剧，与难民相关联的恐怖主义又从安全这一基本生存要求上挑战了欧洲人脆弱的神经。在世界经济政治秩序深刻变化和重组的形势下，政治精英领导下的西方民主政府没能正确回应并解决各类矛盾，无法消除全球化带来的负面效应，从而使民众对代表着精英体制的建制派失望，对主流政党失去信心，从而偏向于选择认为能满足其个人利益的右翼思潮，即"反全球化""反移民""反多元文化主义""反穆斯林"等，再加上政府对网络自媒体为代表的新媒体的控制能力弱化，右翼民粹主义思想可以大范围传播并形成舆论，使得在难民危机爆发后，西方以民粹主义为代表的右翼政党迅速复兴并纷纷走上前台。

（二）当前欧洲的主要右翼民粹主义力量

在"9·11"事件之后，欧洲出现了新一轮右翼民粹主义浪潮。右翼政党再次复兴，并且在金融危机和难民危机的影响下逐渐壮大，特别是在2017年的选举中，欧洲主要右翼民粹主义力量纷纷崛起成为各国政坛不可忽视的力量。虽然总体来看，各国的右翼民粹主义其意识形态略有不同，政治需求也不尽一致，但民族主义、反移民和反穆斯林（反多元文化）却是其共同的特点。当前活跃在欧洲的右翼民粹主义力量主要有以下政治势力。

德国选择党。德国选择党是德国民族主义和右翼民粹主义政党，以反对欧盟一体化和反移民而闻名。2012年欧债危机使欧元区遭受重创，作为欧元区最大经济体，关于德国是否应该退出欧元区的讨论逐渐升温。② 随

---

① 周穗明：" 21世纪民粹主义的崛起与威胁"，《国外理论动态》2016年第10期，第2页。

② Lux, Thomas, "Die AfD und die unteren Statuslagen. Eine Forschungsnotiz zu Holger Lengfelds Studie Die", Alternative für Deutschland: "eine Partei für Modernisierungsverlierer", KZFSS Kölner Zeitschrift für Soziologie und Sozialpsychologie, June, 2018, pp. 255–273.

后，德国选择党于2013年成立，该党在其成立之初就表现出适度的欧洲怀疑论和中右翼保守主义。随着难民危机的爆发，该党又扩大了政治纲领，将反对大规模移民、反对伊斯兰教、反对欧盟包括在内，并因与极右翼极端主义团体有联系而逐渐显现出极端化倾向。[1] 2017年该党得票率为12.6%，排名第三，成为二战后首个进入德国联邦议会的极右翼政党。[2]

法国国民阵线。该党成立于1972年，最初旨在统一当时的各种法国国内民族主义运动。自1984年开始，该党就成为了国内主要的民族主义力量，其主要观点是提倡民族主义和反全球化。该党创始人和首任领导是让－玛丽·勒庞，其在2011年辞职后由女儿玛丽娜·勒庞继任领导人。该党自成立以来就一直在不断调整政治内容，以适应不断变化的政治气候，体现了政治实用主义的原则。但即使不断调整，其反移民、反全球化和脱离欧盟的态度始终没有改变。在2017年的总统选举中，玛丽娜·勒庞不仅闯入第二轮投票，而且最终拿下了33.9%的选票，取得国民阵线创建45年来在选举中的最好成绩。这与难民危机中爆发的民粹主义运动关系较大，虽然玛丽娜·勒庞最终未能当选，但是她的主张仍成为影响法国政治的重要因素。2018年，为了扭转其"极端右翼政党"的传统形象并在下次竞选中更有竞争力，"国民阵线"正式改名为"国民联盟"（Rassemblement National）。[3]

匈牙利青年民主主义者联盟（青民盟）。2010年5月，匈牙利政党青民盟主席欧尔班·维克托宣誓就职成为匈牙利新总理。欧尔班以反移民、反穆斯林为基础的民族主义和保护主义而著名，特别是在难民危机爆发后，欧尔班抵制欧盟的难民配额计划，甚至意图退出欧盟。欧尔班是欧洲右翼民粹主义者的榜样，其执政成功被称为右翼民粹主义的胜利。欧尔班领导的青民盟是匈牙利最大的右翼民粹主义政党，其成立于1988年，最早

---

[1] BBC, "Germany's AfD: How right–wing is nationalist Alternative for Germany", https://www.bbc.com/news/world–europe–37274201.（上网时间：2021年1月24日）

[2] 新华社："不入流的小党成了大流？德重新认识选择党"，http://www.xinhuanet.com//world/2017–10/10/c_129717619.htm。（上网时间：2021年1月24日）

[3] 澎湃新闻："法极右政党'国民阵线'更名为'国民联盟'，欲扭转负面形象"，https://www.thepaper.cn/newsDetail_forward_2169538。（上网时间：2021年1月24日）

是一个反对执政党的左翼政党。该党的政治纲领随时间而改变，逐渐变为右翼政党，并常被批评为"软法西斯主义"。[①]

另外，其他的右翼民粹主义政党还有奥地利自由党、丹麦人民党、希腊金色黎明党、正统芬兰人党、荷兰自由党、西班牙声音党、瑞士人民党等。

（三）右翼民粹主义对移民问题的影响

民粹主义属于非理性的极端主义思潮，具有破坏性，缺乏建设性。民粹主义能够提出问题，表达民意，但是却不能有效地解决问题，如果由民粹主义主导政治议程，则会产生严重的负面影响。所以，右翼民粹主义对移民问题的影响主要在两个方面。

首先，右翼民粹主义挑动极端民族主义，制造反移民的社会氛围。金融危机带来的失业问题和难民危机引发的恐怖主义问题，从经济和安全两方面给西方民众造成了极大的创伤，"伊斯兰恐惧症"在欧洲蔓延，成为一种集体社会心理现象。这种情绪不断被民粹主义利用，狭隘的、极端的民族主义被用来与文化认同相联系，形成了"我们"与"他们"的区别。在"文明冲突"的视角下，就造成了多元文化下的对抗，移民问题成为西方"认同政治"的重要议题，反移民的社会氛围被不断渲染。[②] 由此导致了主流右翼政党向民粹主义政党转变，在移民问题上极端政治主张不断出现，基于自由主义和民主制度而制定的政策被推翻，更加严厉的移民政策相继出台，目的都是为了迎合民意而获取支持。另外，反移民社会氛围的扩大还会阻碍正常的移民融合。在法国外来移民的"异化"身份不断遭受质疑和抵制，有关学校教育中的"头巾事件"和"清真餐事件"等问题引发了激烈的争论和社会对立，升级为严重的恐怖主义事件。

其次，右翼民粹主义助长了单边主义并遏制了全球化进程和全球移民

[①] VOX, "It happened there: how democracy died in Hungary", https://www.vox.com/policy-and-politics/2018/9/13/17823488/hungary-democracy-authoritarianism-trump. （上网时间：2021年1月24日）

[②] 张莉："当前欧洲右翼民粹主义复兴运动的新趋向"，《欧洲研究》2011年第3期，第78—79页。

治理合作。曾借助民粹主义上台的特朗普掀起了全球右翼民粹主义复兴的高潮，一时间，单边主义、保护主义在国际社会大行其道，全球化进程受到严重遏制，全球移民治理合作陷入困境。2018年7月13日，联合国通过了《移民问题全球契约》，该契约是联合国各成员国在一起通过讨论协商达成的一份以整体和全面方式覆盖国际移民所有方面问题的全球性框架文件，对共同治理移民难民问题具有里程碑式的意义。然而，《移民问题全球契约》却遭到了美国、澳大利亚、奥地利、智利、波兰、巴西、匈牙利、捷克、斯洛伐克的明确反对，瑞士、意大利、以色列等国家虽未反对但也没有加入[①]，全球移民治理合作的成效被严重削弱。

第四节 新冠肺炎疫情突出移民公共卫生问题

2020年初开始，新冠肺炎疫情逐渐在全球呈现大暴发态势，截至2021年1月27日，在整整一年的时间里，全球新冠肺炎确诊病例累计突破1亿，美国数量最多，超过了2600万。[②] 疫情的蔓延重创了全球化的进程，对人的自由流动产生了巨大的影响，围绕人员出入境带来的公共卫生安全风险成为各国关注的核心问题。在长期依靠移民承担劳动密集型工作、人口不到600万的新加坡，新冠肺炎感染人数在两个月内增加了100多倍——从2020年3月中旬的226人增加到了近2.5万人（数据截至2020年5月12日），其中在外籍劳工宿舍中就发现有2.2万多人确诊了新冠肺炎，暴露出移民群体在公共卫生防疫中的脆弱性。[③] 在全球抗疫的大背景下，国际移民成为了受新冠肺炎疫情冲击的最大群体，疫情在造成大量移民工人失业的同时，还因居住条件限制和医疗保障的缺乏不断在移民人群中传播。疫情还使长期以来存在的对移民的种族歧视问题变得更加严重，相关

[①] 人民网："联合国通过《移民问题全球契约》，美等十国退出"，http://m.people.cn/n4/2018/1211/c57-12027097.html.（上网时间：2021年1月18日）

[②] 中国新闻网："全球新冠确诊逾1亿！抗疫鏖战中，有人迷失，有人坚守"，http://www.chinanews.com/gj/2021/01-27/9397336.shtml.（上网时间2021年1月28日）

[③] 参考消息："外籍劳工宿舍成抗疫盲点 新加坡付出高昂代价"，https://tech.sina.com.cn/roll/2020-05-14/doc-iircuyvi3062932.shtml.（上网时间：2020年7月10日）

国家除了从公共卫生的角度考虑之外，更是以防疫为借口出台了限制移民的政策。所以，疫情引发的公共卫生危机及其衍生的经济、政治等问题对国际移民的影响是十分巨大的。

一、全球流动迁徙受到前所未有的限制

新冠肺炎疫情引发的公共卫生问题，使移民跨国流动被视为一种安全威胁，所以在2020年疫情严重暴发之初，世界上很多国家都紧急采取了完全或部分强制关闭边境、拒绝外国人入境等十分严格的限制措施。截至2020年5月18日，世界上有人员跨国流动的217个主要国家和地区中有163个完全限制入境，占总数的75%。[1]而直到2020年9月1日，仍然有93个家国采取了完全限制入境的措施，占总数的43%[2]。

另外，截至2020年7月2日，共有220个国家和地区颁发了71372条旅行禁令，相比于6月25日统计的数据又增加了4%。[3]一些长期被称为"移民天堂"的经合组织成员国，也一改之前对待移民的欢迎态度：澳大利亚宣布禁止任何非公民或居民入境；美国则禁止从一些特定国家和地区前来的人员入境，并且对国际留学生进行变相驱逐；加拿大只是有选择的对一些急需的如从事医疗护理和海产品加工的国际移民劳工网开一面。[4]经合组织成员国对流动的限制直接导致了一部分留在母国的移民不得不另寻他业，经济生活被迫陷入了困境。

再有，一些原本就计划缩紧移民政策的国家借疫情原因加大了对移民入境的限制。以美国为例，从新冠肺炎疫情大暴发开始，截至2020年上半

---

[1] UNWTO, "COVID - 19 Related Travel Restrictions (Fourth Report as of 29 May 2020)", p. 2, https://webunwto.s3.eu - west - 1.amazonaws.com/s3fs - public/2020 - 05/TravelRestrictions% 20 - % 2029% 20May. pdf.

[2] UNWTO, "COVID - 19 Related Travel Restrictions (Seventh Report as of 10 september 2020)", p. 2, https://webunwto.s3.eu - west - 1.amazonaws.com/s3fs - public/2020 - 09/200909 - travel - restrictions. pdf.

[3] IOM, "COVID - 19 Disease Response Situation Report 22/27 June - 3 July 2020".

[4] John Letzing, "How COVID - 19 is throttling vital migration flows", https://www.weforum.org/agenda/2020/04/covid - 19 - is - throttling - vital - migration - flows/. （上网时间：2020年7月9日）

年，仅5个月的时间美国政府就发布了至少40项移民政策。时任总统特朗普以防止疫情传播为借口，迅速实施了限制移民的一系列措施，虽然有一些政策是暂时的，但是也最终实现了其之前承诺限制移民的目的。[①]

总之，疫情使本已受金融危机、难民危机和逆全球化影响而阻力增大的迁徙流动更加受限，促成了人类现代历史上最大的一次全球范围内的出入境限制。

二、移民成为受新冠肺炎疫情冲击最大的群体

新冠肺炎疫情的暴发导致了世界范围内的商品贸易受阻，许多工厂和企业停工，直接引发了大量的工人失业，经济衰退趋势十分明显。甚至有专家认为这与1930年世界性大萧条时代相似。疫情造成了世界范围内的失业潮，仅以美国为例，一个月以内就有2200万人申请失业救济。[②] 而在受影响较大的行业中，外来移民从事的职业受到的冲击最大，移民成为失业人群中的主要部分。另外，因为缺乏财富和身份受到限制，外来移民特别是其中的非法移民，因为住房条件较差、不能享受公共医疗和保险，甚至害怕身份暴露而放弃检测，成为极易感染或潜在感染病毒的人群，移民在疫情面前再次暴露出其严重的脆弱性。

（一）疫情造成大量的移民工人失业

根据上文对移民经济问题的论述，在2008年的金融危机中，移民群体与本国人群在工作岗位的竞争上劣势明显，所以在疫情对经济产生严重影响的情况下，移民群体再次成为失业大军的主要部分。出现这种现象的原因主要是：首先，大多数移民从事的是只提供临时性合同的工作，这种工作在危机面前很难提供持续性保障。另外，移民也较多从事周期性工作，周期之外的时间需要重新就业，而在经济形势较差的情形下，劳动力市场

---

① Danilo Zak, "Immigration-related Executive Actions During the COVID-19 Pandemic", https://immigrationforum.org/article/immigration-related-executive-actions-during-the-covid-19-pandemic/. （上网时间：2021年1月29日）

② 时代财经："失业潮来袭超2200万人没了'饭碗'，美国产业链离华回迁可能性升高"，https://new.qq.com/omn/20200421/20200421A00A1Q00.html。（上网时间：2021年1月14日）

就无法提供更多可以重新就业的机会。其次，以欧美国家为例，移民从事酒店招待、与健康相关的医疗保健、零售、保安和清洁等服务行业的人数占比较大，而这些行业是受疫情影响最大的行业，其中酒店、保安和清洁服务这种与人接触的工作尤其如此。在欧盟，移民从事酒店行业人数占所有从事酒店行业的人群的1/4，是移民群体整体就业的2倍，在奥地利、芬兰、德国、爱尔兰、卢森堡、挪威、瑞士和瑞典，移民数量甚至占该行业就业的40%。① 与长期定居的移民相比，酒店也还是新移民所占比例最高的行业，这进一步加剧了新冠肺炎疫情对移民的影响。

表2-2 2018年移民在特定服务行业就业中所占的人数比例统计表（单位：%）

从事的行业	加拿大	欧盟	美国
酒店	31	25	24
医疗保健	27	11	17
零售	28	12	15
保安和清洁	30	21	30
总计（占所有行业）	25	13	18

资料来源：OECD, "What is the impact of the COVID-19 pandemic on immigrants and their children", https://www.sirius-project.eu/sites/default/files/attachments/oecd.pdf.

根据移民政策研究院的报告显示：以美国为例，在2020年4月份，美国的拉美裔移民失业率最高，占全体失业人群的22%，是美国出生的白人男子的2倍（11%）。在所有移民群体中，年龄在16—24岁的年轻移民是同年龄段人口中失业率的最高值，为30%。② 从性别来看，女性移民的失业率最高，在5月份达到了最高的18%，9月份降到11.2%，作为对比，

---

① OECD, "What is the impact of the COVID-19 pandemic on immigrants and their children", https://www.sirius-project.eu/sites/default/files/attachments/oecd.pdf. （上网时间：2021年1月29日）

② Randy Capps, Jeanne Batalova, and Julia Gelatt: "COVID-19 and Unemployment Assessing the Early Fallout for Immigrants and Other U.S. Workers", MPI, June 2020, p.2.

男性移民、当地女性失业率最高时也未超过16%，而在9月份下降到了8%。① 移民失业除了对自身生活水平有影响之外，还直接影响了原籍国的家庭生活，根据此前世界银行的预测，2020年全年的移民汇款同比下降20%，这对严重依赖这一收入的移民原籍家庭的生活构成了较大的威胁。②

（二）移民的公共卫生安全状况令人担忧

根据经合组织报告显示，在欧洲国家的新冠肺炎疫情发病率中，移民的人数比例明显较高。在挪威确诊的病例中，31%是在外国出生的（主要为难民），几乎是他们在总人口中所占比例的2倍；瑞典在疫情严重的3—5月，有32%的病例是移民，而移民占总人口的比例为19%；同样的情况也发生在丹麦，移民感染者占18%，是他们在总人口中所占比例的2倍；在葡萄牙的里斯本也是一样，24%的新冠肺炎疫情感染者是来自非洲地区的移民，但这些移民才占该市总人口的11%。除了欧洲，加拿大的移民感染率也较高，以安大略省为例，移民感染率为43.5%，而移民仅占该地区总人口的25%。③ 移民的感染率较高主要是有以下几个原因：首先，移民往往从事需要与人面对面接触的工作，无法保持安全的社交距离；其次，移民家庭积累的财富相对不足，在疫情严重时也不得不为了生存继续工作；最后，移民的居住环境条件普遍较差，许多人居住在人口密集的城市社区，相当多的情况是与家人亲属共同生活，居住密度较大，增加了传播的可能。而一旦感染了病毒，对移民来说，在治疗康复方面也存在着巨大

---

① Julia Gelatt, Jeanne Batalova, and Randy Capps, "An Early Readout on the Economic Effects of the COVID–19 Crisis Immigrant Women Have the Highest Unemployment", https://www.migrationpolicy.org/sites/default/files/publications/COVID-19-Unemployment-Women-FS-FINAL.pdf. （上网时间：2021年1月29日）

② Demetrios G. Papademetriou, "Managing the Pandemic and Its Aftermath: Economies, Jobs, and International Migration in the Age of COVID–19", https://www.migrationpolicy.org/sites/default/files/publications/tcm2020-papademetriou-migration-covid-19_final.pdf. （上网时间：2021年1月28日）

③ OECD, "What is the impact of the COVID–19 pandemic on immigrants and their children", October 29, 2020, http://www.oecd.orq/coronavirus/policy-responses/what-is-the-impact-of-the-covid-19-pandemic-on-immigrants-and-their-children-e7cbb7de/. （上网时间：2021年1月29日）

的障碍。以美国为例，美国的移民在获得永居身份之前，往往无法参加医疗保险，或不能负担足够的医疗保险，在就医方面只能严重依赖社区卫生服务中心和公立医院。据统计，在美国参与医疗保险的人占总人口的93%，拥有绿卡的移民为80%，而未获得绿卡的只有47%[1]，同时，语言方面的障碍也为就医增加了难度，更有一些非法移民因为担心身份暴露而不愿主动就医，这就增加了病毒隐秘传播的风险。

（三）相关国家的移民政策加剧疫情的发展

在2020年，根据特朗普政府的政策，对非法移民的拘留审查行为并没有因疫情而停止，大量的非法移民被关押在拘留所里等待审查和遣返。关押移民的场所往往拥挤不堪，缺少足够的医疗保健和药品。在某些情况下，甚至连洗手用的肥皂之类的基本用品也得不到，[2] 而这些都加大了病毒在拘留所的传播。虽然墨西哥政府和一些人权组织不断呼吁应该释放被拘留的非法移民，但是仍无法改变特朗普政府时期的政策。另外，经过审查的非法移民在随后仍然被要求进入遣返程序，而在被遣返的人群中不乏在美国感染了新冠病毒的患者。例如，美国在向中美洲国家遣返非法移民时，在一架由美国飞往危地马拉的专门用来遣返移民的航班上检测出75%的人新冠病毒呈阳性。[3] 这种不负责任的行为给治理能力弱的国家带来了严重的危机，大量遣返非法移民的行为"将全球都置于风险之中"。

（四）对移民的种族歧视问题更加严重

新冠肺炎疫情暴发以来，在病毒来源尚未明确的情况下，欧美政府及民间不断炒作病毒阴谋论，声称本国病毒来自于外来的异族移民，掀起了一轮对移民种族歧视的风潮，并由此引发了对外来移民的大规模排斥。意

---

[1] Muzaffar Chishti and Sarah Pierce, "Crisis within a Crisis: Immigration in the United States in a Time of COVID – 19", https://www.migrationpolicy.org/article/crisis – within – crisis – immigration – time – covid – 19. （上网时间：2021年1月29日）

[2] Marco Castillo, "For Immigrants, There Is No 'Normal' To Go Back To", https://globalexchange.org/2020/07/22/for – immigrants – there – is – no – normal – to – go – back – to/. （上网时间：2021年1月29日）

[3] 参考消息："这国新冠确诊病例 多来自被美国遣返的移民", http://news.sina.com.cn/w/2020 – 04 – 17/doc – iirczymi6922816.shtml。（上网时间：2020年7月11日）

大利前内政部长、极右翼政治家马泰奥·萨尔维尼（Matteo Salvini）在无任何证据的前提下，无端指责新冠病毒来自于一艘在西西里岛救助了276名非洲移民的救生船，他认为正是这些移民带来的病毒使该国疫情暴发；匈牙利总理欧尔班也声称："我们的经验认为，是外国人带来了这种病，而且他在外国人群中蔓延。"据美国《赫芬顿邮报》网站报道的一项调查显示，由于新冠肺炎疫情的蔓延，美国的非洲裔和亚裔群体所经历的种族歧视比以往更多，他们甚至还担心戴口罩可能使自己成为被攻击的对象。39%的亚裔、38%的非裔和27%的西班牙裔受访者都表示，自疫情暴发以来，遇到过有人因为种族差异而在他们身边感到不自在的情况。同样，加拿大安格斯·瑞德研究所的一份报告也显示：对516名加拿大华裔进行调查得知，超过半数调查对象表示疫情暴发后曾被人直呼其名或辱骂；43%的调查对象受到威胁或恐吓；30%的调查对象在社交媒体看到过针对华人的种族主义漫画、帖子、留言等；64%的调查对象认为，北美地区的主流媒体对加拿大华裔进行了负面报道；超过一半的华裔家庭担心孩子在学校遭到霸凌。而只有13%的加拿大人认为华裔加拿大人是"真正的加拿大人"。在澳大利亚，因疫情期间澳大利亚针对亚裔的种族歧视事件逐渐增多且愈演愈烈，中国教育部曾在一周内两次发布了留学预警，提醒人员做好风险评估并谨慎选择赴澳或返澳学习。在新西兰，亚裔也同样遭受了比较严重的种族歧视，其中华裔受到的歧视最多，在所有针对亚裔的歧视事件中，华人遭遇的事件占了将近一半。

三、新冠肺炎疫情加深国际难民的生存困境

截至2018年底，由于冲突和暴力造成的国内流离失所者数量最多的前10个国家大多位于中东和撒哈拉以南非洲，其中叙利亚人数最多（610万），其次是哥伦比亚（580万）、刚果（310万）、索马里（260万）和阿富汗（260万），紧随其后的5个国家是也门、尼日利亚、埃塞俄比亚、苏丹和伊拉克。[1] 而迄今为止，以上国家依旧是地区乱局的中心，叙利亚内

---

[1] IOM UN Migration, "World Migration Report 2020", p. 45.

战还在进行，政府军和反政府武装交火不断，仍然是世界上最不安全的地区；索马里的种族冲突和以青年党为首的恐怖主义组织还在不断造成大量人员伤亡；也门、尼日利亚、埃塞俄比亚等国家要么是深陷内战，要么是种族冲突难以调和。以上种种问题在新冠肺炎疫情造成的经济衰退、粮食短缺等危机的影响下变得更加复杂，比如，受疫情和蝗灾的双重影响，相关国家对粮食的出口限制和价格提升以及非洲国家粮食自给率降低使该地区粮食安全状况逐渐恶化。一旦粮食危机升级，将不可避免地有更大规模难民的出现。

新冠肺炎疫情的暴发也对难民安置造成了极大的困难。疫情直接限制了人的自由迁徙，因此很多难民被滞留在原籍国无法前往他国寻求庇护，他们面临着没有食物、住所等人道主义危机。而即使能够出境，由于163个国家封锁了边境，包括儿童在内的大量寻求庇护者都因为公共卫生的原因被推回原籍国。甚至联合国难民署和国际移民组织也都曾于2020年3月17日宣布在全球范围内暂时中止难民安置。在这种情况下，难民在他国成功寻求庇护几乎成为不可能的事情。在联合国难民署宣布中止难民安置之后，美国国务院也暂停了美国难民的申请程序，截至2020年9月18日，美国最终只安置了10192名难民，[1] 远低于该国历史最低水平的1.8万人。[2] 而根据联合国难民署的统计，截至2020年10月7日，全球难民安置人数仅为1.2万人，远小于2019年同期的10.78万人，创历史新低[3]。甚至在有的国家，已经进入该国的难民也面临被遣返的困境，例如，根据联合国难民署的登记，有18万难民和寻求庇护者在马来西亚，其中包括10.1万罗兴亚难民和同样来自缅甸的其他5.2万名难民。这些人基本都没

---

[1] Danilo Zak, "Immigration - related Executive Actions During the COVID - 19 Pandemic", https://immigrationforum.org/article/immigration - related - executive - actions - during - the - covid - 19 - pandemic/. （上网时间：2021年1月28日）

[2] Muzaffar Chishti and Sarah Pierce, "Crisis within a Crisis: Immigration in the United States in a Time of COVID - 19", https://www.migrationpolicy.org/article/crisis - within - crisis - immigration - time - covid - 19. （上网时间：2021年1月28日）

[3] UNHCR, "COVID - 19 crisis underlines need for refugee solidarity and inclusion", https://www.unhcr.org/en - us/news/latest/2020/10/5f7dfbc24/covid - 19 - crisis - underlines - need - refugee - solidarity - inclusion.html. （上网时间：2021年1月29日）

有合法的证件，只能等待难民办事处的授权才能拥有合法工作的权利，而马来西亚没有加入联合国《难民公约》，这些人在该国只能作为非法移民看待，这就造成了未被联合国难民署办事处授权的人，容易被视为非法移民而被拘留和驱逐出境。因为受马来西亚疫情严重的影响，该国政府计划将没有难民身份即合法证件的人驱逐出境并列入永久的黑名单，2020 年 5 月 12 日，该国将 400 名缅甸难民驱逐出境，至少有 2200 人被送往拘留所等待遣返，实施这一计划的原因与民众怀疑因难民造成的疫情传播而产生的仇外心理有很大关系。①

另外，自新冠肺炎疫情暴发以来，难民营的卫生安全问题十分突出，人员密度大、卫生条件差、缺乏必要的医疗物质，使疫情在难民营中暴发的风险变得越来越大。对于控制疫情，隔离是至关重要的，但在非洲的许多难民营中，隔离几乎是不可能的。因为在非洲，甚至近 1/5 的地区连洗手设施都没有。此外，由于科技落后，缺乏检测和防控资源，非洲可能存在许多未报告病例。红十字国际委员会在内罗毕的地区发言人克里斯特尔·威尔斯曾说："在南苏丹有超过 160 万的难民，他们通常需要花费几个小时，甚至几天的时间才能到有基本医疗设施的城镇。""难民聚居在拥挤不堪的帐篷里，每个帐篷紧挨在一起。一旦传染病在这样的地方传播开来，结果将会非常可怕。"② 另外，在约旦的一个难民营中确诊了多起新冠肺炎病例，在那里拥挤地生活着 4 万名叙利亚难民。随着测试能力的提升，在孟加拉国的科尔斯巴扎尔的难民营中报告了 32 例新冠肺炎病例，那里居住着 74.5 万名罗兴亚难民。在希腊的莱斯博斯岛，一场大火摧毁了人满为患的莫伊拉营地，并迫使其搬迁至临时的卡拉特佩，在那里超过 240 人被检测出呈新冠病毒阳性，不包括之前莫伊拉营地检测出的 35 名患者。③ 即

---

① Emily Fishbein, "Fear and uncertainty for refugees in Malaysia as xenophobia escalates", https://www.thenewhumanitarian.org/news/2020/05/25/Malaysia - coronavirus - refugees - asylum - seekers - xenophobia. （上网时间：2021 年 1 月 29 日）

② 搜狐网："新冠肺炎疫情蔓延至非洲 难民营防疫情况引发担忧", https://www.sohu.com/a/384254261_115239.（上网时间：2020 年 7 月 10 日）

③ 腾讯网："希腊最大难民营被烧毁 其中 35 人新冠病毒检测呈阳性", https://new.qq.com/omn/20200911/20200911A0AU0G00.html.（上网时间：2020 年 7 月 10 日）

使在境况较好的德国，据报道，科隆行政区所辖圣奥古斯丁市的一所难民营，在 2020 年 5 月对 300 名移民进行了新冠病毒检测后，发现其中 70 人检测结果呈阳性。此前，科隆所在的北莱茵—威斯特法伦州两处难民营也发生了两起聚集性感染事件，分别造成了 50 多人和 30 多人感染。[1]

与此同时，由于受公共卫生治理能力限制，一些国家更多地将有限的医疗和卫生资源分配给本国民众，而难民的生存权在疫情逼迫下正逐渐被边缘化。一名在印度的 25 岁巴基斯坦难民妇女在接受丹麦难民理事会下属的"混合移民中心"采访时说到："对我们四口之家来说，我们有两个生病的成年人，但是我们很难获得医疗资源。我们现在借钱给他们买药，因为我们没有更多的钱了。没有收入也没有储蓄，我的母亲和兄弟都生病了，这一切都太难了。"[2] 总之，国际难民的生存困境因疫情的恶化而不断加深，特别是在当前全球疫情失控的情况下，处于最弱势地位的难民群体，其未来是令人十分担忧的。

---

[1] 新华网："德国一难民营发生新冠病毒聚集性感染事件"，https：//news.china.com/internationalgd/10000166/20200518/38233729.html。（上网时间：2020 年 7 月 10 日）

[2] Julia Litzkow, "The impact of COVID-19 on refugees and migrants: data and observations from MMC's 4Mi program", http：//www.mixedmigration.org/articles/the-impact-of-covid-19-on-refugees-and-migrants-data-and-observations-from-mmcs-4mi-program/.（上网时间：2021 年 1 月 29 日）

第 三 章

2001年至今国际移民问题产生的主要原因

从2001年开始至今的20年,是与国际移民有关的问题集中爆发和愈加复杂变化的一段时期,这期间新老问题相互交织、互相影响,共同成为困扰各方的综合性、全球性难题。我们今天面对的移民问题都有着深刻的历史原因和时代背景,是西方殖民主义历史旧疾、全球化发展失衡以及地区战乱和国内冲突等多重因素共同作用产生的结果,是全球治理整体性危机的具体表现。总之,唯有对当前问题进行深入而全面的探讨并分析产生问题的具体原因,才能在真正意义上实现移民问题全球治理。

第一节 殖民主义及其后遗症

15世纪的地理大发现开启了由葡萄牙、西班牙等国主导的近代殖民主义进程。而伴随着殖民主义的发展,在航海技术的不断革新下迁徙变得越来越容易。随着大英帝国的崛起,移民也迎来全球性发展阶段。所以说,移民与殖民相伴而生,近代以来的西方移民史在一定程度上就是殖民主义的历史。[1] 以占领、掠夺、贸易为主的欧洲殖民主义移民模式加速了国际移民的发展进程,也使移民与种族主义问题密切相连。与此同时,去殖民化运动引发的移民潮也带来了公民身份的挑战和移民管制的形成,导致时

---

[1] 卢玲玲:"19世纪英国对阿根廷的移民及其影响",《西北大学学报(哲学社会科学版)》2018年第3期,第127页。

至今日移民成为西方福利国家不得不面对的"两难"问题。

一、殖民主义加速国际移民的发展进程

伴随着大航海时代开启的欧洲殖民主义开辟了世界性移民的新路线。最早的移民是船员、商人、军人和传教士，随着定居点的建立，移民群体逐渐形成。比如，法国商人和传教士于1700年左右在北美建立了两个最主要的定居点——魁北克和蒙特利尔，随后大量的移民涌入，形成了1万多人的规模。[①] 到了18世纪和19世纪，人类的迁徙步伐明显加快，随着大英帝国殖民体系的建立和扩张以及殖民者对美洲的征服，在18世纪每年有10多万人被以奴隶贸易的方式送往北美。而到了19世纪末期，数百万的自由移民从原籍国来到殖民地寻找工作和生活机会。[②] 进入20世纪后，欧洲工业国家发起了更大规模的帝国主义殖民扩张，引发了历史性的人口外迁，而这些都加速了国际移民的发展。总体来看，殖民主义对国际移民发展的具体影响主要有两个方面。

（一）以奴隶制为基础的强迫性移民

随着占有的殖民地面积逐渐扩大，欧洲殖民者面临着现有人口无法满足矿产和种植园商业劳动力需求的困境。于是，从非洲抢掠人口贩运到美洲并迫使奴隶们开采矿山、种植作物、建造城市、开垦荒地、搬运货物以及为主人打理家务成为欧洲殖民者开发新大陆的"有效"方法。据统计，大约有1000万—1200万非洲人被俘获后贩运到美洲，而对这些人的奴役和压榨促进了种植园经济的发展。[③] 按交易量排序，主要的大西洋贸易奴隶国为葡萄牙、英国、西班牙、法国与荷兰。正因为早期的欧洲殖民主义使以奴隶制为基础的强迫性移民成为当时全球性移民的主要构成，洲际之

[①] ［美］帕特里克·曼宁著，李腾译：《世界历史上的移民》，商务印书馆2014年版，第121页。

[②] ［美］帕特里克·曼宁著，李腾译：《世界历史上的移民》，商务印书馆2014年版，第136页。

[③] ［美］帕特里克·曼宁著，李腾译：《世界历史上的移民》，商务印书馆2014年版，第153页。

间的移民数量和规模才逐渐增大,经过发展最终形成了现代美洲地区存在大量非裔群体这一事实。这也导致了美洲长期存在的种族歧视和种族隔离,并由此引发族群政治和种族矛盾等问题。

(二) 以定居殖民为目的的输出性移民

定居殖民主义(settler colonialism)是一种独特的殖民主义模式,其功能是用一个入侵的定居者社会取代土著居民社会,随着时间的推移,形成一种独特的身份和主权形式。[①] 为了取代土著社会,必然要有大量身份相同的人形成一定数量规模的族群,而移民是短期内满足这一要求的最佳途径。所以,定居殖民模式是殖民与移民相互融合的产物。由于经济或政治原因,在殖民主义政策下,18世纪有大约250万欧洲人向殖民地移民,19世纪约有4200万人,20世纪上半叶则有大约2000万人,[②] 这一移民规模和速度是史无前例的。随着欧洲人在美洲的许多地区定居,世界人口的分布被彻底改变。另外,大英帝国作为当时世界上最强大的国家,它的殖民主义模式也是典型的定居殖民,移民者离开母国英国,到达了英国治下的殖民地,这些殖民地包括加拿大、澳大利亚、新西兰和西印度群岛。[③] 通过对这些地区的输入性移民,定居者殖民主义模式取得了成功,原有的土著除了失去土地所有权之外,包括文化在内的所有社会属性都被新来的移民所取代。所以,在现代社会的今天,加拿大、美国、澳大利亚和南非都是以定居殖民的方式建立的国家。

总之,殖民主义给许多国家和人民带来苦难的同时也增强了世界各地的联系,无数的欧洲人主动或被迫在此期间移民到世界各地,在殖民定居点开始新的生活,而成千上万的非洲黑人以奴隶的身份被迫移民,在一片全新的大陆开始艰难的生存。

[①] Global Social Theory, "Settler Colonialism", https://globalsocialtheory.org/concepts/settler-colonialism/. (上网时间:2021年2月7日)

[②] J. L. Miege, "Migration and decolonization", European Review, Vol. 1, No. 1, 1993, p. 81.

[③] [美]帕特里克·曼宁著,李腾译:《世界历史上的移民》,商务印书馆2014年版,第171页。

二、殖民主义使移民问题有种族主义色彩

西方国家通过殖民主义入侵和征用土著的土地建立定居点并以此来实现进一步扩张。在扩张的过程中,通过强调种族"差异化"来奴役、剥削、排斥、操纵土著和黑人奴隶,从而获取利润,产生财富。在这一过程中,强调欧洲人的种族优越性是问题的关键。通过鼓吹种族在本质上有优劣之分,欧洲人代表着"优等"种族,而被称之为奴隶的其他种族都是"劣等"种族,"优等"种族注定实现统治和奴役"劣等"种族的目的。利用这种意识形态,欧洲人包括后来的美国人将殖民主义视为合情合理,"野蛮的、落后的"种族就应该将土地拱手相让并受"优越的"白人统治,在原属于土著人的土地上通过剥削奴隶来建造新世界。所以,殖民主义背景下的"种族优越论"经过了几百年的发展,在奴隶制、种族灭绝和东方主义战争的基础上形成了今天我们在西方社会看到的"白人至上主义"。[1]

为了加强并巩固殖民主义统治,西方殖民者不断利用种族、族裔、宗教甚至文化来做人口划分和管理,[2] 使种族等级制度和种族隔离成为现实,以此来保护"殖民遗产"。因为只有强调种族的不同、时刻保持对其他种族的"排外主义"思想,定居殖民这种赶走土著并在他人土地上建立政权的殖民模式才具有合法性。所以,殖民主义造成的种族"差异化"观念在西方社会随后发展的几百年里在处理移民问题上表现得淋漓尽致,而定居殖民主义模式下的移民政策则更具有种族主义色彩,例如,19 世纪 40 年代,美国利用各种手段招募华人赴美国满足铁路建设、家政工作和洗衣店等行业的劳动力需求。然而经过了一段时期的经济衰退,美国国会在 1882 年却通过了充满种族主义色彩的《排华法案》来抵制中国移民;同样地,在 20 世纪 40 年代,美国通过《布拉塞洛方案》招募了近 500 万墨西哥人

---

[1] Soma Chatterjee, "Immigration, anti-racism, and Indigenous selfdetermination: towards a comprehensive analysis of the contemporary settler colonial", Social Identities, May 23, 2018, pp. 4-5.

[2] Caoimhe O'Dwyer, "A Postcolonial Analysis of the European 'Migrant Crisis'", https://www.e-ir.info/2018/08/29/a-postcolonial-analysis-of-the-european-migrant-crisis/. (上网时间:2021 年 2 月 7 日)

从事农业和铁路建设，但是在经历了一段时间之后，美国又通过一项被称为"湿背行动"（Operation Wetback）① 的方案驱逐了 100 多万墨西哥人。②

从 2016 年以来，随着以美国前任总统特朗普上台为标志的世界范围内极"右翼"势力的复兴，移民问题种族主义化这一殖民主义的后遗症再次凸显。"禁穆令"和驱逐墨西哥人都与殖民主义的历史和现实密切相关。作为最典型的定居殖民国家，美国为了维持其殖民主义的需要，即控制和保护"非法"获得的土地不受土著和外来种族的侵害，在制定移民政策时往往刻意加入种族因素，并且利用军事和经济力量来加强和维持，以"国家安全"为名对被占领的土地进行彻底的控制。从"9·11"事件之后对阿拉伯裔穆斯林的禁令和态度以及特朗普政府时期的"禁穆令"都能够看出，定居殖民主义依赖法律体系和制度来支持其边缘化土著以达到驱逐、排斥外来种族之目的是移民问题产生的历史根源。而且，对穆斯林进入美洲的禁令最早也可以追溯至殖民时代：非洲奴隶贸易把第一批穆斯林带到了美洲，而恰恰第一次有记录的奴隶起义就是穆斯林奴隶在 1522 年领导的。③ 因此，穆斯林奴隶一直以来都被西班牙和英国殖民者视为更容易反抗并且会引诱其他土著奴隶反抗的特殊群体。④ 因为即使作为奴隶被殖民者奴役期间，许多穆斯林还是设法遵循必要的伊斯兰宗教戒律，他们利用宗教结成组织，在几次最著名的奴隶起义中发挥着团结和统一信念的重要作用。基于以上原因，殖民时代就曾有过"禁止进口穆斯林奴隶"的法令。⑤ 所以在"9·11"事件之后对于穆斯林的歧视和偏见不过是殖民主义的历史遗产和某种延续，最终都是为了避免殖民者侵占的土地不会陷入所

---

① "湿背人"（wetback），是美国人对墨西哥非法移民的称呼。

② Monika Batra Kashyap, "Unsettling Immigration Laws: Settler Colonialism and the U. S. Immigration Legal System", Fordham Urb. L. J., 2019, p. 558.

③ Sylviane A. Diouf, "Servants of Allah: African Muslims Enslaved in the Americas", NYU Press, 2013, p. 15.

④ Naeem Ali," Muslim Revolts in the Americas", Forgotten Islamic History, February 13, 2014, p. 25.

⑤ Andrew Lawler, "Muslims Were Banned from the Americas as Early as the 16th Century", https://www.smithsonianmag.com/history/muslims-were-banned-americas-early-16th-century-180962059/.（上网时间：2021 年 2 月 8 日）

谓"穆斯林的危险"而已。①

另外，2018 年 4 月，特朗普政府曾颁布了有关移民的"骨肉分离"政策，该政策要求自 2018 年 5 月开始，美国国土安全部和司法部开始在美墨边境执行打击非法移民的过程中实现"零容忍"，被抓获的成人非法移民将以非法越境罪起诉，一同入境的儿童则被送往全美各地的儿童拘留中心，②该政策导致数千个家庭被分开关押在不同的拘留中心。虽然该政策在国际和国内强烈的反对和压力下最终于 6 月份被取消，但是对 3 岁以下移民婴儿单独拘留的行为已对其造成了较严重的心理创伤。③ 而从定居殖民主义的历史视角来看，时任总统特朗普的"骨肉分离"政策与历史上曾经针对美洲土著和非洲奴隶儿童的寄宿学校方案极其相似。在这个方案中，土著和奴隶儿童被迫与家人分离并被送往政府资助的寄宿学校。在那里，儿童被剥夺与父母联系的权利并受到虐待，无法学习到自身的族群文化。④ 甚至在加拿大的印第安寄宿学校，大量的原住民儿童被虐待致死（加拿大联邦成立后，逐步建立了原住民儿童寄宿学校制度，试图强制"同化"原住民。2015 年加拿大真相与和解委员会公布的一份报告显示，自 19 世纪 40 年代到 20 世纪 90 年代，至少有 15 万印第安人、因纽特人和梅蒂人等原住民儿童被强制送入原住民儿童寄宿学校，至少 3200 名儿童在原住民儿童寄宿学校被虐待致死）。⑤ 总之，特朗普的"骨肉分离"政策与定居者殖民主义者曾反复使用的原住民儿童寄宿学校政策极具相似性，目的都是对殖民地原住民和外来族群在语言、文化、宗教和自由等各个方面

---

① Monika Batra Kashyap, "Unsettling Immigration Laws: Settler Colonialism and the U. S. Immigration Legal System", Fordham Urb. L. J., 2019, p. 566.
② 中国新闻网："特朗普'零容忍'移民政策原计划分离 2.6 万家庭"，https://www.chinanews.com/gj/2019/11-28/9019359.shtml。（上网时间：2021 年 2 月 8 日）
③ Garance Burke, Martha Mendoza, "At least 3 'tender age' shelters set up for child migrants", https://apnews.com/article/dc0c9a5134d14862ba7c7ad9a811160e. （上网时间：2021 年 2 月 8 日）
④ Tsosie Rebecca, "Indigenous Women and International Human Rights Law: The Challenges of Colonialism, Cultural Survival, and Self-Determination", Journal of International Law & Foreign Affairs, Spring 2010, Vol. 15, Issue 1, pp. 206-207.
⑤ 中国新闻网："加拿大原住民寄宿学校问题持续发酵"，https://www.chinanews.cn/gj/2021/07-03/9512227.shtml。（上网时间：2021 年 9 月 8 日）

实行绝对控制。根据美国媒体统计显示，在近几年曾被美国政府拘留的 26.6 万名非法移民儿童中，有逾 2.5 万人被拘留超过 100 天，近 1000 人在收容所中度过了一年多时间，有的甚至被拘留超过 5 年。① 即便是以"宽容""赦免"政策处理移民问题上台的拜登政府，也同样对非法移民儿童采取了种种"不人道"的做法，从 2021 年 1 月 20 日执政至 3 月 23 日上午，据美国有线电视新闻网报道，美国政府在美墨边境收容和羁押的无人陪伴的未成年非法移民累计超过了 1.55 万人。按照规定，未成年人在边境拘留所被羁押时间不能超过 72 小时，但很多孩子被羁押时间都超出法定时限，甚至有 600 多名儿童在拘留所被羁押的时间超过 10 天。② 可悲的是，这种曾在殖民主义历史上出现过的毫无人性的政策在现代社会仍然能够看到其影子，并且是发生在以所谓"民主和人权"著称的国家。

三、去殖民化运动深刻影响国际移民进程

从世界范围来看，殖民主义主要有两种模式，一种是定居殖民主义，形成了美国、加拿大、澳大利亚和南非等国家；另一种是剥削殖民主义，主要代表国家是英国、法国及其统治下的印度和阿尔及利亚。定居殖民主义主要是以迁入的欧洲白人和非洲奴隶为主要劳动力，消灭、同化或边缘化土著人群，占有全部土地并建立政权。剥削殖民主义则是以经济剥削为主，少数白人掠夺并占有各种资源，用土著或奴隶作为廉价劳动力从事生产，使其在白人统治下变为依附。③ 而在剥削殖民主义模式下，因一战前直至二战后的去殖民化运动蓬勃发展，遭受殖民统治的国家纷纷独立，因公民身份变化而带来的移民问题则随之逐渐凸显，困扰着欧洲前殖民主义国家。

（一）去殖民化运动引发前往欧洲的移民潮

在一些欧洲国家，移民问题在一定程度上也是去殖民化的结果，最典型的就是法国、英国和荷兰。虽然以上 3 个国家以及美国、澳大利亚和南非对联合国大会 1960 年 12 月 14 日第 1514（XV）号决议《关于准许殖

---

① 新华每日电讯："拜登的'没时间'折射美国边境移民惨遇"，2021 年 11 月 3 日，第 10 版。
② 环球时报："从美墨'边境危机'看美国内乱"，《环球时报》2021 年 11 月 1 日第 7 版。
③ 杭聪："移民殖民主义与英语非洲殖民化"，《史林》2015 年第 3 期，第 195 页。

地国家及民族独立之宣言》投了弃权票,但这并不影响曾经受其统治的国家开启轰轰烈烈的去殖民化进程。去殖民化主要造成了三类移民:一类是前殖民地具有欧洲族裔背景的"回归"人员,他们属于殖民主义政策的执行人,重返欧洲的原因一是担心在殖民地独立之前实施过的暴行而受到新政权的清算,二是出于个人生活和经济原因;另一类是前殖民地的劳工移民,他们在族裔上属于新独立国家的土著居民,其前往欧洲主要是为了改善生活这一单纯的经济目的;还有一类是具有土著民族属性的殖民主义代理人,他们在移民的总数中占比较小,前往欧洲的原因也为以上两种。

在第一次世界大战期间,欧洲国家对移民劳动力的需求大大增加,最典型的是大量阿尔及利亚人因此进入法国。他们在战壕中与法国人并肩作战,取代了被召到前线的工人,这一过程开创了殖民地向宗主国大规模人员流动的先例。1914—1954年间,共有200多万阿尔及利亚人居住在法国的大城市。1954—1964年间,法国又从其在北非和东南亚的前殖民地接收了180万移民,其中100万移民来自阿尔及利亚。从阿尔及利亚来的移民被称为"pieds noirs"意为"黑脚",因为他们在文化上从属于法国,但是民族属性却属于非洲。[①] 同样,摩洛哥和突尼斯裔移民也因20世纪50年代中期的去殖民化运动而在法国移民群体中占有较大比重,他们与阿尔及利亚人一起被称为"马格里布人",是法国移民中最大的群体,主要居住在法国南部地区,为战后的法国经济发展作出了一定贡献。

英国是战后第一个从其殖民地引进劳动力资源的国家。为了减轻印度独立的影响以及与殖民地国家保持联系,英国在1948年制定了《英国国籍法》,赋予了英国殖民地和所有英联邦国家居民英国公民的身份。1950—1960年间,来自亚洲、非洲和加勒比海的移民数量从2万增加到了20万。起初,移民群体主要是来自于西印度群岛的居民,他们定居在英国较大的城市地区,从事公共交通、邮政服务等低收入工作。随后,在英国的南亚人数量迅速增长,特别是生育率较高的穆斯林,他们大多来自巴基斯坦旁遮普省。[②]

---

① Richard Alba, "Decolonizution Immigrations and the Social origins of the Second Generation: The Case of North Africans in France", IMR, Vol. 36, No. 4, 2002, p. 1171.
② Pieter C. Emmer, Leo Lucassen, "Migration from the Colonies to Western Europe since 1800", EGO, European History Online, p. 8.

另外，还有一部分南亚人先从英联邦的一个国家到了另一个英联邦国家，随着去殖民化运动最终来到英国。这些人在19世纪末以契约劳工的身份前往乌干达和肯尼亚从事铁路建设，100多年过去后，东非的南亚人在财富和地位上超过了东非当地人，由此导致了种族关系的紧张。1972年，乌干达独裁者阿明下令驱逐8万名南亚人，这些人中的3万多人最终来到了英国。[1]

（二）去殖民化运动导致身份变化与移民管制

为了加强与殖民地之间的联系，维持统治，英法等主要殖民国家一般都赋予殖民地人民全部或一定的的公民权，使其可以在帝国范围内自由迁徙而不被认定为是外国移民，所以在这一时期有大量的人员涌入。在英国，二战后的公民认定和移民政策还主要是鼓励与殖民地的密切联系，一直到1962年前，英联邦成员国的公民还可以自由进入英国领土。那些来自西印度、南亚以及其他英联邦的移民一旦进入英国，就会马上拥有英国公民的所有权利，包括居住权、工作权、选举权和被选举权，这其中最重要的是可以享受国家福利。[2] 在法国，所有阿尔及利亚人（包括穆斯林）在第二次世界大战结束后的几年内都拥有全部的法国公民权，这是法国为了拖延阿尔及利亚去殖民化进程而宣称"阿尔及利亚是法国不可分割一部分"的一个理由。然而在1962年《埃维昂协定》正式签署后阿尔及利亚获得了独立，为了确保能够继续与殖民地建立联系并吸纳殖民地人口填补战后空虚的劳动力市场，法国规定独立前在阿尔及利亚出生的人继续适用先前的公民政策而获得法国公民身份。即使已经选择成为阿尔及利亚公民的人，他们在法国国土上出生的孩子也将自动获得公民身份，并不会被认定为移民二代。总之，法国在殖民时代的移民政策影响了国家的公民权，并且这种影响延续至今。[3]

然而，随着二战结束后在去殖民化进程中各殖民地国家纷纷独立以及

---

[1] Pieter C. Emmer, Leo Lucassen, "Migration from the Colonies to Western Europe since 1800", EGO, European History Online, p. 9.

[2] Erik Bleich, "The Legacies of History? Colonization and Immigrant Integration in Britain and France", Theory and Society, April 2005, p. 183.

[3] Erik Bleich, "The Legacies of History? Colonization and Immigrant Integration in Britain and France", Theory and Society, April 2005, pp. 183 – 184.

西方社会福利制度的不断建立和完善，公民权和福利制度对身份的要求逐渐严格，加上各国结束了战后重建对劳动力的需求，对移民的管理和限制开始成为制定移民政策的首要考虑。英国保守党政府在1962年颁布了充满限制性条款的《英联邦移民法》，对殖民地移民进行抵制。然而由于国内已经存在了大量来自于前殖民地国家和英联邦国家的移民，工党政府不得不在1965年又通过了一项自由宽松的《种族关系法》，以此来融合"有色移民群体"，从此开始奠定了英国对待移民的"多元主义"政策，这为未来出现的各类问题埋下了伏笔。另外，20世纪60年代法国依旧对刚独立的阿尔及利亚采取开放的移民政策，从而导致了在短短几年内成千上万的移民涌入法国。针对国内越来越多的移民社区以及带来的社会问题，法国从1968年开始实施对阿尔及利亚移民的限制，规定每年进入法国的移民工人人数不能超过3.5万人，到了1971年又近一步限制在2.5万人以内。与此同时，法国也改变了之前自动赋予移民二代公民权的相关政策，规定如果想成为公民，必须为法国服兵役，由此也基本奠定了法国采取"共和制"的移民融合政策，这种也为21世纪的移民融合问题埋下了隐患。①

总体来说，随着二战后非殖民化运动的蓬勃发展，受殖民统治的国家纷纷独立，殖民国家和原殖民地国民的关系发生了重要转变，后者已具有独立国家的公民权。虽然前殖民国家如英、法、荷等国在初期允许原殖民地的人口迁入并赋予完全的公民权利②，但随着迁入的人口数量逐渐增多，以及欧洲国家社会福利体系的完善对公民权的要求提高，国家出于自身利益考虑对移民的限制变得越来越严格。由此直接导致了原殖民体系下相对自由的迁徙权利被剥夺，使移民成为一种社会问题并间接催生出非法移民现象，最终形成了西方福利社会移民问题国家管制的基本形态，③即在去殖民化与民族国家建立的背景下，殖民地国家独立并获得主权，其原有殖

---

① Erik Bleich, "The Legacies of History? Colonization and Immigrant Integration in Britain and France", Theory and Society, April 2005, p.185.
② [英]罗斯玛丽·塞尔斯著，黄晨熹译：《解析国际迁徙和难民政策》，上海人民出版社2011年版，第22—23页。
③ 李琦："全球化背景下的移民和难民问题：现状、成因及应对"，《武警学院学报》2020年第9期，第15页。

民体系下的民众获得了新的公民身份,这一身份与欧洲国家(殖民主义国家)日益完善和发展的福利制度需要满足的公民身份相冲突。在这种情况下,欧洲国家出于国家利益至上原则的考虑,在需要移民时放宽政策引进移民,在不需要时采取限制措施,形成了影响至今的"有选择的移民"政策,使移民问题成为包含政治、经济、文化等因素的混合体。

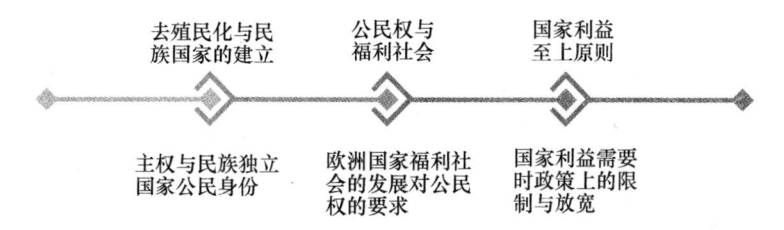

图 3-1 西方福利社会移民问题国家管制的基本形态示意图

（时间轴节点：去殖民化与民族国家的建立；公民权与福利社会；国家利益至上原则）
（对应说明：主权与民族独立国家公民身份；欧洲国家福利社会的发展对公民权的要求；国家利益需要时政策上的限制与放宽）

总之,殖民主义及其后遗症是当前移民问题的主要历史根源,西方国家通过奴隶贸易和殖民统治在实现资本"原始积累"的同时,造成了不同种族的世界性迁徙,并且在去殖民化过程中为了满足国家利益放宽或限制殖民地国家移民,造成了大量移民定居从而引发了移民难以融合的问题;再加上原殖民国家在去殖民化过程中武断划定国家边界,在历史上留下了错综复杂的民族、种族和边界冲突隐患,最终成为当下移民和难民问题产生的主要根源。另外,虽然传统的殖民主义从 1990 年后名义上已经消失,但源于西方殖民思想的"新殖民主义"（Neocolonialism）[①] 以及大开历史

[①] 新殖民主义是一种利用经济学、全球化、文化帝国主义和有条件的援助来影响一个国家的做法,而不同于以前的直接军事控制(帝国主义)或间接政治控制(霸权)的殖民方法。新殖民主义与标准全球化和发展援助的不同之处在于,新殖民主义通常导致被殖民国家对新殖民主义国家的依赖性,从属权或财务义务关系。这可能会造成过度的政治控制或不断增加的债务负担,从最终结果上与传统殖民主义类似。

作者认为,当前的新殖民主义行为也对国际移民问题有直接的影响,比如在经济全球化的背景下,新殖民主义国家利用经济、贸易以及跨国公司与被殖民国家建立联系,利用其经济、文化、高科技、高福利等软实力吸纳被殖民国家的高技术人才移民,增强自身国家竞争力,最典型的新殖民主义对移民的影响当属美国。

倒车的"自愿殖民主义"（Voluntary Colonialism）① 仍然存在于现实和西方人理念之中，并且继续影响着国际移民问题的方方面面。

第二节 全球化与逆全球化

全球化是世界发展的大势，全球化时代的到来是历史的必然。从21世纪开始，全球化进程加速，移民数量也不断创造新高，可以说，当前的国际移民规模来自于全球化的推动。但是，全球化在发展的过程中也逐渐暴露出了很多问题，特别是发展不平衡造成的贫富差距问题，并由此引发了欧美国家的"反全球化运动"。2008年金融危机的爆发是全球化进程的重要转折，一直以来作为全球化"赢家"的欧美国家第一次尝到了"自酿的苦酒"，全球化因此也被称为"潘多拉的魔盒"。在此之后，反对全球化的声音从传统的底层人民扩大到了政党领袖甚至国家元首，在难民危机的叠加影响下，逆全球化成为了全球化发展进程中的最主要特征。对于移民问题来说，全球化也是一把"双刃剑"，正常的全球化推动了移民进程，但逆全球化却阻碍了移民的迁徙和融合，所以，全球化与逆全球化是各类移民问题产生的主要背景。

---

① 2018年11月，德国非洲事务专员冈特·诺克（Gunter Nooke）曾提议欧盟和世界银行等外国机构在非洲国家获得一部分土地，用50年时间来自由建设和发展一些城市，以促进非洲大陆的发展并创造就业机会，最终吸引移民留在这些城市而不再前往欧洲。诺克的提议源于美国经济学家、诺贝尔和平奖得主保罗·罗默（Paul Romer）提出的"特许城市"（charter cities）的概念，他认为自愿交出领土不构成殖民主义。然而，国际社会认为这种模式也是殖民主义的一种，并称这种模式为"自愿殖民主义"。包括非盟在内的国际社会对这一模式持批评态度，虽然这曾得到洪都拉斯时任总统波菲里奥·洛沃·索萨的青睐。Ramona Wadi，"'Voluntary colonialism' is the West's anti-immigration strategy"，https://seattleglobalist.com/2019/01/08/is-there-anything-voluntary-about-colonialism/79540.

作者认为，自愿殖民主义无非是西方殖民意识形态的延续，西方企图通过这种模式近一步控制非洲。并且在控制非洲的同时还能避免殖民主义引发的移民和难民问题带来的麻烦，将移民和难民留在非洲而将利益带回去是这一理念的最终目的。因为一旦"特许城市"得以建立，首先，将会有大量的非洲内部移民给城市带来各种各样的社会问题；其次，一部分西方商人和代理人会进一步剥削和掠夺经济和资源，形成更加巨大的贫富差距，对非洲的发展造成更大的阻碍。

一、全球化发展阶段及其影响下的移民进程

对全球化发展阶段的划分目前为止仍众说纷纭，有学者认为全球化的起点应从 15 世纪大航海时代的地理大发现算起，这一时期是全球化的 1.0 时代。有学者认为全球化的起点应该是从第一次工业革命后大英帝国统治世界开始，即 19 世纪末。本书支持第二种说法，将全球化的起始阶段定为 19 世纪末期。也就是从这个时代开始，世界真正进入了全球化时代，国家间贸易具有现代社会的特征，随着铁路、轮船的发明和技术进步，商品开始频繁流动。不断发展的全球化在促进贸易往来的同时直接推动了移民进程，也就是从这个时代开始，国际移民跨越大洋的迁徙活动才变得越来越多，国际移民逐渐成为全球化最重要的内容之一。正如英国学者戴维·赫尔德所指出的那样："有一种全球化形式比其他任何全球化形式都更为普遍，这种全球化形式就是人口迁移。"[①] 在人类历史上，每一次全球化浪潮都会引发移民的大规模流动，从而形成了我们今天看到的国际移民现状和出现的问题。所以，此部分内容将简要介绍全球化的发展阶段及其引发的国际移民现象。

（一）全球化的含义

全球化是一个历史发展进程，是人类创新和技术进步的结果。其主要是指世界经济的日益一体化，特别是与商品相关的贸易和资金的流动，这是全球化的狭义解释，所以很多时候全球化单指经济全球化。[②]随着世界经济的发展，全球化有了更丰富的含义，由货物、服务、技术、投资、人口（劳动力）和信息的跨境贸易和流动构成了世界经济、政治、文化、人口、环境的日益相互依存，从而使各国为此建立经济伙伴关系以促进这一

[①] ［英］戴维·赫尔德等著，杨雪冬等译：《全球大变革：全球化时代的政治、经济与文化》，社会科学文献出版社 2001 年版，第 392 页。

[②] IMF, "Globalization: Threat or Opportunity?", https://web.archive.org/web/20170827130311/http://www.imf.org/external/np/exr/ib/2000/041200to.htm#I.（上网时间：2021 年 2 月 19 日）

进程，①这是全球化的广义解释。按照国际货币基金组织的定义，广义的全球化应该包含四个基本方面：贸易交流、资本投资活动、人员迁徙流动和知识的传播。而从定义中我们也能看到，代表着全球化广义解释的人员迁徙流动和知识传播恰恰也是由贸易交流和资本投资引发的。所以，本书为了更加清楚和明确地解释全球化如何引发国际移民问题这一现象，在提到全球化时，选取了全球化对移民影响最深的两个因素，即经济和文化因素。随着时代的发展，全球市场的扩大使基于商品和资金流动为基础的经济活动更加自由化，全球化逐渐消除了贸易壁垒，也稀释了国家在移民管理方面的事权，蒸汽机车、轮船、喷气机和集装箱船等运输方式的进步以及电报、互联网和移动电话等通信基础设施的发展使全球化逐渐加速，并使全球经济、人口和文化进一步相互依存。

（二）全球化的萌芽阶段

贸易的历史几乎与人类的历史一样久远，但从 1 世纪开始，跨越区域的贸易才依托丝绸之路将欧亚大陆连在了一起，虽然在若干世纪后这种联系被中断，但是人类从此开始有了世界性的贸易交流。在欧洲的中世纪时期，阿拉伯人开始通过印度洋的海上路线从事以香料为主的贸易。从 15 世纪地理大发现开始，名副其实的全球性贸易才真正展开，哥伦布"发现"新大陆和麦哲伦环球航行逐渐开辟了新的贸易路线并改变了人们的生活，土豆、西红柿、咖啡和可可出现在欧洲，香料的价格也因"中间商"的消失下降明显。但是，即使到了 18 世纪的殖民时代，大部分学者仍然不认为已经出现了真正的全球化，而只是称其为全球化发展的萌芽阶段。因为即使在这个时候，贸易和移民已经开启了大规模的跨洲流动，欧洲国家也建立了全球供应链，但是这一时期的贸易仍然只是在帝国与其殖民地之间进行，并且是以剥削、奴隶贸易等方式发展的。这一时期的"重商主义"和"殖民经济"不是真正的全球化经济，虽然这一时期已开启了国际移民全

---

① PIIE, "What Is Globalization? And How Has the Global Economy Shaped the United States", https://www.piie.com/microsites/globalization/what-is-globalization. （上网时间：2021 年 2 月 19 日）

球迁徙的进程，但仍然属于萌芽阶段。①

（三）真正的全球化时代

从英国在 18 世纪末通过第一次工业革命主宰世界之后，真正的全球化时代才缓缓开启。在这以后，全球化发展经历了三个阶段，也称之为全球化的三次浪潮。

首先是全球化的第一次浪潮（1870—1914 年）。大英帝国创造了一个迅速扩张的国际贸易体系，贸易额以年均 3% 的速度增长，从 19 世纪初占全球国内生产总值（GDP）的 6% 上升到 14%。② 全球化在投资领域也有长足发展，欧洲人不断在殖民地投资，修建运河、开采矿山。技术的进步使除了英国以外的其他国家也纷纷受益，比如在 19 世纪 70 年代，冷藏货船的发明使阿根廷和乌拉圭等国家进入了黄金时代，他们能够在广阔的土地上养牛，从而大量出口肉类，其他一些国家也开始了用最具竞争力的商品实现全球贸易。这一波全球化浪潮同样也使一些国家陷入了不利处境，非洲大部分地区都沦为殖民地，亚洲的印度和中国以及美洲的墨西哥都被西方列强击败，只能成为全球化的牺牲品。然而，随着一战的爆发，国家之间的贸易联系被切断，全球化也被彻底阻断。在两次世界大战之间的几年里，虽然全球化受阻，但必要的经济联系依然存在，所以世界性的经济危机又对全球化产生了严重的影响，直到第二次世界大战结束时，贸易额占全球国内生产总值的比例已降至 5%。

随后是全球化的第二次和第三次浪潮（1945—2008 年）。二战结束后第二次工业革命促进了新的技术发展，全球贸易在美国和苏联的各自引领下再次升温，然而直到 1989 年，现代意义上的全球化才真正出现。新成立的世界贸易组织鼓励世界各地的国家缔结自由贸易协定，全球化在以"华盛顿共识"为基础的新自由主义制度下不断加速。随着以互联网为标志的

---

① World Economic Forum, "A brief history of globalization", https：//www.weforum.org/agenda/2019/01/how – globalization – 4 – 0 – fits – into – the – history – of – globalization/. （上网时间：2021 年 2 月 19 日）

② Esteban Ortiz – Ospina, Diana Beltekian, "Trade and Globalization", https：//ourworldindata.org/trade – and – globalization. （上网时间：2021 年 2 月 19 日）

第三次工业革命的蓬勃发展，全球联系更加紧密，在不同国家研发、采购、生产和销售的产业链分工正式形成。到 21 世纪之初，全球贸易出口达到了国内生产总值的 1/4，在有些国家，贸易收益甚至超过了国内生产总值。国际移民也在这一时期发展迅速，在新千年开始之初，约有 1.5 亿人（占世界人口的 2.5%）居住在出生国之外，这一数字是 1965 年的 2 倍，"地球村"的概念从此深入人心，全球化发展进程在 2008 年达到了顶峰。但是，随着金融危机和欧债危机的开始，全球化继一战和二战后再次受阻。也正是从这个时期开始，全球化造成的诸如国家间发展不平衡、贫富差距拉大、气候变化、环境污染、跨国犯罪等问题成为全球化不可回避的负面效应。① 由此引发了反全球化运动，贸易保护主义和移民限制成为一些国家的主要政策，英国"脱欧"、贸易战、右翼民粹主义运动以及"产业回归"等"逆全球化"现象不断涌现，国际移民问题成为各国政治领域争论的主要议题。

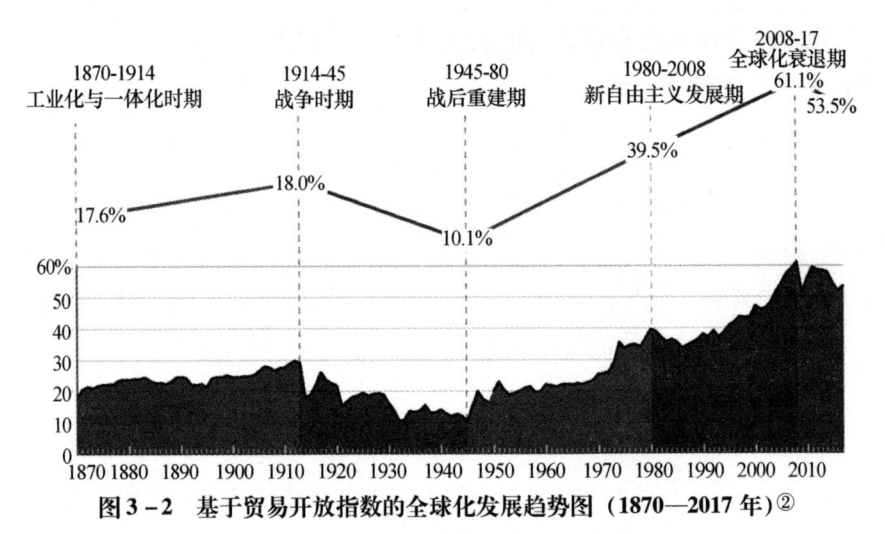

图 3-2　基于贸易开放指数的全球化发展趋势图（1870—2017 年）②

资料来源：PIIE,"The pandemic adds momentum to the de-globalization trend", https://www.piie.com/blogs/realtime-economic-issues-watch/pandemic-adds-momentum-deglobalization-trend#_ftn1.

---

① World Economic Forum, "A brief history of globalization", https://www.weforum.org/agenda/2019/01/how-globalization-4-0-fits-into-the-history-of-globalization/.（上网时间：2021 年 2 月 19 日）

② 贸易开放度指数 = 世界进出口总额 ÷ 世界 GDP 总和。

二、现阶段全球化进程所呈现出的主要问题

如上文所述,全球化在 2008 年金融危机爆发之前经历了一个高速发展的黄金时代,参与全球化的国家普遍享有低通胀、高增长的经济水平,高技术产品能够迅速普及,人民的生活方式发生了巨大变化。然而,在全球化高歌猛进的过程中,由于部分发达国家未能履行减小贫富差距、实现均衡有节制发展的自身责任,对本国过度扩张的金融机构也缺乏有效监管,金融危机随着全球化迅速扩散到世界大部分地区,导致国际资本流动雪崩式下降至全球产出的 4%,到 2015 年更降至 2.6%,同期国际贸易也从占全球国内生产总值的 60% 这一高点降到了 58%,[①] 形成了 21 世纪逆全球化趋势的开端。

(一) 贸易保护主义盛行

现阶段全球化进程最显著的特点就是贸易保护主义盛行,而这一趋势的源头是 2008 年金融危机对世界的冲击。在金融危机刚刚爆发后,欧美国家的贸易保护政策纷纷出台,美国实施"购买美国货"条款、法国对汽车行业制定实施援助计划、英国在金融领域也采取了保护主义政策,在 2008—2016 年期间,二十国集团成员国实施的贸易保护政策总计甚至达到了创纪录的 5560 项[②]。在特朗普上台之后,曾经的全球化主导者美国掀起的贸易保护主义浪潮更是愈演愈烈——倡导"美国优先",减少美国对进口商品的依赖,近一步促进制造业回归美国,甚至由构建贸易壁垒转向为技术壁垒。2018 年美国对来自欧盟的钢铁和铝开征 25% 的关税,随后对 500 亿中国商品加征 25% 的关税,接着又对墨西哥、加拿大、日本等多个国家的商品提高了关税税率。2019 年美国不仅将中国商品的加征关税规模扩大到了 2500 亿美元,而且还取消了印度的普惠制贸易地位。同时,美国还以"国家安全"为由对外国企业设置各种市场禁

[①] 张宇燕:"全球化与去全球化:世界经济的视角",《探索与争鸣》2017 年第 3 期,第 52 页。

[②] 徐坚:"逆全球化风潮与全球化的转型发展",《国际问题研究》2017 年第 3 期,第 3 页。

令和出口限制。[1]

（二）多边主义遇冷

多边主义是全球化赖以生存的基础，是解决全球化进程中出现各类问题的重要途径。美国在战后建立的一系列国际制度共同组成了具有典型多边主义特征的国际秩序，这些秩序曾经推动了全球化的发展，也维护了美国对国际秩序的主导地位。然而，在当前全球化进程中，曾经积极发挥多边主义引领作用的美国出现了历史的"倒退"，前任总统特朗普在上台之初就立即使美国退出了《跨太平洋伙伴关系协定》，随后又退出了《巴黎协定》《移民问题全球契约》《伊核协议》以及联合国教科文组织、联合国人权理事会、世界卫生组织等，另外，还曾威胁要退出世界贸易组织和《美韩自由贸易协定》。虽然现任总统拜登在上台之后意图重返多边主义，宣称重回《巴黎协定》和不再退出世界卫生组织，但其考虑更多的还是建立大西洋两岸甚至"五眼联盟"的"小团体主义"。

美国欲用"双边"取代"多边"，走向"国家主义"的行为导致欧洲国家也纷纷仿效。军事合作领域的"北约"被法国总统称为"脑死亡"，欧洲国家对国际货币基金组织、世界银行等多边机构的支持意愿和力度也都明显不足。

（三）反移民情绪激化

国际移民规模的增大是全球化快速发展的结果。所以，当作为人口和劳动力资本的移民在全球化进程出现问题时毫无意外的再次成为"替罪羊"。作为逆全球化代表的美国前任总统特朗普在竞选之时就已经把矛头对准了移民群体，上任后更是大刀阔斧地实施反移民政策，将墨西哥移民作为主要对象。据皮尤研究中心的统计，2017年美国境内有1160万墨西哥移民，其中非法移民接近一半（43%）。特朗普认为正是全球化带来了这些非法移民，他们既不交税，又抢占了本地人的工作机会，甚至威胁到了"国家安全"，所以建造"边境墙"阻挡和驱逐非法移民是消除全球化

---

[1] 张刚生、严洁："论美欧发达地区的逆全球化现象"，《国际观察》2020年第2期，第131页。

负面影响的方法。于是，仅 2018 年 1—9 月，美国边境巡逻队就逮捕并驱逐了约 15 万名墨西哥非法移民①。在欧洲，全球化引发的难民危机蔓延及其对欧洲国家社会稳定的影响使逆全球化趋势下的反移民情绪不断激化。"民粹主义"思潮下的"民族主义"和"排外主义"近一步引发了右翼极端主义思想在欧洲的泛滥，伊斯兰背景的移民和难民被打上恐怖主义的烙印。

总之，从 2008 年金融危机开始，全球化发展暴露出的问题催生了逆全球化思潮和去全球化②行动。新冠肺炎疫情的暴发更是成为了助推逆全球化进程的加速器，贸易和人员往来受阻，代表全球化的跨国公司不断缩短国际产业链，根据世界贸易组织数据，仅在 2020 年 2 月，全球进出口跨境贸易同比下降就约达 10%。③

三、全球化与逆全球化对国际移民的影响

全球化催生出大量的跨国贸易，而随着贸易的增加和海外资本投入，在信息通信和交通愈发便利的情况下，人类与其出生地以外世界的联系已越来越紧密。根据本书第一章所描述的移民"推拉理论""新古典经济理论"和"劳动力市场分割理论"内容，工资的差异以及更好的生活水平吸引着移民跨国流动，21 世纪全球化的最主要特征就是劳动力人口的全球化，所以，全球化促进了移民进程。同样在第一章阐述的"移民不可能三角理论"基础上，随着全球化的过度发展即"超级全球化"导致的负面效应的产生，移民无法像贸易和资金一样实现自由流动，对移民自由的限制

---

① Ana Gonzalez – Barrera and Jens Manuel Krogstad, "What We Know About Illegal Immigration From Mexico", https://www.pewresearch.org/fact – tank/2019/06/28/what – we – know – about – illegal – immigration – from – mexico/? about – illegal – immigration – from – mexico%2f.（上网时间：2021 年 2 月 22 日）

② 作者认为逆全球化是基于"反全球化运动"而逐渐形成的偏向意识形态的概念，与其相关的是"保护主义""排外主义""民族主义"等；而去全球化是偏向具体的行为，比如资本回流、限制移民、减少贸易量等实际行为。英文文献中的"De – Globalization"如果根据直译应为去全球化，但我国大部分学者习惯用逆全球化来描述当前趋势。本书参照我国大部分文献研究的结论，对此两种概念不予细分，谨在此做简要说明。

③ 郑京平："新冠肺炎疫情对全球化的影响分析"，《全球化》2020 年第 4 期，第 14 页。

是主权国家在全球化进程中的主要形态,特别是在欧洲福利国家,移民与福利之间的矛盾已成为全球化与逆全球化的主要影响。美国学者加里·弗里曼早在1986年就已开创性地探讨了政治经济学视角下移民与福利国家之间的关系并最终得出结论:"大规模移民"对欧洲国家福利制度是具有侵蚀作用的。他认为,首先,移民会通过辛勤工作和接受低于欧洲标准的工资来损害本地工人的工资议价能力。其次,移民增加了欧洲国家文化的多样性,移民的族群差异将削弱欧洲慷慨福利制度的共识基础。① 20多年后,全球化导致的"大规模移民"让弗里曼的观点与欧洲政治精英和公众舆论产生了强烈的共鸣。总之,全球化与逆全球化对移民的主要影响体现在两个方面。

第一,全球化进程下福利国家与移民自由的矛盾。福利是全球化发展下社会平衡贫富差距的方法,著名的"涓滴经济学"使欧洲国家的福利状况越来越好,所以,福利社会和移民都是全球化的结果。欧洲国家政府在西方民主制度的运行下建立了对国民财富再分配的慷慨福利制度。福利制度得益于西方选民手中的选票,这种制度一方面使社会能够关注底层弱势群体和穷人,改善其生活状况,另一方面也滋生了不劳而获和自私懒惰。在移民问题上就表现为享受公民福利的本地人宁可懒惰地领取救济金,也不愿从事低层次工作,只能靠移民来填补诸如建筑业、服务业和医疗护理行业的劳动力空缺。另外,逐渐严重的人口老龄化和低出生率也影响着欧洲国家的福利分配,如果没有移民的填补,越来越少的年轻人创造的财富无法承受越来越多的老年人带来的福利缺口。所以,不管是从劳动力需求还是从财政需求角度出发,西方福利国家都必须引进移民,但引进什么样的移民,引进多少,是制定移民政策的核心。而在制定移民政策时,现实情况是欧洲国家普遍倾向于有选择的引进高技术移民,因为高技术移民会创造更多的财富,而低技术移民创造的财富较少,并且经常会因为失业而占用社会福利。另外,低技术移民还并会在某种程度上拉低工资水平。然而在全球化的推动下,信息的交流、交通的便利使低技术移民在衡量成本和收益后更愿意选择采取迁徙的方式实现人生追求,这就与福利国家的存

---

① Freeman. G. P, "Migration and the Political Economy of the Welfare State", The Annals of the American Academy of Political and Social Science, 1986, pp. 51 – 63.

在构成了矛盾——如果允许自由移民，低技术移民将必然是移民群体的主力，但是低技术移民创造的财富却较少且还会占用福利，正如著名学者米尔顿·弗里德曼的观点：“自由移民和福利国家是不相容的。”法国社会当前的情况这是这一矛盾的现实解释：如上文所述，为了在二战后迅速恢复，法国引进来大量北非殖民地的穆斯林移民，这些人在民权运动下基本拥有法国的公民权利。随着移民的家庭团聚政策，大量老幼妇孺随着男性移民来到法国，根据法国福利政策的规定，没有工作的家庭成员可以领取失业救济金。此外，法国实施鼓励生育政策并提供生育补助，穆斯林家庭由于生育率极高而可以获得补助资金。因此，穆斯林家庭成为了获得福利资金的最大受益者。法国的福利资金以国家税收作为收入来源，面对庞大的福利资金支出，政府只能加大税收力度，而加重税收又引起了本地人，特别是中上层阶级的不满。于是，在选民的压力下，保守政党得势，限制性的移民政策纷纷出台，与法国长期标榜的自由、平等和博爱价值观相去甚远。[①]

第二，逆全球化对多元文化主义的冲击妨碍移民的迁徙和融合。全球化的跨越民族国家特性创造了多元文化主义，因为多元文化主义从出现之初就是为了减少不同种族和宗教间的矛盾和冲突，在相处中尊重差异化，实现和谐。但是，随着逆全球化趋势的出现，其发展反作用于全球化，最终冲击和妨碍了移民的迁徙和融合。近些年来，多元文化主义逐渐演变为欧美国家内部的"政治正确"。这种"政治正确"要求对少数族裔持宽容、公正、平等的立场接纳移民；政治关系与社会关系中对于平等的过度追求使政治平等、宗教平等上升到了一切受尊重的平等，这种层层递进的要求和过度发展产生了极大的危害，体现在对多元文化不加区分的追求。[②] 但是，欧美国家的政治文化传统是以保守主义为基础的，"9·11"事件和随后的反恐战争以及不断激发的以保守主义为基础的排外主义和民族主义与"政治正确"形成了严重的对立，这种对立在金融危机和难民危机的影响下触发了民粹主义的爆发，最终加剧了移民问题的经济化和政治化倾向，移民融合成为社会学领域的一大难题，特别是当前伊斯兰移民群体在欧洲

[①] 纪红蕾："法国穆斯林移民问题研究"，外交学院硕士学位论文，2017年，第26页。
[②] 唐辉："逆全球化态势研究"，华中师范大学博士学位论文，2017年，第28页。

的融合问题。

第三节 地区战乱和国内冲突

地区战乱和国内冲突是导致国际难民（跨境寻求庇护者）出现的最直接原因。根据本书第一章理论基础部分的论述，难民的出现可以用经典的"推拉理论"来解释：战乱和冲突是引发难民跨国流动的重要"推力"，而安全的生存条件则是强大的"拉力"。另外，从类别上来看，难民属于国际移民中的第三类，区别于常规移民（合法的工作性移民、团聚性移民、学习性移民、投资性移民、养老性移民等）和非常规移民（非法移民）。所以，在宏观层面研究国际移民问题的产生原因，离不开对国际难民问题的研究。2001 年至今的 20 多年间，美国以"反恐战争"为名直接发动或间接参与的多次战斗行动，以及南苏丹、索马里和缅甸等国因种族和宗教矛盾引发的国内战乱冲突，都为难民问题打上了鲜明的时代烙印。

一、2001 年至今国际影响较大的难民潮及其特点

2001 年至今，国际社会共发生了几次规模和影响都较大的难民潮，分别是阿富汗难民潮、叙利亚难民潮、南苏丹难民潮、缅甸罗兴亚难民潮、委内瑞拉难民潮、乍得湖地区难民潮，其简要情况和特点如下。

另外，也门内战、利比亚战争和恐怖主义施虐也都造成了一定程度的难民潮。从难民的跨国流动可以看出，基本上大部分的难民还是选择前往距离较近的邻国避难，这里有跨界民族同源同根的因素，但更多的还是因为经济条件限制而不能走得更远，比如根据联合国的统计，阿富汗难民主要集中在巴基斯坦和伊朗。截至 2021 年 8 月 31 日，巴基斯坦有约 140 万人，伊朗有大概 78 万人，加上进入塔吉克斯坦、乌兹别克斯坦和土库曼斯坦等国的难民，共计约 222 万人。[①]

---

① UNHCR, "Operational data portal: Registered Refugees from Afghanistan (in Iran, Pakistan, Tajikistan, Uzbekistan, Turkmenistan)", https://data2.unhcr.org/en/situations/afghanistan. （上网时间：2021 年 12 月 3 日）

第三章 2001年至今国际移民问题产生的主要原因

表3-1 国际影响较大的难民潮及其特点（2001年至今）

\multicolumn{3}{c}{A. 阿富汗难民潮}
时间	难民流向及人数	特点①
2001—2002年	巴基斯坦：约130万人（多为逊尼派普什图人） 伊朗：约95万人（多为什叶派）	1. 由于阿富汗国内安全形势不稳，难民基本无法返乡 2. 难民大部分生活在巴基斯坦和伊朗边境地区 3. 由于巴基斯坦未加入《难民公约》，导致难民缺乏基本的人权保护 4. 伊朗因经济封锁视难民为极大负担，难民生活艰难 5. 塔利班武装人员混入难民中伺机在巴基斯坦发动恐袭
\multicolumn{3}{c}{B. 叙利亚难民潮}
时间	难民流向及人数②	特点
2011—2018年	土耳其：360万人；黎巴嫩：99.4万人；约旦：67.6万人；德国：53.2万人；伊拉克：25.3万人；埃及：13.3万人；瑞典：10.9万人；苏丹：9.4万人；澳大利亚：4.9万人；荷兰：3.2万人	1. 是二战后规模最大的一次难民潮 2. 由内战引发，但"伊斯兰国"的肆虐扩大了难民潮的规模 3. 造成了"欧洲难民危机" 4. 叙利亚国内安全形势依然复杂，难民返乡存在极大困难
\multicolumn{3}{c}{C. 南苏丹难民潮}
时间	难民流向及人数	特点
2013年	乌干达：520577人；埃塞俄比亚：321342人；苏丹：261794人；肯尼亚：90181人；中非：60211人；刚果：4931人	1. 自2013年起，持续的内战和冲突引发的难民危机至今仍未结束 2. 南苏丹难民潮在2016年达到顶峰，规模排名第三，仅次于21世纪爆发的另两次难民危机（叙利亚和阿富汗）

---

① Sanam Noor, "Afghan Refugees After 9/11", Pakistan Horizon, January, 2006, p. 61; Amnesty International, "Afghanistan's refugees: forty years of dispossession", https://www.amnesty.org/en/latest/news/2019/06/afghanistan-refugees-forty-years/.（上网时间2021年2月28日）

② Zoe Todd, "By the Numbers: Syrian Refugees Around the World", https://www.pbs.org/wgbh/frontline/article/numbers-syrian-refugees-around-world/.（上网时间：2021年3月1日）

续表

D. 缅甸罗兴亚难民潮		
时间	难民流向及人数	特点
2015 年	孟加拉国、马来西亚、印度尼西亚、柬埔寨、老挝和泰国总计：约 10 万人	1. 此次移民潮主要是以乘坐危险性极大的船只从海上逃离缅甸的方式，经洋流飘至包括马来西亚、印度尼西亚和泰国在内的东南亚国家与马六甲海峡及安达曼海 2. 泰国、马来西亚、澳大利亚等国明确拒绝难民入境 3. 乘船出海的难民有很大一部分在海上丧生，制造了严重的人道主义危机
2017 年	孟加拉国：70 万人，至 2020 年底，共计将近 90 万人①	1. 缅甸军方针对若开邦的罗兴亚极端组织发起的进攻是引发难民潮的最直接原因 2. 罗兴亚人不被缅甸政府承认，是无国籍群体，很难通过正常渠道解决该问题 3. 缅甸国内民族矛盾尖锐，政治形势十分复杂，罗兴亚人问题解决难度极大
E. 委内瑞拉难民潮		
时间	难民流向及人数	特点
2013—2017 年	哥伦比亚、秘鲁、美国、西班牙、意大利、葡萄牙、阿根廷、加拿大、法国和巴拿马等，总计：约 400 万人（含移民）②	1. 是美洲有记录以来最大的一次难民潮 2. 400 万的数字中除了难民还有很大一部分的常规移民和非常规移民（很多人符合难民身份，但是并未申请） 3. 有很多知识水平较高并具备一定技能的人因对国家失望而离开，造成了很大的人才流失

---

① UN, "Rohingya refugees: UN agency urges immediate rescue to prevent 'tragedy' on Andaman Sea", https://news.un.org/en/story/2021/02/1085342. (上网时间：2021 年 2 月 28 日)

② UNHCR, "Venezuela situation", https://www.unhcr.org/venezuela-emergency.html. (上网时间：2020 年 2 月 28 日)

第三章 2001年至今国际移民问题产生的主要原因

续表

F. 乍得湖地区难民潮		
时间	难民流向及人数	特点
2014至今	尼日利亚、喀麦隆、乍得和尼日尔，总计：304562人①	1. "博科圣地"组织于2014年在乍得湖地区频繁发动袭击是造成难民潮的主要原因 2. 难民以尼日利亚人为主 3. "博科圣地"组织在该地区的威胁仍未消除，未来可能还会出现一定程度的难民潮

总之，2001年至今的国际难民潮体现出了鲜明的时代特点，美国发动的"反恐战争"、西亚北非局势动荡导致的内战、"伊斯兰国"等恐怖组织崛起、非洲国家治理失败等，都是导致难民问题的根本原因。

二、美国"全球反恐战争"是问题产生的国际因素

从2001年"9·11"事件发生至今，国际难民的组成除了传统的具有政治背景的"寻求庇护者"之外，受战争和冲突影响而流离失所前往他国的人群是这一时期的主流。当前全球动荡程度较高的几个国家主要是利比亚、叙利亚、伊拉克、阿富汗、索马里和也门，而这几个国家不稳定的主要原因都离不开美国在"9·11"事件之后开启的"全球反恐战争"。② 据统计，在美国发动"反恐战争"的这20年里，美国军队在至少24个国家直接发动或参与战斗行动，③ 共有7次与美国有关的战争或冲突，例如：

---

① UNHCR, "Nigeria emergency", https://www.unhcr.org/nigeria-emergency.html. （上网时间：2020年2月28日）

② David Vine, "Creating Refugees: Displacement Caused by the United States' Post-9/11 Wars", (report from American University and Brown University's Costs of War Project, 2020), p.1.

③ Barbara Salazar Torreon and Sofia Plagakis, "Instances of Use of United States Armed Forces Abroad, 1798-2018", Washington, DC: Congressional Research Service, 2018; David Vine, "The United States of War: A Global History of America's EndlessConflicts, from Columbus to the Islamic State", University of California Press, October 13, 2020.

· 113 ·

美国直接参与并负有明确责任的阿富汗和伊拉克战争；直接干预的利比亚和叙利亚内战；以使用无人机、派出顾问、提供后勤支持、出售武器的方式参与的也门、索马里和菲律宾冲突。这些战争和冲突共造成了约 800 万跨境难民和约 2500 万国内流离失所者，这高达 3300 万境内外流离失所者的总和仅次于第二次世界大战造成的难民数量，比 20 世纪任何一场战争和灾难造成的难民都要多。①

在阿富汗，自从美国发动阿富汗战争以来，仅在 2012—2019 年的 7 年间就有 240 万阿富汗人逃往国外。② 在索马里，美国曾在 2006 年以消灭"伊斯兰法院联盟"为理由支持埃塞俄比亚对索马里的入侵。这场战争间接导致了索马里"青年党"的崛起并宣誓效忠"基地"组织。从此，索马里"青年党"与联合国承认的索马里政府及其美国和其他外国盟友之间的战争一直持续到了今天。在政治不稳定，冲突事件频发，干旱、洪水等自然灾害以及随之而来的饥荒和普遍贫困等多重因素作用下，直到 2019 年，共有约 420 万索马里人被迫流离失所，其中境外难民（含寻求庇护者）约 80 万人，境内流离失所者约 340 万人。大部分流离失所者在邻国肯尼亚、埃塞俄比亚和也门定居，一部分来到了乌干达、吉布提、南非、德国和瑞典。值得注意的是，在小布什和奥巴马政府时期尚有数千难民来到美国，然而在特朗普政府时期的 3 年间仅有不到 700 人。③ 在伊拉克，从 2003 年的伊拉克战争开始到 2007 年，共有 240 万难民和寻求庇护者离开伊拉克④，随后有一些人开始返回家乡，然而到了"伊斯兰国"猖獗时期的

---

① David Vine, "Creating Refugees: Displacement Caused by the United States' Post - 9/11 Wars", (report from American University and Brown University's Costs of War Project, 2020), p. 5.

② International Organization for Migration Afghanistan, "Baseline Mobility Assessment: Summary Results Round 8 Mar - Jun 2019", Displacement Tracking Matrix/Afghanistan, 2019, https://reliefweb.int/sites/reliefweb.int/files/resources/IOM - Afghanistan - Baseline - MobilityAssessment - Summary - Results - June - 2019 - English.pdf.

③ Davis, Rochelle, Abbie Taylor, Will Todman, and Emma Murphy, "Sudanese and Somali Refugees in Jordan: Hierarchies of Aid in Protracted Displacement Crises", Middle East Report, 2016, pp. 2 - 10, UNHCR 2018, 15. Department of State, Bureau of Population, Refugees, and Migration, Office of Admissions - Refugee Processing Center, Summary of Refugee Admissions, July 31, 2020.

④ David Vine, "Creating Refugees: Displacement Caused by the United States' Post - 9/11 Wars", (report from American University and Brown University's Costs of War Project, 2020), p. 14.

2014年，又有大量人员离开，直到2020年仍然还有65万伊拉克难民和140万国内流离失所者。① 不得不说，"伊斯兰国"的崛起与美国发动伊拉克战争有最直接的联系。在叙利亚，由2011年西亚北非局势动荡引发的武装冲突以及"伊斯兰国"的施虐，难民数量已超过670万。难民分布在43个国家，其中接收难民最多的国家是土耳其，接收了361万名叙利亚难民，其次是黎巴嫩（88万）、约旦（65万）、德国（59万）。从2018年7月18日开始，仅有60万叙利亚境外难民返回了家园，虽然有超过129万难民表示希望返乡，② 但迫于当前的安全形势，返乡存在很大困难。在利比亚，从美、英、法打击卡扎菲政权开始，该国陷入了内战和"伊斯兰国"威胁的长期双重动荡之中，仅2011年一年，就有15万人离开家园前往突尼斯。③ 利比亚的战乱同样影响了萨赫勒地区的人口流动。在卡扎菲执政时期受益于其政策而来自于西非和撒哈拉以南非洲地区的劳工在政权倒台后，受到反对卡扎菲政权的利比亚人的暴力对待，超过1.5万人在2011年逃离利比亚。另外，长期的战乱使利比亚成为人口贩运的中心，那些试图通过地中海前往欧洲的人大都选择在此出发。④ 在也门，为了和当地政府合作打击"基地"组织，美军在2002—2019年的17年间采用无人机打击的方式发动了至少336次针对激进组织人员的袭击，公开报道显示共造成了至少1389名包含儿童在内的平民丧生。与此同时，为了打击也门境内的反政府组织胡塞武装，沙特军队在美国的支持和后勤基地保障下进入也门作战，"基地"组织阿拉伯半岛分支也趁乱不断制造冲突。在美国等国家的影响下，也门冲突共导致了约330万人流离失所，虽然境外难民和寻求

---

① Nancy Riordan, "Internal Displacement in Iraq: Internally Displaced Persons and Disputed Territory", New England Journal of Public Policy 28, 2016; UNHCR, "Iraq Fact Sheet", Geneva, January 2020, p. 1.

② 俄国防部："叙利亚境外难民人数超670万人"，http://news.sina.com.cn/w/2020-09-18/doc-iivhuipp5142663.shtml。（上网时间：2021年3月2日）

③ IDMC, "Libya: State Collapse Triggers Mass Displacement", Geneva: Norwegian Refugee Council, January 2015, p. 4.

④ IDMC, "Global Report on Internal Displacement 2019", Geneva: Norwegian Refugee Council, May 2019, p. 26.

庇护者的人数尚无法统计，但总体来讲其群体数量是十分巨大的。①

三、种族、宗教冲突和政变是问题产生的国内因素

当今世界规模较大的种族和宗教冲突来源于西方殖民主义，殖民者为了便于殖民统治，往往选择给予少数族裔极大的权力，即少数统治多数、异族管理本地民族，利用这种方式制造民族矛盾，为其殖民统治服务。即使在殖民主义即将成为历史的去殖民化阶段，西方殖民者依然不顾历史、民族和自然地理等因素粗暴地人为划定边界，给相关国家留下了无穷无尽的纷争和冲突，造成了当今世界纷繁复杂的难民问题。在殖民主义的历史背景下，缅甸罗兴亚难民问题、南苏丹难民问题、埃塞俄比亚难民问题，都是国内民族、宗教和政治斗争相互交织而引发的大规模冲突所造成的。

（一）缅甸罗兴亚难民问题

缅甸的罗兴亚难民问题，既来自于民族冲突，又源于宗教对立。罗兴亚问题产生、发展和扩大的过程与缅甸被殖民、争取独立、民族国家建设和民主化进程密切相关。19世纪初，英国殖民者引入孟加拉国穆斯林移民来对今天的缅甸阿拉干地区进行开发，之后这一群体得以在此不断壮大，这为后世的罗兴亚问题埋下祸根。缅甸独立前后，罗兴亚人曾试图实行民族自决和享有更多的权利，并一度要求独立。然而，在与缅甸军政府的斗争失败后，自20世纪60年代起大部分罗兴亚人失去了国籍和身份。在此之后，缅甸政府视罗兴亚人为非法移民并进行驱逐，迫使罗兴亚人不断迁往邻国孟加拉国。也是从这一时期开始，缅甸国内信仰佛教的主体民族和其他少数民族与罗兴亚穆斯林群体的民族和宗教矛盾不断激化，冲突日益加剧。进入21世纪，缅甸的政治民主化进程加快，政治权力和社会更加多元化，罗兴亚问题全面爆发，恐怖袭击和暴力冲突造成更多罗兴亚人逃亡

---

① 人民日报海外网："也门连年战乱500多万人失业，民众领救济物资维生"，https://baijiahao.baidu.com/s?id=1632861654613241190&wfr=spider&for=pc。（上网时间：2021年3月2日）

邻国。① 2012年5月28日，一名若开族妇女遭抢劫、强暴和杀害，当地信奉佛教的若开族认为凶手是罗兴亚人，于是对其展开了疯狂的报复，一些罗兴亚人针对报复也采取了行动。此次骚乱使大量的罗兴亚人被迫逃离缅甸若开邦，乘船从海上前往周边的东南亚国家，有些还通过瑞丽口岸进入了中国，这是21世纪的第一次较大规模的罗兴亚难民危机。2017年，缅甸若开邦多处警察机构遭到了极端组织"罗兴亚救世军"的袭击，造成了大量军警、公务员和平民的伤亡。缅甸军方随即对该地区展开了清剿。在清剿的过程中缅甸军方的行动造成了罗兴亚平民的死亡，联合国秘书长古特雷斯曾称缅甸政府的行动不排除"种族清洗"的可能。② 在缅甸军方行动的仅仅两周内就导致了27万罗兴亚人涌入孟加拉国避难,③ 引发了21世纪的第二次罗兴亚难民危机。在此之后，孟加拉国也成为了收留罗兴亚难民数量最多的国家，另外，东南亚和南亚国家以及沙特阿拉伯和阿联酋也收留了部分罗兴亚人。

（二）南苏丹难民问题

在宗教冲突的影响下，以基督教为主体的南苏丹在经历过多年内战后于2011年独立。但是独立后的第一任总统萨尔瓦·基尔又在2013年与副总统里克·马查尔因权力之争挑起了内战。双方分别代表着不同的种族群体，总统基尔是丁卡族，领导着以丁卡族武装为主的政府军总统卫队；副总统马查尔是努埃尔族，领导着南苏丹人民解放军中的努埃尔族人组建了苏丹人民解放军反对派。据观察人员所述，长期以来双方进行过多次激烈的战斗，在2013—2018年的5年中，有30万平民丧生，双方在战斗中都实施了对对方民族的种族屠杀。④ 另外，南苏丹在内战期间还爆发了饥荒，

---

① 李涛、高亮："罗兴亚问题对缅—孟关系和地区秩序的影响"，《民族学刊》2020年总第62期，第72页。

② 中国网："古特雷斯：不排除缅甸正在进行'种族清洗'可能性"，https://news.china.com/internationalgd/10000166/20170914/31394767.html。（上网时间：2021年3月2日）

③ 新华网："联合国：过去两周27万罗兴亚难民从缅甸逃往孟加拉国"，http://www.xinhuanet.com/world/2017-09/09/c_1121636331.htm。（上网时间：2021年3月2日）

④ Andrew Samms, "The South Sudanese Civil War", https://www.blackpast.org/global-african-history/south-sudanese-civil-war-2013/. （上网时间：2021年3月2日）

有约700万人陷入粮食危机,人数超过了全国总人口的一半。① 内战和饥饿使南苏丹的难民问题越来越严重,有超过400万人流离失所,其中约有250万人逃往了邻国,特别是乌干达和苏丹。目前,南苏丹虽然实现了停火,但基于权力斗争和种族冲突等问题的根源并没有消除,战争和粮食危机造成的难民问题将成为长期的隐患。

(三)埃塞俄比亚提格雷地区难民问题

2020年11月,一场内战在埃塞俄比亚提格雷地区爆发。敌对双方为政府军与"提格雷人民解放阵线"(简称"提人阵")。冲突的原因有两个方面:一方面是政治原因,即埃塞俄比亚不断加剧的两党矛盾,"提人阵"作为原埃塞俄比亚执政党"埃塞俄比亚人民革命民主阵线"的核心政党,曾实际掌控埃塞俄比亚政权。2018年,埃塞俄比亚多个地区连续爆发示威游行和骚乱,前总理被迫辞职,由此改变了"提人阵"的执政地位。于是"提人阵"退回提格雷州执政,谋求地方独立。2019年12月,新任埃塞俄比亚总理阿比正式成立新执政党"埃塞俄比亚繁荣党","提人阵"拒绝加入并反对新党;另一方面是民族问题,埃塞俄比亚拥有80多个民族,提格雷族虽然仅占总人口的7%左右,但多年来该国却一直由提格雷族为主的"提人阵"占据主政地位。国内众多的民族群体在政府中缺少代表,边缘群体甚至被禁止获得发展资源,而提格雷族聚居的提格雷州却一直能够得到好的发展机会,这造成了边缘民族群体对执政民族的仇恨。随着"提人阵"执政时代淡去,这种明显不平衡的权力分配格局面临重组。所以,阿比总理上台后进行了权力洗牌和民族利益调整,由此激起了"提人阵"的激烈反应。② 总之,以上两方面原因最终引发了内战。从2020年11月内战爆发以来,有45449名难民从提格雷地区跨境逃往苏丹,难民中妇女和

---

① Council on Foreign Relations, "Civil War in South", https://www.cfr.org/global-conflict-tracker/conflict/civil-war-south-sudan. (上网时间:2021年3月2日)

② 新华社:"国内矛盾加剧,北部提格雷州爆发武装冲突——埃塞俄比亚局势将走向何方", https://baijiahao.baidu.com/s?id=1684204316168273746&wfr=spider&for=pc。(上网时间:2021年3月2日)

中，政府必须掌握强有力的国家事权，这是任何除国家之外的治理主体所不能做到的。从以往的经验来看，虽然非政府组织在移民问题治理的过程中发挥着重要的作用，但最终实质性解决移民问题的主体还是移民输出国、中转国和接收国。

其次，移民问题体现了多方利益的冲突。全球治理的基础是"共赢"，是通过有效的途径实现各方利益的最大化。但是，移民问题在国际层面上往往很难同时考虑所有国家的利益，因为移民的输出国、中转国和目的国具体国情千差万别，往往存在较大的利益冲突。比如在欧洲难民危机时，作为移民中转国的希腊和意大利，与移民目的国德国在安置难民的问题上就存在非常大的分歧，如果不能够在移民问题全球治理的进程中平衡好多方利益，那么则很难实现理想中的"善治"。

最后是国际移民构成的复杂性。在本书第一章理论基础部分有关国际移民的类型中有常规移民、非常规移民和难民三种分类，在实践中，难民和非常规移民中的非法移民都被称为混合式移民，突出强调移民构成的复杂性。混合式移民主要指通过船舶从海上入境的人群，其中包括寻求庇护者和非法移民，他们可能是人口贩运者的"货物"，是无人陪伴的未成年儿童等弱势群体，而这些人往往是经过磨难、在恶劣的条件下才能到达目的地。[1] 对国际社会来说，对这一群体进行人道主义救助和保护是至关重要的，而不能简单粗暴的在海上以武装力量进行"推回"。混合式移民群体中的每一类都有各自的特点，只有通过政府、正式国际组织和民间组织共同努力才能解决问题。但从实际情况来看，很多时候其实是很难将这些移民的身份作出区分的，即使可以进行区分，根据国际法规则其也需要被区别对待，这就使问题变得十分复杂。所以，移民构成的复杂性决定主权国家必须兼顾外部合作与内部管理，这也是全球移民治理陷入困境的一个重要原因。

（二）移民问题全球治理体系呈现"碎片化"

由于移民问题全球治理与国家主权密切相关，从民族国家自身的角度

---

[1] Ryszard Cholewinski, Patrick Taran, "Migration, Governance and Human Rights: Contemporary Dilemmas in the Era of Globalization", Refugee Survey Quarterly, May 24, 2015, pp. 4 – 5.

来看，除非是涉及自身利益，否则其参与全球移民治理的态度往往不是十分积极。目前参与移民问题治理的各主体十分繁杂，在国际层面有国际移民组织、国际劳工组织、联合国难民署、联合国经社组织、联合国人权理事会、联合国开发计划署等，这些机构共同组成了联合国全球移民网络，另外还有在联合国框架之外各国就共同的移民问题展开讨论和交流的平台——全球移民与发展论坛。[①] 在国内层面，以西方国家为例，有国家政府、议员、工会、地方社区、企业家、民间组织（移民协会、人权组织等）、学术界和媒体等。

各主体之间存在一定程度的职能交叉和利益冲突，使移民问题全球治理体系呈现"碎片化"的现象。比如，从联合国层面来看，国际移民组织在2016年成为联合国"相关"机构之后，在难民问题治理方面与联合国难民署和联合国人权理事会有一定的交叉，各方从自身职能和视角出发获取的数据有时会存在一些出入，这既造成了工作上的资源浪费又影响了治理效果；而以主权国家为基础的全球移民与发展论坛，由于各国的现实情况不同，也在一定程度上存在形式化的现象。另外，由于利益不同，相关主体之间还存在着矛盾，比如国家政府在移民治理的过程中往往从宏观和全局的角度出发，制定符合国家利益即有助于经济发展和社会稳定的移民政策，而议员受政党政治的影响在移民问题上往往选择利于获得选票的移民议题；工会为了保护本地工人，一般拒绝自由的移民政策，偏向于对某些劳动力移民采取限制；而像移民协会等民间组织则习惯从移民者的角度去争取自身利益；企业家从资本逐利的角度出发，倾向于国家放开移民，特别是低技能移民的政策，因为雇佣他们可以减少成本；媒体为了博取眼球，一般选择报道相对极端的事件，以获取观众的同情或是厌恶，比如一张在穿越地中海时遇难的叙利亚幼童照片在一定程度上就促进了欧洲对难民的同情和接纳，而略加渲染的多起与难民有关的安全事件则又造成了民众对难民的厌恶和恐慌。另外，移民治理体系"碎片化"还体现在作为全球移民治理的主要对象——国际移民，理应成为治理过程的参与者。但

---

① Alexander Betts, Lena Kainz, "The history of global migration governance", Refugee Studies Centre, July 2017, p. 8.

是，目前看来，这种情况是无法实现的，因为代表着国际移民主要群体的发展中国家，在全球移民治理体系中仍然无法获得真正公平的参与权和话语权。

（三）缺乏统一和有约束力的国际条约和准则

正因为移民与其他类型的跨国流动，比如货物、资本以及其他全球性问题，比如发展、气候变化、人权等有很明显的区别，所以移民问题一直缺乏适当的治理机制和与之配套的有约束力的国际条约和准则。这与相对特殊的难民问题形成了鲜明的对比，难民的管理是基于 1951 年《难民公约》的基础上展开的，有明确的国际法约束。[1] 尽管联合国在 2016 年通过了《难民和移民问题纽约宣言》，促进国际社会更多的关注难民和移民大规模流动这一愈演愈烈的全球现象。并且在 2018 年经过 18 个月的磋商和谈判，联合国多数会员国通过了《移民问题全球契约》（简称《契约》），使该《契约》成为有史以来国际社会第一份全方位协调解决移民问题的全球性文件。但是，《契约》在法律上却没有任何的约束力，这与《难民公约》提出的国家责任相去甚远，目前仅仅停留在一种理想化的移民治理状态，是各国政府对国际移民治理合作方面的一份承诺，与《2030 年可持续发展议程》的法律地位基本相同。同时，《移民问题全球契约》在执行力和可操作性方面也存在一些不足，比如第 15 项目标"向移民提供基本服务"。虽然这对移民的生存和生活很重要，但在有些国家里，在公民都难以获得此类服务并担心向移民提供类似服务会增加公共资源的紧张甚至导致税收上涨的情况下，这一目标存在很大争议。再如第 21 项目标"各国应承诺促进没有合法居留许可的移民返回原籍国"，这一目标虽然很重要，特别是对经历难民危机的欧洲来说，但是实际上其可操作性却值得商榷，在执行时也会因各国的国情和法律制度的不同受到很大的阻力。[2] 可以预测的是，在今后很长一段时间，如果没有类似于 2015 年难民危机这种全球

---

[1] Antoine Pécoud, "Narrating an ideal migration world? An analysis of the Global Compact for Safe, Orderly and Regular Migration", Third World Quarterly, June 12, 2020, p. 16.

[2] Kathleen Newland, "Global Governance of International Migration 2.0: What Lies Ahead", February 2019, MPI, pp. 7 – 8.

性移民问题的强有力推动,《移民问题全球契约》成为具有法律约束力的公约的过程将比较漫长,只能成为一种以强调合作为核心的国际协定。然而,即使是这样一个不具有任何约束力和法律效力的契约也被一些人担心和反对,如果其未来上升为国际性的公约,是否会与联合国《保护所有迁徙工人及其家庭成员权利国际公约》的尴尬处境相似,尚且无法预测(在 1990 年联合国通过了该公约,然而直到 2003 年才生效,截至 2014 年底也仅有 47 个国家批准,18 个国家签署,而且还都是移民输出国国家[①])。

---

① 章雅荻:"国际移民问题全球治理的现状、困境与展望——以欧洲移民危机为例",《国际关系研究》2017 年第 1 期,第 91 页。

第四章

实现国际移民问题全球治理的主要路径

进入21世纪，面对国际移民快速发展的形势以及随之而来的问题，联合国和相关国家一直尝试在全球层面对移民问题开展共同治理。从2003年最早的国际移民问题全球委员会的成立到全球移民小组的组建，以多边主义为基础处理移民问题一直都是国际社会努力的方向。2015年的难民危机推动了移民问题全球治理进程，一年后，所有会员国共同签署的《纽约宣言》和之后出台的《全球难民契约》和《移民问题全球契约》以及联合国移民网络的建立，标志着移民问题全球治理进入了一个全新的时代。国际社会正积极探索以国际移民组织为主要协调者、构建全球移民网络的联合国机构和国家政府为参与者、全球移民论坛为治理合作平台的多元主体治理模式。另外，从2016年开始，中国积极加入联合国移民组织，成为全球移民治理的重要参与者，代表着"中国智慧"的人类命运共同体理念也将成为治理当前国际移民问题的有效途径。

第一节 积极倡导人类命运共同体理念加强治理合作

近年来，伴随着全球化的发展，全球性问题日益凸显，全球化困境与全球治理失衡引发了金融危机和生态环境污染等问题，这些问题与传统的战乱冲突相互交织，使国际移民和难民问题异常复杂，治理难度极大。而在解决这一问题上，以往的全球治理出现了失灵，保护主义、单边主义与逆全球化思潮不断削弱治理能力。在这种情况下，人类命运共同体理念的诞生恰逢其时。正如本书第一章所述，它所包含的包容开放、平等协商、法治正义理念为国际社会在合法移民吸收、跨国难民接纳、非法移民管控等方面提供了全新的理论指导。① 所以，人类命运共同体理念逐渐成为移民领域全球治理实现"善治"的重要抓手。

一、人类命运共同体理念的背景和内容

（一）人类命运共同体的理论渊源

在历史上，由于东亚朝觐体系的影响，中国自古就有着"天下一家""四海归一"的观念，在儒家传统思想推崇的"道义"基础上，"诚信""公正""仁义"是王权对内统治和对外交往的准则。与此同时，"各美其美，美人之美，美美与共，天下大同"也是中华传统文化在化解冲突达成和谐状态时所极力追求的，所以，人类命运共同体理念首先根植于中华民族传统文化"和合"这一核心内容。因为"和合"就是一种调试社会关系的重要方法和原则，是中华传统文化对大同世界和太平盛世的向往，包含着人与人、人与自然之间相辅相依的共生逻辑。② 人类命运共同体理念同样也来自于马克思主义经典理论，是对马克思和恩格斯的"共同体"思想的继承与发扬。马克思主义关注"人"的问题，是为了全人类获得解放和幸福所进行斗争的哲学，所以，马克思主义主张"自由人联合体"，"每个人的自由发展是一切人自由发展的条件"，③ 人类命运共同体理念就是马克思主义倡导的"真正的共同体"④ 思想在新时代的理论传承与伟大实践。另外，人类命运共同体也是新中国几代领导智慧的结晶，从"和平共处"思想到对"和平与发展"的时代主题的判断，从"尊重世界多样性"思想

---

① 陈斌、周龙：" '人类命运共同体'视角下全球移民治理与中国角色"，《中国人民大学学报》2019年第1期，第83页。
② 蔺海鲲、哈建军："多元文化共生与人类命运共同体的构建"，《甘肃社会科学》2021年第1期，第155页。
③ 中共中央编译局：《马克思恩格斯文集（第1卷）》，人民出版社2009年版，第570页。
④ 中共中央编译局：《马克思恩格斯全集（第3卷）》，人民出版社1995年版，第394页。

到"构建和谐世界"理念,其都与人类命运共同体有着紧密的联系。同样,西方文明史所蕴含的共同体理念也是人类命运共同体形成和发展的基础。柏拉图在《理想国》中明确将城邦指认为共同体,"城邦之为城邦的关键是城邦内部成员只能作为整体的部分,为作为整体的城邦共同体利益而各司其职"。[①] 亚里士多德认为"所有共同体中最崇高、最权威,并且包含了一切其他共同体的共同体,所追求的一定是至善这种共同体就是所谓的城邦或政治共同体"。[②] 以罗尔斯、哈贝马斯、贝克等为代表的"世界主义"论者追求"与己平等""与己相异"原则,即将与自己国家相异的民族和国家视为平等的主体,同时又承认其中存在的差异,也就是中国优秀传统文化中强调的"求同存异",这与人类命运共同体思想强调的和而不同、平等相待有异曲同工之妙。[③] 总之,人类命运共同体理念,是在融合了西方文明经典理论和中华文明传统文化的基础上,被历史证明过的、具有时代创新特色的全球治理理论。

(二)人类命运共同体理念的发展演变

人类命运共同体理念是一个不断发展演变、不断创新的理论指导。从中国外交到全球治理,把握好人类命运共同体提出的关键历史节点,有助于理解其作为一种新型全球治理理念的精髓。

1. 人类命运共同体理念首次登上国际舞台

中国国家主席习近平于2013年3月23日在莫斯科国际关系学院所做的题为《顺应时代前进潮流,促进世界和平发展》的演讲中指出,人类世界越来越成为"你中有我,我中有你的命运共同体","面对国际形势的深刻变化和世界各国同舟共济的客观要求,各国应该共同推动建立以合作共赢为核心的新型国际关系,各国人民应该一起来维护世界和平、促进共同发展","各国人民应共同享受发展成果","各国人民应共同享受安全保

[①] 陈明、曹飒:"'共同体'思想的嬗变——从城邦共同体到人类命运共同体",《理论界》2018年第12期,第28页。

[②] [古希腊] 亚里士多德著,颜一、秦典华译:《政治学》,中国人民大学出版社2003年版,第37页。

[③] 王维:"全球治理视阈下的人类命运共同体思想研究",西华师范大学硕士学位论文,2020年,第23—31页。

障","世界的命运必须由各国人民共同掌握"。① 这标志着人类命运共同体理念首次与国际政治和全球治理相联系。

2. 人类命运共同体理念在世界各领域扩展

中国国家主席习近平于 2015 年 9 月 28 日在参加第 70 届联合国大会一般性辩论时发表了《携手构建合作共赢新伙伴，同心打造人类命运共同体》的演讲。他在讲话中呼吁世界各国要建立"平等相待、互商互谅的伙伴关系","坚持多边主义，奉行双赢、多赢、共赢的新理念"。② 同年 11 月，国家主席习近平在巴黎出席气候变化巴黎大会开幕式并发表了题为《携手构建合作共赢、公平合理的气候变化治理机制》的重要讲话，就人类共同面对的气候生态问题提出了治理之策。2016 年 4 月 1 日，习近平主席华盛顿核安全峰会上发表了题为《加强国际核安全体系，推进全球核安全治理》的讲话，从人类普遍安全的角度提出"构建一个公平、合作、共赢的国际核安全体系"。③ 2020 年 9 月 30 日，习近平主席在联合国生物多样性峰会上通过视频发表讲话，提出"人与自然是命运共同体","我们要同心协力，抓紧行动，在发展中保护，在保护中发展，共建万物和谐的美丽家园",国际社会应共同推动全球环境治理。④ 2021 年 1 月 25 日，习近平主席受邀在世界经济论坛"达沃斯议程"对话会上致辞，他以《让多边主义的火炬照亮人类前行之路》为题，提出"世界上的问题错综复杂，解决问题的出路是维护和践行多边主义，推动构建人类命运共同体","发挥世界卫生组织作用，构建人类卫生健康共同体。要推进世界贸易组织和国

---

① 习近平："顺应时代前进潮流，促进世界和平发展",《论坚持推动构建人类命运共同体》,中央文献出版社 2018 年版，第 5—7 页。
② 习近平："携手构建合作共赢新伙伴，同心打造人类命运共同体",《论坚持推动构建人类命运共同体》,中央文献出版社 2018 年版，第 254 页。
③ 习近平："加强国际核安全体系，推进全球核安全治理",《论坚持推动构建人类命运共同体》,中央文献出版社 2018 年版，第 326 页。
④ 新华社："习近平在联合国生物多样性峰会上发表重要讲话",http://www.gov.cn/xinwen/2020-09/30/content_5548766.htm。(上网时间：2021 年 3 月 11 日)

际金融货币体系改革,促进世界经济增长,保障发展中国家发展权益和空间",① 再次强调人类命运共同体理念在全球公共卫生治理和经济治理中的重要性。

3. 人类命运共同体理念逐渐成为国际共识

中国国家主席习近平于 2017 年 1 月 18 日在联合国总部日内瓦做题为《共同构建人类命运共同体》的演讲时提出,应从持久和平、普遍安全、共同繁荣、开放包容和清洁美丽五个方面定义未来世界的美好构想,同时承诺中国愿同广大成员国、国际组织和机构一道,共同推进构建人类命运共同体的伟大进程。② 习近平主席在这次演讲中深刻阐述了人类命运共同体理念,并且此次联合国决议也第一次将"构建人类命运共同体"写入其中,至此,人类命运共同体理念逐渐成为国际共识。

(三) 人类命运共同体理念的内涵

首先,人类命运共同体是相互依存的利益共同体。在经济全球化背景下,国家之间虽然是竞争与合作的关系,但合作应该是主流。正因为有国家间的合作,国与国之间才形成了越来越多的共同利益。在经济方面,产品研发、生产、销售、服务等产业链都分布在不同的国家间进行,全球产业链已经将世界各国"串联"成为一个利益共同体。在国际移民领域也是如此,移民接收国、输出国、中转国以及移民人口之间的相互依存关系使各方利益都可以得到满足,使整个世界成为一个移民领域的利益共同体。其次,人类命运共同体是和而不同的价值共同体。"人类的未来只可能建立在一种团结平等的共存理念之上;它同时意味着那些使集体和个人生活变得高贵的社会与文化价值观。"③ 全球化使不同种族、不同国籍、不同宗教信仰、不同文化传统和不同语言的人更加紧密地联系在了一起,人们在

---

① 人民日报:"用实际行动践行多边主义——论习近平主席在世界经济论坛'达沃斯议程'对话会上特别致辞",http://www.gov.cn/xinwen/2021-01/29/content_5583424.htm。(上网时间:2021 年 3 月 11 日)

② 习近平:"共同构建人类命运共同体",《论坚持推动构建人类命运共同体》,中央文献出版社 2018 年版,第 414—426 页。

③ [法] 热拉尔·迪梅尼尔、多米尼克·莱维著,陈杰译:《大分化:正在走向终结的新自由主义》,商务印书馆 2015 年版,第 1 页。

交往中形成了多元文化和谐共存的价值共识。虽然由于历史和传统的原因，每个民族的价值观存在着差异，但对公平、正义、民主、自由价值观的追求是一致的。人类命运共同体就是要"以文明交流超越文明隔阂、文明互鉴超越文明冲突、文明共存超越文明优越",① 形成和而不同的价值共同体。再次，人类命运共同体是共建、共享的安全共同体。在全球化浪潮的影响下，传统安全与非传统安全相互交织、彼此转化，人类面临着前所未有的安全威胁。任何国家都不能确保自己的绝对安全，即使是美国这样的超级大国。所以，各国应共同建立安全的生存空间，将安全条件互相共享，不能把自己的安全建立在对别国的威胁之上，全球安全需要共同维护。最后，人类命运共同体是同舟共济的协作共同体。全球问题需要集体行动来解决，需要主权国家、国际组织和机构以及全世界人民共同行动。不搞"小团体"，共同商议，共同承担责任，共同协作，才能"共同推进构建人类命运共同体的伟大进程"。②

二、对移民问题全球治理的指导意义

人类命运共同体理念可以改善全球治理发展不平衡和结构性不平衡的问题。全球治理发展不平衡体现在治理议题种类繁多且差异性极大，其中既有生态环境问题，又有生物安全问题；既有核安全问题，又有网络安全问题；既有经济发展问题，又有移民难民问题。治理主体之间也存在不平衡，主权国家掌握了主要的治理资源，非国家行为体掌握的资源、发挥的治理作用有限，与主权国家间存在较大差距。③ 此外，全球治理也存在结构性不平衡，突出表现为发达国家和发展中国家发展的不平衡，发达国家发展乏力，发展中国家则缺乏发展的动能，同时发达国家不愿帮助发展中国家改善发展状况，使得发展不平衡问题长期存在，成为各国参与全球治

---

① 习近平："弘扬'上海精神'，构建命运共同体"，《论坚持推动构建人类命运共同体》，中央文献出版社 2018 年版，第 533 页。

② 郝立新、周康林："构建人类命运共同体——全球治理的中国方案"，《马思主义与现实》2017 年第 6 期，第 4—5 页。

③ 石晨霞："全球治理机制的发展与中国的参与"，《太平洋学报》2014 年第 1 期，第 18—28 页。

理的阻碍之一。① 全球治理存在的结构性不平衡，本质上是参与治理的主权国家依然秉持冷战思维，信守零和竞争、固守主权原则，将国家利益置于全球利益之上。尤其是西方发达国家，常常利用在全球治理中的优势地位，独自享有国际制度带来的红利，不愿在全球治理中"共赢",② 比如，在应对难民危机时，欧洲国家利用自身的政治经济优势和国际话语权，为了避免"麻烦"而罔顾道义，将难民推给北非和萨赫勒地区国家以及土耳其。而人类命运共同体的出现正是对西方为中心的治理旧模式的改变，为全球治理的变革指明了方向，打破了以美国为首的西方国家在全球治理问题中采取的利益导向性战略和实用主义原则。其对移民问题全球治理的指导意义体现在以下方面。

首先，人类命运共同体在国际移民治理方面倡导开放共赢的合作模式。"人类早已成为我中有你、你中有我的命运共同体，利益高度融合，彼此相互依存。每个国家都有发展的权利，同时都应该在更加广阔的层面考虑自身利益，不能以损害其他国家利益为代价。"③ 当前的国际移民问题，不可能单靠一个或几个国家制定一部法律、出台一个政策就可以解决，单纯的限制移民和建造"边境墙"等单边主义行为已被证明并不是解决之策，反而更加损害了全球移民治理的信任与合作基础。国际移民网络的形成早已打破了传统的国家移民治理界限，国际社会在人类命运共同体的指导下，开展移民治理合作，实现移民正常、有序流动，确保互利共赢才是治理移民问题的最终方向。

其次，人类命运共同体在国际移民治理对策方面倡导共商、共建。人类命运共同体理念强调在合作的基础上，"加强沟通和协调，照顾彼此利益关切，共商规则、共建机制"。④ 所以，在联合国组织对于移民问题日渐

---

① 高奇琦：" 全球治理、人的流动与人类命运共同体"，《世界经济与政治》2017 年第 1 期，第 30—45 页。

② 董柞壮：" 国际体系转型与全球治理变革的互动机制"，南开大学博士学位论文，2018 年，第 140 页。

③ 习近平：" 共担时代责任，共促全球发展"，《论坚持推动构建人类命运共同体》，中央文献出版社 2018 年版，第 405 页。

④ 习近平：" 中国发展新起点，全球增长新蓝图"，《论坚持推动构建人类命运共同体》，中央文献出版社 2018 年版，第 372 页。

关注、积极参与全球移民治理的基础上，倡导有关国际移民的全球和区域层面对话、磋商和交流机制；减少移民治理的"碎片化"现象，推动《移民问题全球契约》的落地，实现国际、地区等多层面的技术性、实质性的协作[①]是国际移民治理的良策。

再次，人类命运共同体在国际移民治理领域推动文明对话、交流互鉴。国际移民涉及复杂的民族、宗教等文化问题，所以，代表着"异质"文明的外来移民与本国人群之间如何和谐相处一直以来都是移民治理的难点。而人类命运共同体理念强调的以文明对话大会等平台和手段来加强交流和沟通，以实现"不同文明包容互鉴、共同发展"，这夯实了全球和地区治理的基础，[②] 为解决这一问题提供了理论框架。"文明相处需要和而不同的精神。只有在多样中相互尊重、彼此借鉴、和谐共存，这个世界才能丰富多彩、欣欣向荣"，[③] 这也正是对基于文明冲突论的西方"反移民"现象的有力回应。

总之，人类命运共同体理念的提出，可以实现人的流动自由化和要素流动均等化，从而形成"你中有我、我中有你"的利益格局。[④] 国际移民治理所追求的应该是人与人之间的和平共处，全球社会的公平有序，最终达到一种善治的状态[⑤]，而这正是人类命运共同体的理念宗旨。

第二节 强调国际移民组织在全球移民治理中的主导地位

在移民治理领域，国际组织与主权国家不同，在面对移民问题时受利

[①] 路阳："国际移民新趋向与中国国际移民治理浅论"，《世界民族》2019年第4期，第69—70页。

[②] 习近平："凝聚共识，促进对话，共创亚洲和平与繁荣的美好未来"，《论坚持推动构建人类命运共同体》，中央文献出版社2018年版，第334页。

[③] 习近平："携手构建合作共赢新伙伴，同心打造人类命运共同体"，《论坚持推动构建人类命运共同体》，中央文献出版社2018年版，第256页。

[④] 高奇琦："全球治理、人的流动与人类命运共同体"，《世界经济与政治》2017年第1期，第41页。

[⑤] 陈斌、周龙："'人类命运共同体'视角下全球移民治理与中国角色"，《中国人民大学学报》2019年第1期，第86页。

益影响较小。并且，国际组织还可以突破地域的限制，从全球视野来分析移民问题，提出相对中性的建议。从作用上来看，首先，国际组织具有一定的研究能力。其往往设立与移民相关的研究机构、建立跨国移民数据库和发布出版物，能够向各方提供较为专业的对策建议。其次，国际组织还具有协调制定准则和规范的能力。以与移民相关的最重要国际组织联合国相关机构为例，国际劳工组织协调制定了《保护所有移民工人及其家庭成员权利国际公约》，国际移民组织协调制定了《移民问题全球契约》，联合国毒品和犯罪问题办公室协调制定了《联合国打击跨国有组织犯罪公约》，并且相关组织还可以就移民治理问题在国际层面制定磋商机制。最后，国际组织还具有移民问题治理的实践能力。比如，联合国难民署在对难民和寻求庇护者的救助、安置和遣返中都占据了主导性的地位，联合国毒品和犯罪问题办公室在打击人口贩运这一跨国有组织犯罪中向相关国家提供了很多支持。[①]

在众多与移民问题相关的国际组织中，国际移民组织以其悠久的历史经验和在移民领域的专业性而备受关注，在2016年成为联合国相关组织以及随后在推动《移民问题全球契约》出台过程中做出的重要贡献使该组织换羽新生，更加奠定了其在全球移民问题治理体系中的主导性地位。

一、国际移民组织的发展演变

国际移民组织的历史可以追溯到1951年。当时成立了欧洲移民流动政府间临时委员会，几个月后该委员会更名为欧洲移民问题政府间委员会。该组织成立之初的主要任务就是为了帮助欧洲各国政府为因战争而被迫流离失所的大约1100万人确定安置国。这些人主要来自非洲大陆，在当时被欧洲政府视为对社会经济和政治复苏的一种威胁。所以国际移民组织作为向欧洲政府提供服务的组织，在20世纪50年代实现了对将近100万人的

[①] 陈积敏："国际移民的非传统安全挑战与全球移民治理——以国际组织为例"，《中共中央党校（国家行政学院）学报》2020年4月第24卷第2期，第96—97页。

运送。① 1980年该组织更名为政府间移民委员会,1989年更改为现用名国际移民组织,该组织的更名反映了其在半个多世纪的发展演变中从单纯的类似物流的运送人口组织发展为移民代理性质的国际组织(在成为联合国"相关"组织之前,该组织常被形象地比喻为"移民旅行社")。这也从另一个侧面反映出,虽然从来没有一个统一的国家间移民制度或公约可供参考,但围绕国际移民行为开展工作一直是该组织的主要任务。

国际移民组织的演变具有深刻的时代背景。在二战后发挥了重要的人口运送作用,冷战的兴起也促进了该组织的发展。西方国家(特别是美国和英国)曾认为,除欧洲人之外的"人口过剩"现象是"马歇尔计划"和欧洲重建的一个障碍。因此在这一时期,国际移民组织的主要使命是"帮助消除欧洲潜在的社会和政治紧张局势"。② 作为一个以欧洲为中心的组织,虽然受制于区域限制,但从意识形态角度来看,该组织从成立之初就没有计划将亚洲或非洲的新独立国家纳入其中,因为其作为一个政治化比较严重的组织,与美国和欧洲代表的发达的、白人和西方资本主义国家关系密切。③ 所以,国际移民组织在1956年和1968年帮助匈牙利("匈牙利十月事件")和捷克斯洛伐克("布拉格之春")的起义者进行政治流亡活动,在1973年智利政变时帮助运送和安置亲美势力。该组织深度参与地缘政治博弈的情况在1989年随着冷战的终结而宣告结束,在这一年其改名为国际移民组织并有了固定的议程。在1990年的第一次海湾战争中,国际移民组织发挥了里程碑式的作用,该组织协助大量移民工人在伊拉克入侵后成功逃离科威特。随后,在1999年的科索沃和东帝汶危机以及2004年的东南亚海啸和2005年的巴基斯坦地震中,国际移民组织都体现了其人道主义和有序迁徙的原则,并因此受到了国际社会的认可,虽然这与联合国难民署的传统职能有很多交叉和冲突。

---

① Antoine Pécoud, "What do we know about the International Organization for Migration", Journal of Ethnic and Migration Studies, 2018, p. 1624.
② Martin Geiger, Antoine Pécoud, "The International Organization for Migration: The New 'UN Migration Agency' in Critical Perspective", Switzerland: Springer Nature, 2018, p. 5.
③ Antoine Pécoud, "What do we know about the International Organization for Migration", Journal of Ethnic and Migration Studies, 2018, p. 1624.

至此，国际移民组织将主要目标瞄准了非常规移民事项，并在 2007 年将 12 个战略优先事项列为该组织的工作目标。这些措施包括：根据国际法加强对移民行为的人道主义和有序管理，切实尊重移民者的人权；尽最大努力处理人口走私、贩运和其他形式的非正常移民；在紧急情况和危机中提供移民服务和其他支助，参与协调一致的机构间人道主义行动；促进难民、境内流离失所者和其他移民者的自愿回返和重返社会。[1] 到了 2011 年，围绕冲突等紧急情况开展的移民项目已占该组织全部 12.7 亿美元预算的绝大部分。[2] 2015 年的欧洲难民危机使国际移民组织作为全球移民治理中的重要力量而得到了国际社会的重视。该组织对于难民数据的收集、对于难民的人道主义援助以及在协调欧盟及北非国家妥善安置难民的工作中都做出了突出贡献。移民问题治理的紧迫性和难民危机的复杂性最终在 2016 年 9 月促成联合国与国际移民组织签署了《联合国同国际移民组织间关系协定》。根据协定，国际移民组织成为联合国系统的一个"相关机构"得到了联合国成员国的肯定。[3] 中国也在 2016 年成为国际移民组织的正式成员，结束了长期的观察员地位。

在过去几十年里，国际移民组织在预算、工作人员、成员国和各地办事处数量等方面都有巨大的增长。截至 2022 年 2 月，拥有 174 个会员国和 8 个观察员国，每年的预算有约 15 亿美元，在全球 100 多个国家和地区拥有 1 万多名员工。总之，国际移民组织是目前全球范围内从事国际移民治理的最重要机构。

二、国际移民组织的机构设置

国际移民组织总部位于瑞士日内瓦，其分支基本遍布世界各地，这使

---

[1] Megan Bradley, "The International Organization for Migration (IOM): Gaining Power in the Forced Migration Regime", Refuge, 2017, p. 99.

[2] Susan F. Martin, "International Migration: Evolving Trends from the Early Twentieth Century to the Present", London: Cambridge University Press, 2014, p. 143.

[3] 中华人民共和国人力资源和社会保障部："联合国批准国际移民组织成为联合国系统相关机构"，http://www.mohrss.gov.cn/SYrlzyhshbzb/rdzt/gjzzrcfw/dtxx/201607/t20160726_244248.html。（上网时间：2021 年 3 月 15 日）

其可以第一时间获取移民数据并协助联合国和相关国家开展移民治理工作。

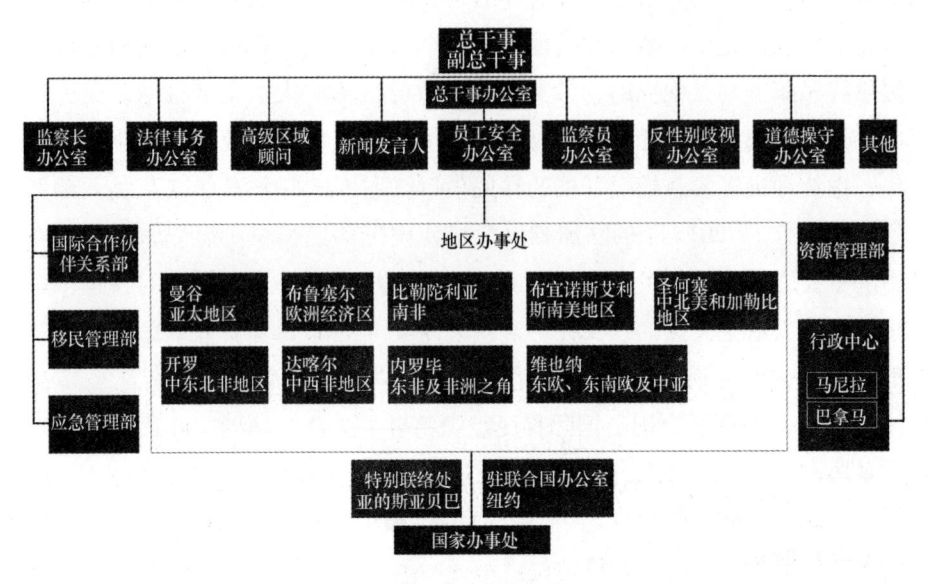

图 4-1 国际移民组织机构设置示意图

资料来源：IOM, "Inernational organization for migration organizational structure", https://www.iom.int/sites/default/files/organigram.pdf.

（一）总干事及总干事办公室

国际移民组织总干事负责全面领导和协调工作，现任总干事为安东尼奥·维托里诺。① 办公室主要负责制定相关的移民政策和其他具体方案，以加强战略规划，办公室同时还为整个组织提供咨询服务。总干事办公室下设战略规划办公室、监察长办公室、法律事务办公室、高级区域顾问、新闻发言人、员工安全办公室、监察员办公室、反性别歧视办公室、道德操守办公室、政策中心和联合国移民网络办公室。

---

① 安东尼奥·维托里诺于 2018 年 10 月 1 日上任，成为国际移民组织第 10 任总干事。安东尼奥·维托里诺曾任欧盟委员会司法和内政事务专员和葡萄牙副总理兼国防部长，具有非常丰富的政治和公共服务经验。此外，他还是移民政策研究所董事会成员。

（二）地区办事处

移民组织下设有 9 个地区办事处，负责制定区域战略和行动计划，并向其区域内的国家提供移民治理方案和行政支助。这些区域办事处设在塞内加尔达喀尔、肯尼亚内罗毕、埃及开罗、南非比勒陀利亚、哥斯达黎加圣何塞、阿根廷布宜诺斯艾利斯、泰国曼谷、比利时布鲁塞尔和奥地利维也纳。

（三）国家办事处

下设 5 个具有协调职能的国家办事处，其责任是确保移民方案符合当地国情。国家办事处分别是澳大利亚堪培拉（太平洋地区）、意大利罗马（地中海地区）、哈萨克斯坦阿斯塔纳（中亚地区）和圭亚那乔治敦（加勒比地区）。另外，曼谷区域办事处也为南亚的一些国家提供协调职能。除此之外还有 4 个国家办事处承担资源调度和筹集资金的职能，分别设在日本东京、德国柏林、芬兰赫尔辛基和美国华盛顿特区。

（四）特别联络处

国际移民组织还拥有 2 个特别联络处，负责加强与联合国正式多边机构、外交使团和非政府组织的关系。这 2 个办事处位于美国纽约（驻联合国办公室）和埃塞俄比亚的亚的斯亚贝巴。

（五）行政中心

位于巴拿马和马尼拉的 2 个行政中心，主要负责在信息技术和行政服务领域向国际移民组织的各地办事处提供核心支持。为了提高效率和管理能力，该组织在发展过程中逐渐将某些职能从总部和其他高成本地点转移到低成本地点。所以，设置在马尼拉和巴拿马的行政中心在财务、信息技术、工作人员安全、项目跟踪、保健和保险等领域提供支持。每个行政中心的大部分职能领域涵盖不同的地理区域：巴拿马行政中心向美洲提供支持，马尼拉行政中心向世界其他地区提供支持。

（六）其他

国际移民组织还在坦桑尼亚下设了非洲能力建设中心（ACBC），在与移民和边境管理有关的事项方面向全非洲提供技术援助。在德国柏林还下设了全球移民数据分析中心（GMDAC），向国际移民组织提供有关全球移民趋势的全面的、高质量的数据。①

总之，因为国际移民组织搭建了世界范围内的移民治理网络和有执行力的各类机构，所以，作为重要的国际组织，其参与和主导移民问题全球治理的能力和地位是独一无二的。

三、国际移民组织的重要功能

根据国际移民组织的章程，其主要功能包括：在危机（冲突、自然灾害）中向（国内和国际）流离失所者提供援助；为各国政府服务，向其提供移民政策制定的咨询意见；探讨国家间关于移民问题的议题；执行主权国家委托给移民组织的有关移民政策的各方面工作（例如，移民遣返和重新安置、打击人口走私和人口贩运、制定劳工移民政策等）；就移民领域展开培训；收集和移民有关的信息；审视《移民问题全球契约》的实行情况；在联合国框架内协调各国政府、非政府组织以及移民者三方，实现全球移民治理。所以，国际移民组织主要在以下四个领域开展工作：移民和发展、促进移民行为、规范移民行为以及解决强迫移民（被迫移民）问题。此外，还涉及移民领域的国际法、政策辩论和指导、保护移民权利和健康以及实现性别平等。

因此，从功能上看，国际移民组织的主要工作强调以下原则：

（一）以人为本，尊重人权

注重与移民者合作并为其服务，为移民者提供一个能发出声音的平台并提高弱势群体和社区的地位，使国家能够接受移民行为的积极方面并处理移民行为的消极方面。遵循《联合国宪章》所规定的原则，维护所有人的人权，并把尊重移民者的权利、尊严和福祉作为首要原则。协助各国政府在其规划中有效地执行国际标准，坚持联合国的正义、专业精神和尊重多样性的核心价值观，并确保对其受益者负责，并在防止对移民的剥削和

---

① IOM, "Organizational Structure", https://www.iom.int/organizational-structure. （上网时间：2021年3月15日）

虐待方面发挥积极作用。

（二）预防危机，行动高效

具有应对危机的前瞻性并时刻做好准备，帮助各国政府和移民者判断形势，选择短期和长期的优先事项。在全球拥有较高的行动效率，根据安全、定期和有序的迁移，拥有对移民的需求迅速做出快速反应的能力。与此同时，采取更积极主动、更长期的方式来解决新出现的问题，并提醒各国政府做好必要的准备。

（三）合作为基，多方联合

不断扩大更广泛的合作空间，增加合作伙伴，深入与联合国正式机构、民间社会、私营部门、地方和区域政府以及媒体之间的合作。打破组织自身内部壁垒，协调联合国全球移民网络。对在特定部门或国家的项目采取合作，以确保这些项目相辅相成，并考虑到可能超出移民领域或特定地域的总体目标，如重建和平、社区稳定、发展和满足未来劳动力市场需求，以及更广泛的联合国 2030 年议程。

（四）中立客观、专业性强

国际移民组织寻求以公平的原则向各国政府就制定移民政策提供建议，根据其丰富的经验提供实际的意见和支持，在政策中确保观点公正、准确、客观。根据国际法和当地法律，提醒各国政府和公众重视移民所享有的权利，避免在负有争议的移民话题中有主观倾向。利用组织的技术专长，在各国开展合作和实地调查，就移民管理和支持的各个方面提供客观的观点。并且通过业务和研究活动收集数据，建立专业资源库并分享成果和预测事态发展。[1]

---

[1] IOM, "IOM Strategic Vision 2019 – 2023: Setting a course for IOM", pp. 4 – 5, https://governingbodies.iom.int/system/files/en/council/110/C – 110 – INF – 1% 20 – % 20IOM% 20Strategic% 20Vision.pdf. （上网时间：2021 年 3 月 15 日）

第三节　发挥全球移民网络和论坛等多边议程的重要作用

全球移民网络脱胎于全球移民小组①，是国际移民组织协调下的、在联合国系统内涉及移民治理的联合国各机构联络与协作的多元平台。全球移民网络能够发挥联合国多个机构的经验和能力，其目的是使各方力量形成合力，实现对全球范围内移民问题的共同治理。另外，由政府主导、私营部门、研究机构以及公民社会共同参与，实现多元治理主体共同讨论移民问题的多边议程——全球移民与发展论坛也对移民问题全球治理的实现作出了很大的贡献。历史和现实都已证明，唯有高举多边主义旗帜，移民问题才可以突破主权国家限制，从而达到全球治理的善治，而全球移民网络和全球移民与发展论坛正是多边主义在移民问题治理中的重要平台和抓手。所以，实现国际移民问题全球治理必须发挥全球移民网络和全球移民与发展论坛等多边议程的重要作用。

一、重视全球移民网络在联合国框架内的积极作用

为了全力支持《移民问题全球契约》的实施并对契约中规定的目标行动进行后续审查，联合国于 2018 年 5 月在全球移民小组的基础上，组建了联合国全球移民网络。该网络将确保在优先考虑移民、目的国、原籍国和中转国的权力和福祉的基础上向各会员国提供有效、及时和协调的系统性支持。联合国全球移民网络的所有行动都将以《联合国宪章》、相关国际条约和《2030 年可持续发展议程》为指导，遵守《移民问题全球契约》的规定。可以说，联合国全球移民网络是一个由国际移民组织牵头、协调整合联合国众多实力机构的多元化行动小组，是联合国框架内实现移民问题全球治理的有效路径。

---

①　全球移民小组的成员均是国际组织，其目的在于促进相关机构间的合作协调，推动和移民有关的国际和区域规范的广泛施行，并鼓励采用更连贯、全面、协调的方法来解决国际移民问题。[陈积敏："国际移民的非传统安全挑战与全球移民治理——以国际组织为例"，《中央党校（国家行政学院）学报》2020 年第 2 期，第 96 页。]

（一）联合国全球移民网络的发展历程

联合国全球移民网络的形成理念最早可以追溯到 2003 年 12 月 9 日国际移民问题全球委员会的成立。进入 21 世纪，时任联合国秘书长和当时的一些国家政府领导面对国际移民快速发展的复杂形势，在日内瓦成立了国际移民问题全球委员会，这是有史以来第一个处理国际移民问题的多边主义全球组织。① 其最初由 19 个核心国家和地区组成，后来扩展到了 33 个，汇集了广泛的移民观点和专业知识。② 国际移民问题全球委员会于 2005 年解散。2006 年年初，时任联合国秘书长根据国际移民问题全球委员会的建议成立了全球移民小组。这个小组由联合国高级别机构组成，由机构负责人负责，从事与移民有关的活动。其前身是在 2003 年成立的、成员数量较少且作用不大的日内瓦移民小组的基础上组建的。全球移民小组除了维持国际移民领域的机构间合作外，还为全球移民与发展论坛做出了贡献。2018 年 5 月 23 日联合国秘书长在执行委员会会议上决定建立联合国全球移民网络以取代全球移民小组，以确保在全球范围内为实施《移民问题全球契约》提供有效的协调和支持。③

（二）联合国全球移民网络的组织架构

1. 协调员

联合国全球移民网络的秘书处设在国际移民组织并由其负责协调。其具体任务包括：在网络成员的运作和工作的所有方面促进合作与共识，确保与现有协调机制和利益相关者的有效合作；与网络成员合作，确定网络的重点和行动机会；召集并确保网络的平稳运行，包括能力建设机制；促

---

① IOM, "About the GCIM", https://www.iom.int/about-gcim. （上网时间：2021 年 3 月 15 日）

② 33 个国家和地区包括：阿尔及利亚、澳大利亚、孟加拉国、比利时、巴西、加拿大、埃及、芬兰、法国、德国、罗马教廷、匈牙利、印度、印度尼西亚、伊朗、日本、墨西哥、摩洛哥、荷兰、尼日利亚、挪威、巴基斯坦、秘鲁、菲律宾、俄罗斯、南非、西班牙、斯里兰卡、瑞典、瑞士、土耳其、英国、欧盟委员会。IOM, "About the GCIM: Core Group of States", https://www.iom.int/core-group-states.

③ GMG, "About the GMG", https://globalmigrationgroup.org/what-is-the-gmg. （上网时间：2021 年 3 月 15 日）

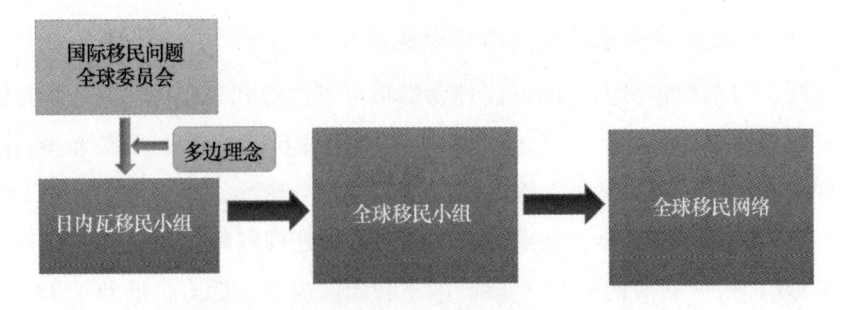

图 4-2　联合国全球移民网络演变示意图

资料来源：作者根据相关资料整理制作。

进执行委员会负责人之间的定期互动；向联合国相关部门、会员国和其他利益攸关方简要介绍该网络的活动；在执行委员会的支持下，积极寻找组织运营资金；维持有效的秘书工作以支持该网络。[①]

2. 执行委员会

执行委员会将为全球移民网络的工作提供总体指导，确定战略重点，以支持会员国有效实施、跟踪和审查《移民问题全球契约》。执行委员会将支持国际移民组织协调该网络的工作，监督国家和区域一级对网络的一致支持，并确保与现有协调机制和利益相关者的有效合作。执行委员会由以下机构组成，包括：国际移民组织、国际劳工组织、联合国难民署、联合国经济和社会事务部、联合国人权理事会、负责国际移民问题的秘书长特别代表办公室、联合国儿童基金会、联合国开发计划署、联合国毒品和犯罪问题办公室和世界卫生组织。[②]

3. 秘书处

秘书处由国际移民组织配备人员，同时也接受联合国系统内其他机构派遣的人员。秘书处负责为整个网络提供服务。具体职能包括：为网络的所有组成机构在履行职能方面提供支持；支持网络所有组成部分之间、网络成员与现有联合国系统协调机制以及外部伙伴之间的合作；根据网络成

[①] UN Network on Migration, "Terms of Reference for the UN Network on Migration", p. 4.

[②] UN Network on Migration, "Executive Committee", https://migrationnetwork.un.org/executive-committee. （上网时间：2021 年 3 月 18 日）

员的投入，协调网络年度工作计划的编制；监督网络成员定期向秘书长汇报；推动和筹备网络年度会议以及网络及其执行委员会的会议；在会员国对《移民问题全球契约》的后续行动和审查中，促进网络对会员国的支持并监督决策的执行。①

（三）联合国全球移民网络的重要作用

确保在优先考虑移民、目的国、原籍国和中转国的权力和福祉的基础上向各会员国提供有效、及时和协调的系统性支持；支持联合国系统在国家、区域和全球各级采取协调一致的行动，以支持《移民问题全球契约》的实施；提供关于移民问题的咨询、可靠数据和信息、分析和政策指导，加强《移民问题全球契约》规定的能力建设；确保网络行动促进适用与移民行为和保护移民者人权有关的国际和区域规范和标准；发挥领导作用，动员联合国系统各机构就移民问题采取协调和协作行动，包括根据《联合国宪章》、国际法以及联合国系统相关实体的任务和技术专长，发出共同的声音；确保与联合国系统处理移民相关问题的其他现有协调机制密切合作，积极寻求协同作用，避免职能重复；与外部伙伴建立联系，包括移民、民间社会、移民和侨民组织、宗教组织、地方当局和社区、私营部门、雇主和工人组织、工会、议员、国家人权机构、国际红十字会和红新月运动、学术界、媒体和全球、区域和国家各级其他利益相关方；按要求向秘书长报告《移民问题全球契约》的执行情况、联合国系统在移民领域的活动以及体制安排的运作情况，并支持秘书长按照《移民问题全球契约》的要求每两年向大会提出报告。②

另外，为了彰显《移民问题全球契约》在移民治理方面的突出作用，联合国全球移民网络发起了"倡导国家"计划。相关国家可以通过联合国全球移民网络提供的指导材料和技术援助，验证《移民问题全球契约》在移民管理方面的实际效果，并将得到的经验和教训用于促进《移民问题全球契约》的完善。2021年3月17日，伊拉克成为联合国全球移民网络的

---

① UN Network on Migration, "Terms of Reference for the UN Network on Migration", p.6.
② UN Network on Migration, "About Us", https://migrationnetwork.un.org/about#. （上网时间：2021年3月18日）

"倡导国家",联合国伊拉克移民网络将协调联合国对伊拉克政府的支持,以根据可持续发展目标来改善移民治理。①

二、充分利用全球移民与发展论坛多边和多元优势

全球移民与发展论坛成立于 2007 年,是一个由国家主导的、非正式和无约束力的议程,该论坛主要围绕移民与发展的所有问题开展全球探讨和辩论。论坛提供了一个灵活的、多利益攸关方的空间,使各国政府能够讨论与移民和发展有关的多层面问题、机遇和挑战,以及这两个领域之间的联系。全球移民与发展论坛进程允许各国政府与民间社会、私营部门、联合国系统和其他相关利益方开展合作,分析和讨论敏感问题,形成共识,并在此基础上提出解决问题的新思路,以及分享政策和创新做法。② 其作为联合国非正式、无强制约束力、自愿的磋商机制,力图在政策实践层面推动移民和发展的相互促进,最大限度地减少移民对发展的负面影响,保证国家、区域和国际层面的协调一致,并推动与国际组织和学术界建立起合作关系。这项机制的参与者以联合国各成员国为主,但也包括相关国际组织和民间社会的代表。③ 全球移民与发展论坛从探讨移民与发展的关系出发,规避了国家间有关移民问题的争端,在一定程度上消除了国家主权对处理移民问题的强势影响,使国际移民问题的多元参与、多边治理成为可能。

(一)全球移民与发展论坛的发展历程

鉴于 21 世纪国际移民规模逐渐增大并引发的种种问题,许多国家因为缺少重要的信息、数据和平台而无法从移民行为中获得发展的机会,2006 年 9 月 14—15 日,时任联合国秘书长安南在联合国大会期间举行的"国际

---

① UN Network on Migration, "UN Network on Migration Launches in Support of Government of Iraq's Migration Governance Efforts", https：//migrationnetwork. un. org/un - network - migration - launches - support - government - iraqs - migration - governance - efforts. (上网时间：2021 年 3 月 19 日)

② GFMD, "About the GFMD", https：//gfmd. org/. (上网时间：2021 年 3 月 19 日)

③ 陈积敏："国际移民的非传统安全挑战与全球移民治理——以国际组织为例",《中央党校(国家行政学院)学报》2020 年第 2 期,第 96 页。

移民与发展"第一次高级别对话上提出了设立移民与发展全球协商论坛的设想,旨在打破之前世界各国政府和国际机构零散的移民治理框架,从而形成一个新的灵活而统一的合作框架。与此同时,联合国成员国在2006年的高级代表会议上也普遍承认,在全球一级对移民问题采取严格的国家管理是具有局限性的,对发展也十分不利。一些国家也支持在非正式、无强制约束力和国家主导的框架内就移民与发展问题进行公开和透明的对话,以促进政府和非政府利益攸关方之间实际的、务实的合作。在这一理念下,全球移民与发展论坛在2007年应运而生,比利时成为第一任主席国并在该国召开了首届峰会。由此开始,全球移民与发展论坛成为以各国政府为主的、非正式的、无强制约束力和自愿的多边协商平台,汇集了处于经济、社会和政治发展所有阶段的区域和国家相关经验。自成立以来,全球移民与发展论坛一直以一种独特的参与式工作方法为基础开展运作,其涉及来自不同发展状况的国家政府政策制定者和决策者,其中包括:移民、外交、劳工、内政、司法等机构,以及与性别平等和海外公民相关的部门。此外全球移民与发展论坛除了涉及国家及政府部门,还囊括了多元化的移民问题参与主体,比如地方政府、非政府组织、工会、私营企业、移民代表和学术界人士。

(二)全球移民与发展论坛的组织架构

全球移民与发展论坛是面向联合国所有会员国和观察员国开放的自愿的、政府间的、不具有约束力和非正式协商的多边议程。论坛内部由主席团、指导小组和观察员组成,并有一定数量的支持单位提供支持;外部与联合国其他相关机构和联合国全球移民网络相联系,保持紧密的合作关系。论坛峰会除了政府间首脑议程之外,还设置了公民社会分论坛(公民社会日)、商业分论坛(私营企业和部门议题)和市长分论坛(地方政府议题)。

1. 主席团

根据2007年7月9—11日在布鲁塞尔举行的全球移民与发展论坛第一次会议核准的运作模式,主席团由现任轮值主席、离任主席和论坛未来主席组成决策层的"三驾马车"。在前任和未来主席的协助下,现任主席负责峰会的筹备过程和每个分论坛的召开。主席团将对与论坛有关的战略和

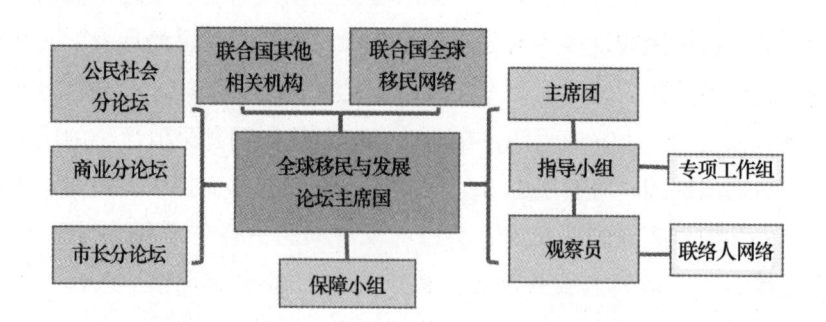

图 4-3　全球移民与发展论坛组织架构示意图

资料来源：GFDM, https：//gfmd.org/process/operating-modalities.

政治问题，包括与其他国际机构的关系等进行讨论，并向指导小组和观察员提供相关建议。①

2. 指导小组

指导小组的组成被限制在 30 个国家以内（定期轮换）②，这些国家致力于向在任主席国提供支持，对论坛的内容定期评估并协助主席国获得技术和财政支持。所以，指导小组内的国家具备以下条件：一是真正参与论坛活动并能够提供财政援助；二是来自不同地区，对移民问题持有不同的观点和态度；三是能够实现轮换。③ 指导小组会成立不同的专项工作组，预先提出政策见解和建议，在论坛首脑会议时将这些见解和建议转化为更具体的成果。④

3. 观察员

论坛观察员身份向所有联合国会员国和国际组织开放。所以，涉及移

---

① GFDM, "Troika – Terms of Reference", p. 1.
② 当前的指导小组成员国共有 28 个国家，包括：阿根廷、澳大利亚、阿塞拜疆、孟加拉国、比利时、加拿大、厄瓜多尔、埃及、法国、德国、加纳、希腊、印度、印度尼西亚、肯尼亚、毛里求斯、墨西哥、摩洛哥、菲律宾、葡萄牙、韩国、西班牙、瑞典、瑞士、泰国、突尼斯、土耳其、阿拉伯联合酋长国。
③ GFMD, "The Steering Group", https：//gfmd.org/process/gfmd–structure/steering–group. （上网时间：2021 年 3 月 19 日）
④ GFMD, "Thematic Ad Hoc Working Groups", https：//gfmd.org/process/gfmd–structure/thematic–ad–hoc–working–groups. （上网时间：2021 年 3 月 19 日）

民与发展问题的联合国专门机构、国际组织、区域组织以及非政府组织共同组成了观察员团队。论坛要求观察员就每次会议的议程和安排提供建议，并且还会讨论有关伙伴关系和峰会筹备等实质性的问题。每次峰会期间有大约130多个观察员参与，[1] 每个观察员由一名联络人与论坛取得联系，众多的联络人形成了观察员网络。[2]

4. 保障小组

为现任主席提供必要的行政、财务和后勤支持，包括维护档案、组织论坛筹备工作、编写报告、管理援助资金等。自2010年以来，保障小组还负责管理领域内各合作平台，旨在促进国家和非国家行为者之间交流方法和政策制定。[3]

5. 与联合国系统的协调、交流与合作

尽管论坛对所有联合国会员国和联合国观察员国开放，但论坛本身不属于联合国系统的一部分，所以，其与联合国系统内的联合国全球移民网络以及其他联合国相关机构建立了广泛的协调、交流与合作。由于论坛的成立来自于2006年联合国首脑会议对话，所以每年论坛都会通过联合国秘书长向联合国提交论坛主席报告，而历任联合国秘书长也会不定期参加论坛峰会并讲话。论坛与涉及移民与发展的众多联合国实体机构，特别是国际移民组织联系密切，所以，论坛能够就移民与发展做出很多有价值的贡献。时任联合国秘书长潘基文在联合国大会上就对论坛有如此评价："全球移民与发展论坛峰会已成功地使各国政府和其他机构参与到多边进程之中，以实现国际移民对发展的惠益，并能通过合作解决其潜在的不利影响。"[4]

6. 分论坛

在全球移民与发展论坛峰会之外，还设置了三个重要的分论坛，分别

---

[1] GFMD, "Friends of the Forum", https：//gfmd.org/process/gfmd-structure/friends.（上网时间：2021年3月19日）

[2] GFMD, "GFMD Focal Points", https：//gfmd.org/process/gfmd-structure/focal-points.（上网时间：2021年3月19日）

[3] GFMD, "The Support Unit", https：//gfmd.org/process/gfmd-structure/support-unit.（上网时间：2021年3月19日）

[4] United Nations, "International migration and development：Report of the Secretary-General", August 2, 2010, p.14.

是公民社会分论坛、商业分论坛和市长分论坛。由于全球移民与发展论坛的国家主导性，该论坛的主要目的是促进政府之间的建设性对话。但是，论坛的另一个重要目标也是在国家、区域和国际各级多元主体之间加强政策制定和机构建设，所以，公民社会行为者、私营企业和地方政府被认为是实现这一目标的重要贡献者和合作伙伴。

a. 公民社会分论坛

公民社会分论坛的主旨是促进政府与民间就移民与发展问题进行广泛讨论，一般在峰会的隔日——公民社会日举行，是全球移民与发展论坛活动的重要组成部分。[①]

b. 商业分论坛

商业分论坛的主要参与者是私营企业和部门，他们与移民和发展密切相关。该分论坛的主要任务是：动员来自世界各地的商业联合会参与移民问题；提高商业联合会对论坛工作的认识；就商业和迁移问题的最佳实践进行调查和研究；为私营部门提供一个空间，使其积极参与并为全球移民与发展论坛首脑会议、共同空间和民间社会日做贡献；倡导企业宣传移民有益经济的观点从而推动合理的移民政策。该分论坛由国际雇主组织和世界经济论坛下设的全球未来理事会共同协调。[②]

c. 市长分论坛

为了应对移民与发展给城市，特别是大都市带来的问题，全球移民与发展论坛认识到让地方政府参与讨论的价值之后，在2018年建立了市长分论坛机制。市长分论坛与公民社会、私营部门以及地方政府相互联系，使城市成为移民治理多元主体的一方，并为其创造机会来影响全球移民与发展论坛的讨论。该分论坛由联合城市和地方政府、市长移民委员会和国际移民组织共同协调。[③]

[①] GFMD, "The GFMD and Civil Society", https：//gfmd.org/process/civil-society.（上网时间：2021年3月19日）

[②] GFMD, "The GFMD Business Mechanism", https：//gfmd.org/link-business-sector.（上网时间：2021年3月19日）

[③] GFMD, "The GFMD Mayors Mechanism", https：//gfmd.org/process/gfmd-mayors-mechanism.（上网时间：2021年3月19日）

（三）全球移民与发展论坛的重要作用

首先，全球移民与发展论坛使各国能够抛开分歧，开展多边对话。论坛成立的最初原因就是鉴于主要移民国家对任何具有约束力的全球移民治理机制的抵触，所以，论坛的功能设计使其成为一个纯粹的政府间协商平台。该论坛不在联合国系统内，但与联合国系统合作紧密，成为了一个常设的政府间论坛。论坛讨论了国家间移民与发展的关系以及移民者的权力等议题，促成了理念、政策和实践三方面的国际合作。[①]

其次，对《移民问题全球契约》的出台和实施作出了贡献。正是因为有了论坛基于政府间对话的经验以及10年来在移民治理合作中的成果，在筹备制定《移民问题全球契约》的过程中才得以使各国能够达成共识。另外，《移民问题全球契约》中也强调了论坛在未来移民问题全球治理中将发挥的作用："我们邀请全球移民与发展论坛就《移民问题全球契约》的执行情况为年度非正式交流提供空间，并向国际移民审查论坛报告调查结果……在进一步认识到国家主导的进程和平台在全球和区域各级推进关于移民问题的国际对话中的重要作用时，我们邀请全球移民与发展论坛……提供平台，以交流实施《移民问题全球契约》的经验，分享有关政策与合作的良好做法，推广创新方法，并围绕特定的政策问题建立多方利益相关者的伙伴关系。"[②]

最后，对联合国《2030年可持续发展议程》提供了支持。全球移民与发展论坛曾对联合国《2030年可持续发展议程》中与移民有关的可持续发展的目标制定作出了特别贡献。在2015年议程目标通过之后，全球移民与发展论坛专门设立了一个由12名成员国组成的"2030年议程特设工作组"，以便深入分析与移民有关的可持续发展目标，该小组曾向联合国提

[①] Bernice Roldan and Des Gasper, "The Global Forum on Migration and Development: 'All Talk and No Action' or 'A Chance to Frame the Issues in a Way that Allows You to Move Forward Together'", Transnational Migration The Migration – Development – Security Nexus and Human Security, Springer – Verlag Berlin Heidelberg 2011, p. 239.

[②] UN, "Global Compact for Safe, Orderly and, Regular and Regular Migration", pp. 33 – 34.

交过有关移民与发展领域的高级别报告。①

第四节 尊重并实现《移民问题全球契约》提出的倡议性目标

在 2016 年 9 月 19 日的联合国大会上，全体会员国一致通过了加强保护难民和移民的承诺，即《纽约宣言》，在《纽约宣言》中 193 个会员国重申了国际保护制度的重要性，并承诺加强对人口流动的保护。所有会员国还同意努力通过一项关于难民的全球契约和一项关于安全、有序和正常移民的全球契约。② 在经历了长达 2 年的讨论和准备后，2018 年 12 月联合国大会终于通过了这两项全球契约——《全球难民契约》和《移民问题全球契约》。这两项契约虽然不具有约束力，但却是自批准 1951 年《难民公约》及 1967 年《关于难民地位的议定书》以来第一个得到广泛接受的、关于人口流动的新规范框架。《全球难民契约》③ 主要针对 2015 年出现的欧洲难民危机，重点适用于难民；而《移民问题全球契约》是在其基础上针对所有移民者群体，包括难民、常规移民和非常规移民，所以《移民问题全球契约》相比较具有更广泛的适用性和指导意义。《移民问题全球契约》力求在全球范围内就实施移民管理和保障移民权利形成平衡关系的同时，确保国家基于主权而实施边界控制的权力。作为第一个关于移民的全面性国际协议，它被描述为"全球对话和国际合作历史上的一个里程碑"。④《契约》强调了全球移民治理的重要意义，因为移民"是我们全球

---

① UN Department of Economic and Social Affairs, "Global Forum on Migration and Development", https：//sustainabledevelopment. un. org/index. php? page = view&type = 30022&nr = 1872&menu = 3170. (上网时间：2021 年 3 月 19 日)

② 中国新闻网："联合国大会通过《难民和移民问题纽约宣言》", https：//www. chinanews. com/gj/2016/09 - 19/8008121. shtml。(上网时间：2021 年 3 月 24 日)

③ 《全球难民契约》主要围绕欧洲难民危机、在《难民公约》的基础上对解决难民问题作出了具体的陈述并重申了各方的共识。在应对欧洲难民危机问题上，《全球难民契约》得到了联合国所有国家的普遍认可和接受。而《移民问题全球契约》相比《全球难民契约》所涉及的内容更加广泛，面对的情况更加复杂，在国际移民问题治理中发挥的作用更大。所以，本书仅针对《移民问题全球契约》展开论述。

④ Jane Mcadam, "Introductory note to global compact for safe, orderly and regular migration", American Society of International Law, 2019, p. 160.

化世界繁荣、创新和可持续发展的源泉，可以通过改善移民治理来优化这些积极影响"。所以，尊重并实现《移民问题全球契约》提出的倡议性目标是实现国际移民问题全球治理的主要路径。

一、《移民问题全球契约》的产生过程和基本内容

进入21世纪，随着全球化的深入，国际移民规模前所未有，各类问题也层出不穷。与其他领域的全球治理危机一样，对移民问题的治理也远远落后于其发展速度。国际社会迫切需要就移民问题达成稳定的共识，进行统一的行动，所以《契约》的产生具有深刻的时代背景。《契约》的基本内容包含了23个目标，每个目标都有明确的承诺和一系列行动，可以说《契约》是一部划时代的、有关移民问题各领域的规范性合作框架，是对挑战国家主权且十分敏感的移民问题实现全球治理的全面尝试。

（一）《契约》的产生过程

制定《契约》的最初想法来自于对2015年欧洲难民危机的回应。从战争开始一直到2015年，叙利亚难民在约旦、黎巴嫩和土耳其造成的问题已经持续了整整四年，然而冲突并没有显示出任何结束的迹象，即使联合国在当年为解决叙利亚难民问题提供了5.5亿美元也未引起任何改变。就在这一年，叙利亚难民开始离开他们的本国以及中转国，与阿富汗人、伊拉克人、厄立特里亚人和来自其他国家的难民一起前往欧洲。叙利亚难民首先是从陆地进入欧洲，但随着陆地边界的封锁，海上成为了唯一的通道。由此开始，移民路线上的安全风险剧增，在2015年4月，一艘安全性差且载有难民的船只在利比亚海岸倾覆，700多人无一幸免。[①] 同年8月，一张叙利亚幼儿艾兰·库尔迪的尸体被冲上土耳其海滩的照片引发了对叙利亚难民的同情和大量支持，这也是欧洲重新审视难民政策并接纳难民的开始。随后，大量难民涌入欧洲，引发了包括经济、社会和安全在内的一系列问题。这一情况加上当时同样形势严峻的南苏丹、中非、乌克兰、委

---

① UNHCR, "New Mediterranean Boat Tragedy May Be Biggest Ever, Urgent Action is Needed Now", https://www.unhcr.org/5533c2406.html. （上网时间：2021年3月24日）

内瑞拉和罗兴亚难民问题对全球的挑战,联合国大会最终通过了《移民问题纽约宣言》。在《纽约宣言》的谈判过程中,与会国认识到,相较于短期爆发的难民问题,需要长期关切的移民问题更加重要。所以,为了鼓励安全、有序和正常的移民行为,《契约》应运而生。2018年12月10日,在马拉喀什举行的全球移民论坛峰会后,相关国家以152票赞成、5票反对(捷克、匈牙利、以色列、波兰和美国)、12票弃权(阿尔及利亚、澳大利亚、奥地利、保加利亚、智利、意大利、拉脱维亚、利比亚、列支敦士登、罗马尼亚、新加坡和瑞士)的结果正式通过了《契约》,而同样基于《纽约宣言》制定的《全球难民契约》则只有2票反对(匈牙利和美国)、3票弃权(多米尼加、厄立特里亚和利比亚),这也说明了移民问题较难民问题更具复杂性,所以主权国家对此问题大多抱有谨慎的态度。

(二)《契约》的基本内容

《契约》强调了国际合作的重要性,因为"任何国家都不能单独处理移民问题"是制定《契约》的基本前提。《契约》由10个交叉和相互支撑的基本原则组成,在此基础上对国际移民治理提出了全方位的愿景,其中包括:以人为中心、以人权为基础(对性别和儿童有特别关注);强调国际合作的重要性(同时维护国家主权);强调法治和正当程序的核心地位;满足可持续发展的需要;强调全政府及全社会参与移民治理的益处。《契约》旨在促进"多个利益攸关者建立伙伴关系,以解决所有移民的全方位问题"。同时,还强调要利用移民、离散群体、地方社区、民间社会、学术界、私营部门、议员、工会、国家人权机构和媒体的经验和专业知识来共同治理移民问题。[1]

《契约》制定了一个由23个目标组成的合作框架,每个目标都有明确的承诺和一系列的行动。

其中,《契约》要求根据数据和证据制定移民政策,并强调了减少迫使人们首先离开家园的不利驱动因素和结构性因素的重要性。特别值得注意的是,《契约》认识到灾害、气候变化的不利影响和环境退化是一种驱

---

[1] UN, "Global Compact for safe, orderly and regular Migration".

第四章　实现国际移民问题全球治理的主要路径

类别	目标
信息与循证政策	1　收集利用准确、分类的数据作为循证政策的基础 3　在移民的各个阶段提供准确、及时的信息 17　消除一切形式的歧视，促进以证据为基础的公开讨论，以形成对移民的看法
政策和程序	2　尽量减少迫使人们离开原籍国的不利因素和结构性因素 5　提高正规移民路径的可用性和灵活性 11　以综合、安全、协调的方式管理边界 12　加强移民程序的确定性和可预测性，以便进行恰当的筛选、评估和参照 13　将移民拘留仅作为最后手段，并努力寻找替代办法
劳动力流动、迁居与融入	4　确保所有移民都有合法身份证明和足够的证明材料 6　促进公平、道德的就业，保障体现工作的条件 15　为移民提供基本服务 16　使移民和全社会认识到充分的包容和社会凝聚力的重要 18　在技能发展方面加强投入，促进技能、资格和能力的相互认可 20　促进更快、更安全和收费更加低廉的汇款方式，促进移民汇款 22　建立社会保障权利和已获福利可通用机制
减少脆弱性	7　解决并减少迁徙中的脆弱性 8　拯救生命，并就失踪移民建立国际协助 9　加强对偷渡行为的跨国应对 10　在国际移民行为中防止、打击和消除人口贩运 14　在整个移民周期加强领事保护、援助与合作
合作与协作	19　为移民和侨民创造条件，为所有国家的可持续发展作出充分贡献 21　合作促进安全和有尊严的返回原籍国与重新接纳，以及重新融入当地社会的可持续性 23　加强国际合作和全球伙伴关系，促进安全、有序和正规移民

图 4－4　按照类别分列的《移民问题全球契约》目标示意图

资料来源：Madalina Chesoi Brendan Naef, "Primer on the Global Compact on Refugees and the Global Compact for Safe, Orderly and Regular Migration," Library of Parliament, Canada, 2019, p. 7.

动因素，并建议各国在这方面探讨协调一致的办法来解决与被迫移民相关的挑战。《契约》还强调有必要拯救移民者的生命，对失踪移民建立协调一致的国际合作机制，加强对走私贩运人口的跨国打击。《契约》承认边界需要以综合、安全和协调的方式进行管理，并建立适当的筛选机制，讨论了对不需要国际法保护，同时也没有任何法律依据而进入并留在他国的人在返回原籍国和重新接纳方面采取国际合作的重要性。《契约》申明移民不应该受到歧视，他们应该能够获得基本的服务、登记和体面的工作条件。《契约》鼓励使用灵活的途径进行定期跨境流动，并建议在国家间建立相互技能和资格的认可机制和审查机制，以确保监测和跟踪国家对《契约》作出的承诺。另外，《契约》还规定新的全球移民与发展论坛将是各国分享执行进展情况的主要平台，从 2022 年起每四年举行一次会议。每次论坛将编写一份政府间商定的《进展宣言》。《契约》还建立了一个联合国全球移民网络，在国际移民组织的协调下，确保联合国所有机构对《契约》的执行、后续行动和审查工作提供一致和有效的支持。①

二、《移民问题全球契约》的主要特点和积极意义

（一）首个适应时代的全球移民治理准则

《契约》的签署标志着世界各国政府首次在移民领域构建了新的道德标准、政治承诺以及行为准则。这样一个适应时代的治理准则，能够得到大多数国家的认可和承诺，在当前逆全球化的背景下是十分不易的。就在《契约》出台的当年，委内瑞拉外逃人数仍然在不断地增加，他们因为经济、社会、政治和人道主义等多种原因而迁徙；途径阿尔及利亚的上千万移民正陷入人道主义危机之中，他们未经识别和审查就被强制驱逐；逃离缅甸暴力事件的 70 万罗兴亚人在孟加拉国处于危险的边缘，急需人道主义援助和保护；匈牙利的反移民势头正盛，颁布了前所未有的法案，允许监禁任何帮助非法移民、难民或寻求庇护者的人；美国正将超过 2300 名儿童

---

① Jane Mcadam, "Introductory note to global compact for safe, orderly and regular migration", American Society of International Law, 2019, p. 161.

从父母身边分开，其部署在边境与移民对峙的部队数量比在叙利亚打击"伊斯兰国"的人数都要多；与此同时，意大利关闭了港口，禁止船只在地中海营救移民和寻求庇护者；一些难民在马努斯岛和瑙鲁停留了5年多，作为澳大利亚离岸处置政策的一部分，他们陷入了困境。在如此复杂的情形下，达成任何一项有关移民的全球协议都会被认为是一种成功，更不用说是首部加强现有国际法原则的重要性并承认难民和移民对社会具有积极贡献的协定了。① 所以，《契约》的签署和出台正是当下解决全球移民问题的"良药"，给如此恶化的国际移民形势带来了曙光，也给全球移民治理提供了方向，即使这个协定并未被包括美国和澳大利亚这两个主要移民国家在内的一些国家所接受。

（二）以人权为核心并体现了移民基本权利

《契约》对人权的保护重点体现在三个方面：一是保护人身自由和安全的权利；二是免受奴役、压榨和强迫劳动的权利；三是在被驱逐出境时按照正当程序并受法律保护的权利。《契约》强调"承诺尊重行动中的人们的人权，为他们提供安全和有尊严地生活之条件，并让他们能够使所在国家的社会更加丰富"，这一承诺实际上重申了70年前通过的《世界人权宣言》的本质。《契约》对人权的保护具体体现在：

1. 保护移民人身自由和安全的权利

近年来，跨境移民面临的最棘手的人权挑战之一是国家强力机构对移民采取的广泛、长期和任意的拘留措施。所以，为了做出改变，各国在《契约》中承诺对移民采取拘留是一种"最后手段"，而且是"非任意的"、必须"遵循正当法律程序的"。《契约》的这一承诺，对长期以来承认和保护移民人身自由和安全权利而斗争的人来说是一个成功，它对以拘留为第一手段（甚至威慑手段）的国家发出了明确信号，即过去的行为是非法和不道德的。在重申人权的基础上，《契约》还包含三个促进国家保护人身自由和安全权利的内容：首先，各国承诺促进和扩大拘留的替代办法（《契约》39a）；其次，各国明确承诺完全结束对儿童作为移民者的拘

---

① Jane McAdam, "The Global Compacts on Refugees and Migration: A New Era for International Protection?", International Journal of Refugee Law, 2018, pp. 571–572.

留（《契约》39h）；最后《契约》包括了一项强有力的措辞，承认保护移民在拘留期间不受虐待和允许监测拘留场所的重要性（《契约》39f）。《契约》的这些承诺如果得到落实，将有助于促进世界各地移民切实享有人身自由和安全的权利，并对与移民相关的国内法进行巩固和修订以符合现行的国际法。

2. 免受奴役、压榨和强迫劳动的权利

对劳工权利的国际保护早于现代国际人权制度，所以，禁止强迫劳动一直都是人权制度的基石。然而尽管如此，在世界范围内对移民劳工权利的认识和保护的具体行动一直落后于对这些权利内容达成的共识，最终造成了《保护所有移民工人及其家庭成员权利的国际公约》只被少数国家批准。针对这一情况，《契约》强调：应向从事有报酬和有合同的移民劳工提供同样的劳动权利和保护，包括通过工资保护机制、社会对话和加入工会等条件，实现同工同酬（《契约》22i）。虽然《契约》没有承诺要承认移民的工作权利，但它包含了一些核心的劳动条款。因此，《契约》有可能成为促进国家实践的重要工具，更一致和统一地保护所有移民在具体工作环境中的权利。

3. 受法律保护、不被任意驱逐的权利

各国在移民管理实践中普遍存在不承认、不保护移民享有合法人格和正当程序的行为，这曾导致了移民被任意驱逐出境的现象。而《契约》反映了各国对尊重法治的承诺，对促进实现移民合法化进程的追求。《契约》承认"任何地方的所有移民都应是受法律保护的"，移民享有"获得合法身份的权利"（《契约》23g），而且对非法入境和停留的处罚必须是"相称、公平、非歧视性的，并完全符合国际法规定的适当程序和其他明确规定"（《契约》37e）。与此同时，《契约》还声明在涉及到移民诉讼时，国家应向其提供实质性保护，比如按照正当法律程序并拥有律师，以及停止使用刑法来惩罚非法入境或停留等行为。[①]

---

① Justin Gest, Ian M. Kysel, "Protecting and Benchmarking Migrants' Rights: An Analysis of the Global Compact for Safe, Orderly and Regular Migration", International Migration, Vol. 57, No. 6, 2019, pp. 62 – 64.

三、《移民问题全球契约》对移民治理的重要作用

（一）作为国际法软法推动依法治理进程

《契约》从性质上来看是一部国际法"软法",其在内容中明确说明"不具有法律约束力",所以可以认为《契约》的实质是一种联合国框架内的倡议。与其相似的是1948年的《世界人权宣言》、1992年的《关于环境与发展的里约宣言》、2006年的《联合国全球反恐战略》、2007年的《联合国土著人民权利宣言》以及2010年的《联合国打击贩运人口全球行动计划》等。[①] 在国际法领域中,"软法"已被证明是一种重要的手段,可以在国家之间以尚不具有法律约束力的方式就某些原则达成共识。也就是说,"软法"赋予各国在起草主要规则和次要规则方面具有高度的灵活性。正如《契约》明确表示的那样,一项不具约束力的文书可以提供一些相当广泛的指导原则和目标,同时保留各国选择执行的方法和对遵守程度的自由裁量权。[②]

然而,作为一部国际法"软法",《契约》的地位和作用又是十分特殊的。首先,《契约》是建立在一系列国际法"硬法"之上的,也就是说,《契约》作为一项政治承诺,其存在的基础是建立在所有签约国对《契约》框架内其他国际法基本接受的前提之下的。[③] 因此,虽然它没有为签署国规定新的法律义务,但它提供了证据,表明各国在政治上承诺维护先前承

[①] Jan Wouters, Evelien Wauters, "The UN Global Impact For Safe, Orderly And Regular Migration: Some Reflections", Leuven Centre for Global Governance Studies, 2019, p. 11.

[②] Alessandro Bufalini, "The Global Compact for Safe, Orderly and Regular Migration: What is its contribution to International Migration Law?", QIL, 2019, p. 8.

[③] 《契约》基于《联合国宪章》的宗旨和原则,同时还以《世界人权宣言》《公民权利和政治权利国际公约》《经济社会文化权利国际公约》《联合国打击跨国有组织犯罪公约》《联合国打击跨国有组织犯罪公约关于预防,禁止和惩治贩运人口特别是妇女和儿童行为的补充议定书》《联合国打击跨国有组织犯罪公约关于打击陆海空偷运移民的补充议定书》《关于废除奴隶制和奴隶贸易的补充公约》《联合国气候变化框架公约》《联合国关于荒漠化的国家特别是在非洲防治荒漠化的公约》《巴黎协定》《国际劳工组织关于促进体面工作和劳工移民的公约》《2030年可持续发展议程》等为基础。(《契约》1、2)

担的法律义务，特别是与移民有关的人权义务①，也就是说，《契约》虽然不具有法律约束力，但是它却基于有约束力的人权条约等国际法。其次，对"软法"条款的遵守可能导致将其纳入一个新的、有约束力的文书。因为在事实上，通过一项不具约束力的文书可能就是创造规范过程的开始。换句话说，"软法"可能有所谓的"催化效应"，最终促成一个变化，即由"软法"向习惯国际法转变。② 这也是美国、匈牙利等国家退出《契约》的内在考量，担心《契约》作为软法最终会具有一定的约束力，成为国际法中所谓的一种"特洛伊木马"。③ 所以，美国驻联合国代表团在对退出《契约》的声明中强调："我们认为，《契约》和导致其通过的进程，包括《纽约宣言》，代表着联合国努力推进全球治理而牺牲了各国根据本国法律、政策和利益管理其移民政策的主权权利。与国际文书的标准标题不同，《契约》在国际法中虽然没有明确的意义，但它意味着法律义务。"④ 最后，无论《契约》作为"软法"其约束力几何，它都拥有一种实质性的功能，即直接或（和）潜移默化地影响行为体，发挥多边主义"感召力"，积极地推动移民问题依法治理进程。⑤ 另外，"软法"还拥有"点名和羞辱"相关国家或其他具体行为者的能力，从建构主义角度来看，其可以孤立不落实"制度"的国家，从而迫使其遵循《契约》所承诺的目标。⑥

---

① Elspeth Guild, Tugba Basaran and Kathryn Allinson, "From Zero to Hero? An analysis of the human rights protections within the Global Compact for Safe, Orderly and Regular Migration (GCM)", International Migration, Vol. 57, No. 6, 2019, p. 44.

② Jan Wouters, Evelien Wauters, "The UN Global Impact For Safe, Orderly And Regular Migration: Some Reflections", Leuven Centre for Global Governance Studies, 2019, p. 10.

③ Elspeth Guild, Tugba Basaran and Kathryn Allinson, "From Zero to Hero? An analysis of the human rights protections within the Global Compact for Safe, Orderly and Regular Migration (GCM)", International Migration, Vol. 57, No. 6, 2019, p. 46.

④ United States Mission to the United Nations, "National Statement of the United States of America on the Adoption of the Global Compact for Safe, Orderly, and Regular Migration", https：//usun.usmission.gov/national-statement-of-the-united-states-of-america-on-the-adoption-of-the-global-compact-for-safe-orderly-and-regular-migration/. （上网时间：2021 年 3 月 27 日）

⑤ 何志鹏、申天娇："国际软法在全球治理中的效力探究"，《学术月刊》2021 年第 1 期，第 114 页。

⑥ Alessandro Bufalini, "The Global Compact for Safe, Orderly and Regular Migration: What is its contribution to International Migration Law?", QIL, 2019, p. 23.

（二）实现全社会共同参与移民问题治理

为了将所有可能的共同参与者包括在内，《契约》强调：促进广泛的多利益攸关方伙伴关系，通过包括移民、侨民、地方社区、民间社会、学术界、私营部门、准联络人、工会、国家人权机构、媒体和移民治理方面的其他相关利益攸关方，共同处理移民的所有层面问题（《契约》15）。另外，在"实施"部分加入了"宗教团体、国际红十字和红新月运动"以及"侨民组织"（《契约》44），多个利益攸关方构成了全社会共同参与移民问题治理的新局面。从功能上来看，多元的共同参与者可以填补成员国或联合国移民系统无法填补的执行空白，并可以与成员国合作，以更高效和更具成本效益的方式提供服务。[①] 所以，《契约》在全社会共同参与移民治理这一目标下可以发挥除成员国和联合国机构之外的其他重要作用：

一是有利于宣传并促进《契约》在国内的落地。在欧美国家，掌握移民选票的共同参与者，如移民权利组织、侨民协会、工会和商业联盟可以利用其政治权利，以确保成员国认真对待，努力遵守并实施《契约》，最终制定改善移民管理现状的政策；二是有利于信息和数据的传播。在《契约》的条款中多次强调了信息传播的重要性。移民权利组织、侨民协会、宗教团体、非政府组织和地方社区可以直接接触到移民并向其传递有关政府政策的重要信息，例如那些政府提供法律地位和社会服务的政策计划，这些团体往往比政府更多地受到移民的信任。同时，他们还可以与领事馆合作，确定移民国籍，并协助他们解决迁徙中面对的问题，包括拘留和驱逐等。三是促进移民融合。移民融合是治理中的一个重要过程。《契约》为这一过程增加了全社会参与的可能。共同参与者不仅是重要的信息来源，而且还为移民提供必要的服务，比如怎样开立银行账户、住房援助、就业安置和语言指导。另外，还可以在移民找到工作之前提供基本的生活保障，指导当地社区制定有效的融合政策，如提供公民和语言培训、建立移民支持中心和情感关怀等；四是努力消除针对移民的歧视。《契约》鼓励移民者自身以及政治、宗教和社区领袖、教育工作者和服务提供者发现

---

① J. Kevin Appleby, "Implementation of the Global Compact on Safe, Orderly, and Regular Migration: A Whole – of – Society Approach", Journal on Migration and Human Security, 2020, p. 215.

和防止不容忍、种族主义、仇外心理和其他形式对移民的歧视。另外，《契约》还将媒体确定为打击仇外心理的共同参与者。虽然极端主义媒体经常煽动仇外情绪，但负责任的媒体却有助于教育公民了解当地的现实情况和移民现象背后的原因。五是与政府合作，向移民提供咨询和服务。共同参与者可以与政府合作制定政策，为原籍国、中转国和目的国移民提供咨询和服务。比如，利用非政府组织促进移民在原籍国重返社会，协助政府在提供法律援助、医疗保健和关注被贩卖的妇女和儿童方面提供更广泛的服务。另外，包括企业在内的私营部门可以与政府合作，为移民创造就业机会，并使他们的技能与企业需求相匹配。私营部门还可以通过提供与《契约》执行有关的活动和筹集资金的方式来协助成员国和联合国全球移民网络。[1] 总之，《契约》从理念和实践上使在移民领域的全社会共同参与、共同治理成为可能。

---

[1] J. Kevin Appleby, "Implementation of the Global Compact on Safe, Orderly, and Regular Migration: A Whole-of-Society Approach", Journal on Migration and Human Security, 2020, pp. 216–218.

第五章

国际移民问题研究对中国移民管理工作的启示

随着改革开放的深入推进和经济社会迅猛发展，来华外国人和出境中国公民数量和规模不断增长和扩大。2016年，中国加入国际移民组织，标志着深度参与全球移民治理进程的开始；2018年，中国成立了国家移民管理局，统筹指导国家移民管理、出入境管理和边境管理事项。在习近平新时代中国特色社会主义思想指导下，新时代中国特色移民管理体系正在形成。然而，目前我国的移民管理工作也面临着很多突出问题，比如：体制改革将面临较长的磨合期和适应期（如公安边防部队体制向移民管理体制改革），移民法律体系尚不完备，依法治理仍需加强（对出入境过程管理较多，对移民群体关注较少），移民与出入境领域违法犯罪问题突出，数量多、风险高（如跨境恐怖主义、"三非"[①]问题等），吸引国外优秀人才力度不够大（如中国自建立绿卡制度以来，发放总量1.2万张左右），外国人管理服务面临巨大压力（如外国留学生及广州非裔群体等问题）。所以，在世界百年未有之大变局背景下，中国应重点把握全球移民治理中的核心问题，借鉴先进经验与做法，坚持维护国家主权、安全与利益，推动法治进程，履行国际义务，为实现建立"安全、有序和正常"的国际移民治理规则体系贡献中国智慧。

[①] "三非"是指"三非"人员，最初来自公安部门工作性用语，目前也逐渐成为学术界用词。"三非"人员具体指非法入境、非法居留、非法就业的外国人。

第一节　加速推动中国移民管理法制建设进程

中国在移民管理领域遵循现行的出入境管理法律体系。本书认为应从以下几个方面加速推动中国移民管理法制建设进程。

一、加强顶层设计和整体谋划

针对移民管理法律体系建设中的薄弱环节，需要以习近平新时代中国特色社会主义法治思想为指引，参考借鉴域外移民管理法律体系建设的有益经验，与《移民问题全球契约》和相关国际法接轨，加强顶层设计和整体谋划，梳理、构建新时代中国移民管理法律体系。首先，按照一定逻辑规则系统构建移民管理法律规范体系的结构层次。在理念上从管理向治理转变，体现治理的综合化；体制上调整行政职权，国家移民管理局牵头协调、有关部门按照分工密切合作；路径上捋顺移民管理与出入国（境）服务管理之间的关系，对法律依据欠充分的领域加快立法进程，优先确立国家移民管理部门执法主体地位；运行上以人类命运共同体全球治理观为指引，提高法律规范及运行过程的国际化程度。

二、制定和修订相关法律法规

按照法律层级，推动制定《移民法》，修改《国籍法》《护照法》《出境入境管理法》，明确以习近平新时代中国特色社会主义法治思想为指导，坚持以人民为中心，以推进国家治理体系和治理能力现代化为目的，统筹国内法治和涉外法治，以法律相互衔接、相互适应为原则，不断完善移民管理领域行政法规，提高法律的行政配套。以国家移民管理局为主体，牵头各方推动制定《国籍管理条例》《中华人民共和国签证条例》《中国公民领事保护条例》《边境管理条例》《口岸管理条例》等，修订《出境入境边防检查条例》和《外国人在中国境内工作管理办法》。针对 2020 年《外国人永久居留管理条例（征求意见稿）》出台后引发的争议，就相关问题深入调查研究并进行修订，确保法规的正式出台。

另外，还要加强部门规章和地方法规的配套，国家移民管理局要积极介入相关立法进程，主动促请公安部提出法律和行政法规立法建议，主动协调相关部门与公安部联合发布部门规章，履行好移民管理事务的协调统筹和领导管理职能。厘清《国务院机构改革方案》涉及的部门规章和规范性文件，及时予以修改或者废止。另外，虽然移民管理事务总体属于中央事权，但从国际经验上来看，地方政府的积极参与和配合是治理移民问题的关键。所以外国人特定工作领域就业的管理、外国人的社区服务管理、外国人及出入境服务中介管理等均可在中央明确政策后由地方立法实施。

三、积极参与国际协议的制定

在与国际社会移民治理规则接轨的基础上，积极参与移民管理领域国际协议的制定，为开展国际合作打好基础。参与移民管理工作的部门应积极支持联合国、国际移民组织、国际劳工组织等相关国际组织的活动，主动服务"一带一路"倡议，促进移民管理相关国际协议的制定。在已经实施的边界协定基础上，积极推动周边国家签订便利双方人员往来、提高移民管理效能的双边协定，为深化同周边国家关系注入新内容。积极推动国内法律规范与国际法律规范的衔接，促进我国认可的国际移民协议进入国内法。加强与外国移民来源国和我国公民出境目的国合作协议的谈判和落实，共同应对"三非"问题。进一步加强海外公民利益保护，维护我国公民出境后的合法权益。

第二节　制定中国特色移民政策适应未来发展

迄今为止，我国还缺乏一系列适应时代需要的专门移民政策和管理制度。而移民政策和管理制度对开展移民管理、加强法治建设、参与全球移民治理都有着重要的意义。因此，当前迫切需要制定适宜的国家移民政策并加大政策调节力度。移民政策主要用于解决人口结构、劳动力结构、人道主义和国际义务等问题，它可以反映一个国家历史文化和经济社会的发展程度和政策倾向。新时期，要加强移民政策的内在协调，强化其他政策对移民政策的支撑，加强移民政策与改革开放政策、国家安全政策、经济政策、人才政策、人口政策的呼应与衔接；充分发挥移民政策的调节和杠杆作用，支撑和满足国家总体发展规划。总之，结合当前形势，应按平等互利、循序渐进的原则，调整完善留学生管理政策制度；按规范管理、有效补充原则，调整外国人就业政策制度；按促进融合、有序推进原则，完善外国人永久居留政策制度；按改进服务、扩大规模原则，完善引智引才政策；按审慎推进、逐步接轨原则，制定完善难民政策。

一、改进外国人入出境和居留管理制度

在未来我国的移民管理工作中，应以国家移民管理局为主体，建立签证协调统筹机制和外国人入境筛查机制。充实完善签证制度，提高签证甄选功能，适当细化签证种类并完善外国人来华口岸签证、入境许可签发管理机制。建立外国人入出境信用管理制度，对威胁或可能威胁国家安全，有极端宗教、违法犯罪、偷逃税、损害公序良俗、欺骗等行为的外国人列入不准入境或者特定时间不准入境范围。逐步仿效美国国土安全部相关做法，将外国人入境管理关口前移，在特定国家由国家移民管理局向使馆派驻"移民联络官"或者"入出境审核官"，参与入境签证审核。

完善外国人永久居留制度，增强中国吸引力。健全外国人永久居留的政府主导和市场调节协作机制，建立和完善中国特色的移民担保制度、移民配额制度和计分考核制度。在不承认双重国籍的政策背景下，针对海外华人群体推出更具有针对性、倾斜性和时代性的外国人永久居留管理制度。

在就业方面，建立国家移民管理局牵头的外国人工作管理机制。建立就业调控规则和就业准入机制，设立禁止、限制和鼓励招用外国人的正负职业清单。借助劳动力市场测试制度、外国人在中国工作指导目录制度、配额制度、雇主责任制度等，更合理地引进外国从业者，调控外国人就业数量，增强外籍劳动力对我国劳动力市场各层次需求的满足度，尽快建立外籍家政、医护、季节性务工、熟练技术工人的引进、管理制度规则。

另外，需改进留学生管理制度和机制。逐步建立与国际惯例接轨、不同国家生源基本统一、适当兼顾重点国家的中国特色留学审核考核机制。

明确留学生试工、兼职、实习、假期打工性质定位，规范留学生社团、婚姻等管理，建立相关管理制度。完善留学生毕业后工作许可制度，为优秀外国留学生留华工作提供便利。建立国家移民管理局牵头的外国留学生管理机制，在《学校招收和培养国际学生管理办法》和《来华留学生高等教育质量规范（试行）》的基础上，与教育部合作制定来华留学生管理规范，防止接收留学生高校自行其是，同时进一步推动接收留学生的高校实施与其他学生管理趋同化。

二、建立中国特色移民社会融合制度

在防止类似于"广州非裔群体事件"等移民聚居带来的社会问题时，采纳大多数国家避免形成外国人聚居区的政策做法。我国亦应在此基础上，探索建立中国特色的移民社会融合制度。当前，一些地方加强了对外国人的社区服务，在外国人集中的社区设立了服务站。这种服务站有利于移民的融合，但还不属于融合的范畴。社会融合应当是具有一套完整体系的、有法律规范支撑的系统工程。应包括为外来移民开设语言、文化、法律学习课程，对移民开展政策宣传，创造条件使移民了解社会风俗，参与社区活动和跨族群的文化交流活动。另外，还可以为外国人成为社区居民、永久居民以及入籍成为公民设立一定的仪式，增强荣誉感和归属感。在此基础上，通过一定的方式对社会融合的程度进行评估，并以这种评估的结果作为赋予居留资格的条件之一。

三、兼顾国际惯例制定中国难民政策

长期以来，作为负责任的大国，中国在难民领域曾做了大量卓有成效的工作，[①] 但是，国内尚缺乏完备的法律制度和配套工作机制。在未来，应以国家移民管理局为主体，审慎推进难民管理工作，逐步建构中国特色的庇护与难民保护制度。应进一步改进与联合国难民署的合作方式，适时

---

① 中国为联合国《难民公约》缔约国之一，是难民执委会成员。中国一直以来都积极参与并支持联合国难民署的工作，特别是在20世纪70年代，中国还曾安置了大量的越南难民，他们中的大部分人迄今还生活在中国境内。

建立难民甄别机制和难民甄别程序规则，落实《出入境管理法》关于难民临时身份证明和难民身份证件的规定，防止难民问题政治化和难民制度的滥用。待条件成熟时，应在国家移民管理局下设难民事务机构和难民事务协调机制，具体负责难民认定、难民身份的审核和难民的接纳管理等，形成专门机构负责难民事务，最终建立符合国际惯例的难民政策。与此同时，从欧洲难民危机事件来看，也应充分认识难民问题的复杂性，在兼顾大国责任和国内实际的情况下，统筹稳步推进难民事务管理。以解决产生国际难民的根源性问题为主，倡导多边主义，积极提供必要的人道主义援助，标本兼治地解决难民问题，特别是周边的罗兴亚难民问题和阿富汗难民问题。

四、完善处理"三非"人员相关政策制度

加强"三非"人员查处措施和制度机制与《治安管理处罚法》和《刑法》的对接。针对国际上普遍反对移民拘留的背景下，借鉴保释制度，改进拘留审查替代措施。对符合拘留审查条件的特定人员（限制活动范围人员和其他没有社会危害性人员）允许用提供担保人和缴纳保证金的方式予以保释。对在拘留期间受到的处理和处罚给予必要和适当的救济。进一步改进遣送出境制度，完善遣送出境程序，增加自愿离境前置程序，降低执法成本。借鉴国际做法，研究制定给予符合一定条件的非法移民合法化身份的制度机制。对于没有主观恶性、已经组成家庭、生育子女、能够自食其力，予以遣返可能会带来社会和人道主义问题的移民，经严格程序审查可给予居留资格。在国际层面，为提高应对处置"三非"人员的效果，可以建立与"三非"人员来源地、活动地、目标地的全程合作机制，实现区域双边、多边合作。

第三节 以人才强国为目标深化国际人才战略

当今引领世界科技发展潮流的外籍高技术人才越来越呈现出自由流动并且日趋国际化的趋势，而引进技术移民又是推动经济快速发展、增强综

合国力的重要举措,因此世界各国都在积极有效地"抢夺"全球范围内的高技能、外籍高技术人才。作为以移民立国的、世界最大的移民国家美国,国家核心竞争力来自于一直以来对全球精英的吸纳,即使特朗普政府黑暗的"反移民"时代也改变不了美国对外籍人才重视这一立国之本。新任美国总统拜登在上台之初就立刻展开了对《移民法案》的修改,提出综合性移民改革方案——《2021 年美国公民法案》,该方案的三大主要内容是:加大引进全球科技人才,为美国提供源源不断的创新动力;取消工作绿卡上限,吸引更多高素质人才;拓展绿卡申请途径,吸引更多的科学、技术、工程和数学(STEM)领域学生到美深造①,其中特别是"STEM 领域的博士毕业生直接颁发绿卡"的举动标志着美国在拜登的领导下正迅速重回全球科技人才争夺战。② 另外,从我国的华为等科技类企业发展历程来看,目前国内各领域都急需大量的高技术人才,而国内的本土人才缺口巨大、培养周期漫长,因此加大高技术移民的引进势在必行,但目前我国的人才引进工作还存在问题,亟需从国际移民专业化的角度来完善、统筹和协调好相关政策,不断加大人才对外开放力度,"加快建设世界重要人才中心","聚天下英才而用之"。③

一、完善技术移民引进路径

健全和拓宽引进技术移民的路径措施,可以从以下几个方面考虑:一是吸引优秀外国留学生来华。从 20 世纪末开始,世界各国留学生的总量就已达 150 万,其中美国占 1/3。积极招收外国留学生到本国学习已经是发达国家主要的引才举措。我国亦可借鉴相关经验,把引进留学生作为吸引海外人才的重要手段,在合理解决"超国民待遇"问题,实现平等管理和

---

① 李军平、张橙:"美国总统拜登近期留学、移民政策评析",《未来与发展》2021 年第 11 期,第 75 页。

② 搜狐:"拜登入主白宫的'头号大事':全球抢夺科技人才,优先考虑跨国科技公司利益",https://www.sohu.com/na/445778273_237556。(上网时间:2021 年 3 月 22 日)

③ 习近平:"深入实施新时代人才强国战略 加快建设世界重要人才中心和创新高地",求是网,http://www.gov.cn/xinwen/2021-12/15/content_5660938.htm。(上网时间:2021 年 12 月 18 日)

对待的情况下，确保学生质量并适当地降低对外国留学生签证的要求，全面"收获"外籍智力资源。二是利用并购的手段"一锅端才"。跨国企业兼并其他国家企业的做法一直以来都是取得大量外籍高技术人才的重要手段。比如美国的思科公司曾用了9年多的时间，陆陆续续地并购了80多家公司，也一起"端走"了这些公司的顶尖人才。我国众多的国际知名公司企业如今也正在积极地采取"并购"手段进而留住那些未来能够创造增长的人才，比如工程师与管理人员等。三是广泛设立研发机构实现人才"随取随用"。广泛在国外建立科研机构以"随取随用"当地人才是发达国家常用的引才手段。随着我国经济实力和科研水平的不断提高，应积极鼓励国内的中资企业在国外建立科研机构，成为国家人才强国战略的"桥头堡"。四是及时修改法规，做好迎才准备。为打赢人才争夺战，英国、美国、瑞士、德国等国家都及时修改了移民政策和法规，随时准备吸收引进全球人才。我国于2020年也公布了《外国人永久居留管理条例（征求意见稿）》，此条例针对之前的规定做出了多处的修改，表明了人才引进工作在新形势下越来越受到国家的重视。五是大力合作办学培育奖励人才。办学育才也应是一项重要的引才战略，借鉴一流大学海外办学模式，积极联合办学，设立高额的人才奖学金，全面吸引外籍高技术人才来华。六是制定特殊引才计划超前招揽"幼才"。现如今发达国家在吸引成年的科技人员的同时，还对人才幼苗也加强了关注。例如，英特尔与中国科协积极合作组建中学生代表队参加美国的"小诺贝尔奖"选拔赛，英特尔公司出资5亿美元积极启动所谓的"未来教育计划"。在未来，我国也可以尝试仿效这一模式，加强对国际"幼才"的关注。

二、优化永久居留管理制度

2004年8月，经国务院批准，公安部、外交部颁布实施了《外国人在中国永久居留审批管理办法》，随后的十多年里尽管也陆续推出了一系列的优惠便利政策与措施，但已与时代的快速发展变化不相适应。2020年我国又陆续出台了一系列的移民与出入境便民措施，尤其是《中华人民共和国外国人永久居留管理条例（征求意见稿）》（以下简称《条例（征求意见稿)》),《条例(征求意见稿)》全面健全了永久居留制度,进一步降低了永久居留的门槛,扩展了申请永久居留的资格范围,促使我国的永居政策更具活力。《条例(征求意见稿)》明确规定对达到工资年收入要求和纳税要求的在华长期就业的外国人士、有重要贡献以及国家急需的外籍高技术人才、博士毕业或长期就业于国内重点发展区域的外籍华人、国外高级技术人才,给予办理在华永久居留的利好政策,以上外籍高技术人才的未成年子女和配偶也享有随同申请的权利。但是我们也应注意到,在某些方面不能一味地降低永久居留制度的门槛,而是需要进一步地完善细化规定、补全漏洞,例如:《条例(征求意见稿)》第17条和第19条所规定的条件还需更加严格,门槛需升高,中国人的外籍配偶除满足居住年限的条件以外,还需对学历或技能的限制,即至少本科学历或有国际承认的中级以上的专业技能。另外,还应增补以下两点:第一,全面扩展外籍人士申请在华永久居留的工作单位范畴,除已有的外商投资科研中心、国家重大实验中心等政府主管机构准许成立的单位之外,应积极地将范畴扩大到技术开发区、高新自贸区等新兴企业集中的地区,这其中也应涵盖一些中小型的创新创业企业。第二,对于国家急需的专业技术人才以及高级技术工人,应给与其申请永久居留的资格。对于那些符合技能认定标准的外籍高级技工,可以在降低对其学历要求的同时加大对其专业技能的要求。在与他国签订互相承认两国职业资格认定的基础上,先对其发放普通的工作签证,在符合一定条件后才向其授予永居申请的权利。

另外,还应该建立科学的永久居留制度评估体系,全面考虑市场经济和国家计划的双重需求,进一步建立统筹优化的人才评估体系,进而为外籍高技术人才申请在华永久居留提供便利。第一,完善国外高层次人才工作居留与永久居留转换机制。对于那些已在华工作一段时间并想继续留在中国长期工作的外籍高技术人才,需进一步优化市场引导的积分评估机制、配额机制、评价机制、社会信用评价机制,让高层次人才享有由工作居留转变为永久居留的资格。全面将信用状况、工资标准、工作年限等因素纳入到评分标准中,由人才主管部门制定评分标准和划定分值,再由国家移民管理局调整人数配额。对于评估分数达到积分要求的外籍高技术人才,由国家移民管理局发放永久居留身份证,完成转换。第二,对于国家急需引进的外籍高技术人才，要全面开展实施目录备案机制，将相关引才重点项目全面纳入到永久居留制度的备案目录中，并给予直接申请永久居留的便利，同时也给予其配偶或未成年子女在华永久居留的资格。

综上所述，针对优秀海外公民群体甚至外籍华人，中国政府应加大"回流"引才力度，对海外华人也可给予其在华永久居留方面的政策倾斜。《中华人民共和国外国人永久居留管理条例（征求意见稿）》中删除了全部的针对外籍华人申请中国永久居留的限制条件，全面地放开了外籍华人的申请资格限制，笔者认为这是十分必要的，只有这样才能使吸引更多的外籍优秀华人回国定居成为可能。另外，针对国外曾炒作我国"人才计划"的情况，应采取更加柔和的方式，政府在此问题上尽量回避，以企业、高校和科研院所为引才主体，以招聘、引进的方式吸引优秀海外中国公民及华人人才。

第四节 加强中国参与国际移民治理的话语权

国家主席习近平指出，当前，中国处于近代以来最好的发展时期，世界处于百年未有之大变局，两者同步交织、相互激荡。习近平关于当今世界百年未有之大变局的论断，其核心是一个"变"字，其本质是重塑世界秩序与完善全球治理机制。[①] 重塑世界秩序与完善全球治理离不开中国的深度参与。深度参与的前提是拥有国际话语权，而全球移民治理话语权也成为中国国际话语权的重要组成部分。话语权是国家软实力的重要标志，话语权的争夺也日趋激烈，成为不同国家、地区之间继经济、军事、科技竞争之后的又一"竞技场"。

一、加强中国国际移民治理话语权的重要性

目前，全球移民治理规则仍是由西方主要大国来制定并在其主导下运行的，中国等发展中国家在其中拥有的话语权较少，这十分不利于发展中

---

① 中共中央党校："领导干部如何认识世界百年未有之大变局"，https://www.ccps.gov.cn/zl/ldl/201910/t20191022_135071.shtml。（上网时间：2021年3月23日）

国家在移民领域维护国家利益。习近平曾明确指出："争取国际话语权是我们必须解决好的一个重大问题。"① "要提高我国参与全球治理的能力，着力增强规则制定能力、议程设置能力、舆论宣传能力、统筹协调能力。"② 从 2016 年开始，加入国际移民组织和成立国家移民管理局等一系列行动是中国与国际接轨、深入参与全球治理、深化国际移民合作的必然选择，是推进全球治理体系建设的积极探索和实践。可以预见的是，随着时代的发展，中国将在移民领域全球治理中发挥更大作用。所以，应对和破解西方话语强势地位，构建具有中国特色的全球移民治理话语权是当前移民管理理论研究要解决的重要问题。

二、加强国际移民治理话语权的主要途径

一是将人类命运共同体和"一带一路"倡议等中国智慧和中国方案与国际移民问题治理紧密联系，使移民问题成为中国特色全球治理理念体系中的重要组成部分，避免移民领域国际话语权的自我中心化、孤立化和断层化。

二是与国际组织开展深入合作，在多边舞台发挥重要角色作用。充分利用国际移民组织、国际劳工组织等多边舞台，在移民和难民问题上发挥大国作用。这既有助于增强中国在全球移民问题治理上的话语权，以推动中国参与未来全球移民治理规制建构这一战略需求，又有助于满足提高中国移民治理能力，以塑造在国际移民问题中负责任大国形象这一现实需要。

三是尊重并遵守联合国《移民问题全球契约》。该《契约》是第一个关于移民的全面性国际协议，是"全球对话和国际合作历史上的一个里程碑"。中国是联合国创始会员国和安理会常任理事国，长期以来都积极参

---

① 人民论坛网："中国争取国际话语权的要诀在哪"，http://www.rmlt.com.cn/2016/0808/435791.shtml。（上网时间：2021 年 3 月 23 日）

② 人民网—中国共产党新闻网："《习近平谈治国理政》第二卷'提高我国参与全球治理的能力'"，http://theory.people.com.cn/n1/2018/0104/c416126-29745992.html。（上网时间：2021 年 3 月 24 日）

与以联合国为中心的多边活动，广泛参加多边条约，努力推动国际社会共同应对全球性挑战①。在移民和难民问题上，中国支持《纽约宣言》并积极参与了《移民问题全球契约》的讨论和签署。所以，中国在未来移民领域全球治理中如果期待发挥更多的作用，尊重并遵守具有普遍共识的《移民问题全球契约》是十分重要的前提。

四是应充分运用华侨华人群体这一独特资源，倡导其在海外发出中国声音，讲好中国故事，以保障和增强我国的国际话语权和舆论空间。特别是在当前欧美国家亚裔、华裔普遍遭受不公正待遇的情况下，应表明立场并适时提供一定的舆论支持。

第五节　重视理论研究、区域合作及人才培养

随着国际移民问题的发展变化，国家对移民问题的重视程度逐渐提高，移民管理建设发展在国家总体发展战略中也有了一定的地位。但是，目前在移民理论研究、区域合作及人才培养方面还存在很多短板。国内的移民理论研究起步较晚，伴随着改革开放的移民潮才开始对华人华侨问题的研究，而其中的经典理论无一不来自西方学者，这种情况不利于构建具有中国特色的移民管理体系以及深度参与全球移民治理。而随着"一带一路"倡议的深入推进，区域人员流动更加频繁，我国应加强与区域国家和沿线国家的合作，共同治理跨境人员流动带来的问题。同时，由于移民管理在我国还是一个新兴的领域，也迫切需要大量的专业人才，所以，针对以上问题，本书认为可以从以下三方面入手：

一、加强智库建设努力实现理论创新

目前国内在移民和出入境研究领域比较突出的是具有行业背景的中国人民警察大学的国际移民管理研究中心、中国华侨华人研究所，民间独立研究机构全球化智库（CCG），高校领域的山东大学国际移民研究中心、

---

① 杨洁篪："坚定维护和践行多边主义　坚持推动构建人类命运共同体"，《人民日报》2021年2月21日第6版。

暨南大学华侨华人研究院以及河海大学中国移民研究中心等。虽然目前的智库数量可观，但是却缺乏既能满足理论研究又能适应国家移民管理工作需要的高级智库。中国人民警察大学国际移民管理研究中心虽然具有行业背景且在出入境管理方面处于国内一流水平，但是针对移民方面的理论研究也是才刚刚起步。而其他智库要么研究不够聚焦，要么偏重于国别或华人华侨，虽然能够对国际移民趋势有一定程度的解读和把握，但不能完全适应我国移民管理工作的发展需求。所以，在未来，可以以中国人民警察大学国际移民管理研究中心为依托，形成外交部、国家移民管理局与警察大学的共建共享机制，发挥该校在团结国内外同行、辐射相关学科领域的优势。在联合其他智库和研究机构适时成立中国国际移民管理研究会的基础上，推进决策科学化，充分利用专家智慧，成立相关领域专家组成的专家委员会和高端研究团队，为国家移民管理工作提供政策咨询。另外，还要加强移民管理实践经验总结和理论创新，既要重视应用理论研究，也要重视和加强基础理论研究，打破西方移民理论一统天下的局面，形成具有国际影响力的新时代中国特色移民管理理论体系。

二、坚持推动国际和区域交流与合作

积极推动各层面国际交流与合作，参与移民领域全球治理。在双边交流合作层面，推进更多的免签及其他出入境便利和互惠。加强信息交流共享，建立稳定的双边信息交流共享机制。推进与重点国家移民领域的执法合作，促进合作机制的建立与完善。加强对"一带一路"沿线国家和周边国家在移民管理领域的援助合作，在人员培训、能力建设、证件检验设备等方面提供支持，逐步实现在交流合作任务较多的国家派驻"移民联络官"。

在区域合作层面，做好倡议或牵头组织等工作，加强区域性交流与合作。重点推进中蒙俄区域、中缅老越区域、"一带一路"倡议沿线区域、环南海国家区域的移民管理交流合作。进一步巩固和深化与东盟、上合组织在移民管理领域的交流合作，建立与非盟、阿盟、欧盟在移民管理领域的交流合作关系。

三、开展国际移民管理专业人才培养

加快培养具有国际视野和全球治理思维，熟悉国际法和国际关系准则，具有国际交流能力，能准确阐释中国政策、讲好中国故事，掌握国际人口迁移规律的移民管理复合型人才。以发展中国家、周边国家和"一带一路"沿线国家为重点，开展援助性移民管理人才培养，培训领域包括出入境证件鉴别、口岸安全风险防范、移民融入与服务管理、移民与国家安全、移民管理政策法律等。培训形式可以依托相关高校，比如国内首家开设移民管理本科及研究生专业的中国人民警察大学，以短期和中长期培训的方式，与相关国家、国际移民组织和区域组织合作开展培训，也可以与国外相关院校开展联合培养，拓宽留学生培养等，为开展国际移民管理工作培养专业人才。

总之，当前中国移民管理的发展趋势主要呈现出几个特点：首先是国家和社会对人才与劳动力的需求呈现出两端化，一端是高精尖人才，另一端是低端服务型劳动力。再有，人口老龄化也是未来的一个主要社会问题。这就需要适当引进外国劳动力进行填补。其次，随着中国经济的发展和移民政策的逐步完善，中国对外国移民的吸引力将进一步提升，虽然在未来较长一段时期，中国仍然是移民输出国，但随着改革开放的不断深入和"一带一路"倡议的有序推进，中国将由单向的移民输出国向移民中转国、目的国等复合属性转变。再次，移民问题与国家安全、地缘政治互动关联日益密切。跨境恐怖主义问题、边境及口岸突发事件引发的舆情危机等问题都具有高度的危险性和敏感性。以安全和发展为出发点，加强中国移民管理，对国际移民趋势变化进行把握和精准预测并在全球移民治理体系中发挥重要作用，是我国相关部门未来工作的主要方向与核心内容。

结　　论

"这是最好的时代，也是最坏的时代。"在这个最好的时代，全球化的高速发展和互联网的普及使人的流动在对外部世界更多感知的前提下变得越来越容易。世界各地的人们愈发希望通过移民的方式来实现对美好生活的向往和追求。所以，进入21世纪，国际移民的增长速度十分迅速，达到了前所未有的规模。众多移民在远离故土的国家工作和生活，他们积极融入当地社会，解决了所在国的人口危机并为经济发展做出了应有的贡献。与此同时，移民创造的财富也以汇款的方式源源不断地寄回家乡，成为支助家庭甚至为原籍国创收的重要经济来源。

然而，这也是一个最坏的时代。"9·11"事件的爆发第一次使移民与恐怖主义和国家安全紧密联系在一起，世界上最大的移民国家从此半掩起习惯于敞开的大门，穆斯林移民群体开始在西方世界被"另眼相看"。就在人们对移民与安全问题展开激烈争论却尚未有结果之时，造成世界主要经济体严重衰退和工人大量失业的金融危机又引发了诸如"移民抢走工作""移民占有社会福利"等新的争论，移民问题因经济危机而表现得更加突出，"有选择的"移民政策成为主要导向。从2015年以来，无论是叙利亚内战引发的欧洲难民危机还是接连出现的南苏丹、缅甸、委内瑞拉等难民问题，都反映出国际、国内政治与移民难民问题的深度交融。右翼民粹主义登上政治舞台，欧盟一体化遭受严重冲击，人道主义灾难频频上演，西方标榜的"自由主义普世价值"的内在虚伪性被充分揭露。当世界正在探索如何应对百年变局引发的诸多国际移民问题之时，一场突如其来的新冠肺炎疫情又开始在全球迅速蔓延。跨国流动被严重限制，移民（难民）群体及迁徙行为成为受疫情冲击最大的对象。在公共卫生危机中，国际移民的"脆弱性"凸显，不确定因素增多。总之，从2001年"9·11"事件至今的20年里，与逆全球化进程相伴而生的"反移民"浪潮在全球治理失灵的情况下愈演愈烈，难民问题也因持续爆发的地区战乱、国家内部冲突以及生态危机而演化为难以解决的全球性问题，全球移民治理困境成为全球治理整体性危机的一个"缩影"。

所以，基于当前形势，本书力求从分析2001年至今国际移民问题的客观现象入手，在结合国际移民问题研究相关理论的基础上，阐述了问题的产生是西方殖民主义及其后遗症、全球化与逆全球化进程、地区战乱和国内冲突、全球治理陷入困境等多重因素共同作用下产生的结果。同时，鉴于移民问题超越国家主权的特性，本书有针对性地提出了实现国际移民问题全球治理的有效路径，即以人类命运共同体理念为普遍共识，强化国际移民组织在全球移民治理中的主导地位，发挥全球移民网络和全球移民与发展论坛等多边议程的重要作用，最终以《移民问题全球契约》的目标指导具体行动，实现"安全、有序和正常"的全球移民秩序。

当然，本书也存在一些不足。首先，书中研究问题较多、时间跨度较大，难以完全回避现实问题存在一定交叉的情况。所以，本书仅选取了最重要的四个历史节点来总结移民问题发展的一般规律，其中可能会忽略一些具体问题，无法做到面面俱到。其次，移民问题是一个动态发展的问题，随时会有新的、甚至颠覆以往的情况出现，故本书并未对国际移民问题及治理的未来发展进行具体预测。

然而，虽然没有提出具体的预测分析，但笔者认为以下情况仍是未来国际移民问题发展的重要方向。第一，移民和难民问题将继续成为国际和国内的重要政治议题。虽然美国新任总统拜登承诺并逐步调整了特朗普时期的限制移民政策，但未来随着中美大国竞争的加剧和后疫情时代的到来，保守主义仍然会是政治主流，西方国家很难再回到对移民自由开放的过去。另外，导致难民产生的根源性问题在短期无法解决，未来不排除新的"难民潮"再次出现。相关国家在国际政治博弈中使难民问题"工具化"的现象会不断增多。第二，新冠肺炎疫情使移民问题变得愈加复杂。在经济环境逐渐恶化的国家，移民可能陷入更艰难的生活困境。针对移民的种族歧视将会更加严重，具有亚裔背景的移民群体被当成新冠肺炎疫情的替罪羊，而遭受歧视和攻击的事件恐将与日俱增。第三，欧洲将进入后难民危机时代，难民的融合将在很长一段时间从经济、政治等方面深刻影响欧洲社会。是持续不断地爆发安全事件还是相安无事地实现"多元文化"和谐共存，仍需时间来检验。最后，中国将在推动移民问题全球治理进程中发挥更大的作用。"中国智慧"善于"标本兼治"，这从曾经参与的联合国维和行动及地区事务中就可以看出——无论是国际维和的"冲突预防机制"还是在罗兴亚人问题上提供的援助和推动国家间协商，都体现了"中国方案"从源头处理难民问题的最优做法。在未来，"一带一路"倡议作为一个具有影响深远的国际合作平台，势必也将发挥其巨大的潜能，最终成为中国积极参与国际移民治理，甚至是参与地区和全球治理的重要载体。

参考文献

一、中文著作

1. 陈积敏：《国际非法移民治理比较研究》，中国社会科学出版社2019年版。

2. 陈松涛：《东盟域内非法移民问题及治理》，社会科学文献出版社2018年版。

3. 郭秋梅：《国际移民组织与全球移民治理》，暨南大学出版社2013年版。

4. 姬虹：《美国新移民研究（1965年至今）》，知识产权出版社2008年版。

5. 江涛、耿喜梅、张云雷等：《全球化与全球治理》，时事出版社2017年版。

6. 陆忠伟：《非传统安全论》，时事出版社2003年版。

7. 梁淑英：《国际难民法》，知识产权出版社2009年版。

8. 刘悦：《德国的华人移民——历史进程中的群体变迁》，浙江大学出版社2018年版。

9. 李晓岗：《难民政策与美国外交》，世界知识出版社2004年版。

10. 李明欢：《国际移民政策研究》，厦门大学出版社2011年版。

11. 李其荣：《国际移民与海外华人研究》，中国社会科学出版社2017年版。

12 刘齐生等：《欧洲各国移民历史、文化与治理》，人民出版社2019年版。

13. 毛国民：《欧洲移民发展报告（2018）：难民危机与管理》，社会科学文献出版社 2018 年版。

14. 毛国民：《欧洲移民发展报告（2019）：难民危机与移民融入》，社会科学文献出版社 2019 年版。

15. 秦亚青：《全球治理：多元世界的秩序重建》，世界知识出版社 2019 年版。

16. 田源：《移民与国家安全：威胁的衍生及其条件研究》，世界知识出版社 2010 年版。

17. 王帆、凌胜利：《人类命运共同体：全球治理的中国方案》，湖南人民出版社 2017 年版。

18. 伍慧萍：《移民与融入：伊斯兰移民的融入与欧洲的文化边界》，上海人民出版社 2015 年版。

19. 王冀平、单海鹏：《全球化背景下的国际移民问题及其经济影响》，中国社会科学出版社 2018 年版。

20. 王辉耀、苗绿：《国家移民局：构建具有竞争力的移民管理与服务体系》，中国社会科学出版社 2018 年版。

21. 吴前进：《欧洲移民危机与全球化困境：症结、趋势与反思》，社会科学文献出版社 2018 年版。

22. 汪波：《欧洲穆斯林问题研究》，时事出版社 2017 年版。

23. 王亮、张庆鹏：《非洲人在广州：跨境迁徙者的口述史》，知识产权出版社 2017 年版。

24. 习近平：《论坚持推动构建人类命运共同体》，中央文献出版社 2018 年版。

25. 俞可平等：《全球化与国家主权》，社会科学文献出版社 2004 年版。

26. 张秋生：《澳大利亚亚洲移民政策与亚洲新移民问题研究——20 世纪 70 年代以来》，社会科学文献出版社 2018 年版。

二、中文译著

1. ［英］安德鲁·赫里尔著，林曦译：《全球秩序与全球治理》，中国人民大学出版社 2018 年版。

2. ［瑞士］安托万·佩库、［荷兰］保罗·德·古赫特奈尔编，武云译：《无国界移民：论人口的自由流动》，译林出版社 2011 年版。

3. ［加纳］博艾敦著，李安由、田开芳、李丽莎译：《非洲人在中国：社会文化研究及其对非洲—中国关系的影响》，社会科学文献出版社 2018 年版。

4. ［意］富里奥·塞鲁蒂、朱立群、卢静主编：《全球治理：挑战与趋势》，社会科学文献出版社 2014 年版。

5. ［美］哈立德·科泽著，吴周放译：《国际移民》，译林出版社 2015 年版。

6. ［美］加里·S. 贝克尔、黛安娜·科伊尔著，徐春华译：《移民的挑战：一个经济学的视角》，中国人民大学出版社 2017 年版。

7. ［英］罗斯玛丽·赛尔斯著，黄晨熹译：《解析国际迁徙和难民政策：冲突和延续》，上海人民出版社 2011 年版。

8. ［英］卢克·马特尔著，宋妍译：《社会学视角下的全球化》，辽宁人民出版社 2014 年版。

9. ［意］洛蕾塔·拿波里奥尼著，尹杨译：《人贩：难民危机中的罪恶生意》，北京时代华文书局 2017 年版。

10. ［德］马克·恩格尔哈特编，孙梦译：《难民革命：新的人口迁徙是如何改变世界的》，文化发展出版社 2019 年版。

11. ［澳］彼得·辛格著，沈沉译：《如何看待全球化》，北京联合出版公司 2017 年版。

12. ［美］帕特里克·曼宁著，李腾译：《世界历史上的移民》，商务印书馆 2014 年版。

13. ［意］切萨雷·杰荣齐序，罗红波编：《移民与全球化》，社会科学文献出版社 2006 年版。

14. ［美］塞缪尔·P. 亨廷顿著，周琪等译：《文明的冲突与世界秩序的重建》，新华出版社 2010 年版。

15. ［美］塞缪尔·P. 亨廷顿著，程克雄译：《我们是谁：美国国家特性面临的挑战》，新华出版社 2005 年版。

16. ［美］小约瑟夫·奈、［加］戴维·韦尔奇著，张小明译：《理解全球冲突与合作：理论与历史（第十版）》，上海人民出版社2018年版。

17. ［美］约瑟夫·E. 斯蒂格利茨著，李杨、唐克、章添香译：《全球化逆潮》，机械工业出版社2020年版。

18. ［俄］亚·格·拉林著，刘禹、刘同平译：《中国移民在俄罗斯：历史与现状》，天津人民出版社2017年版。

三、中文期刊、论文

1. 储昭根："当前西方的反全球化浪潮：成因及未来走向"，《人民论坛·学术前沿》2017年第2期。

2. 陈志强："全球化语境下的欧洲化移民治理困境"，《华东经济管理》2010年第10期。

3. 陈斌：""人类命运共同体"视角下全球移民治理与中国角色"，《中国人民大学学报》2019年第1期。

4. 戴长征："国际人口流动中的反恐问题探析"，《中国人民大学学报》2009年第2期。

5. 房乐宪、江诗琪："当前欧盟应对难民危机的态势与挑战"，《同济大学学报（社会科学版）》2016年第6期。

6. 付随鑫："美国的逆全球化、民粹主义运动及民族主义的复兴"，《国际关系研究》2017年第5期。

7. 高奇琦："全球治理、人的流动与人类命运共同体"，《世界经济与政治》2017年第1期。

8. 葛腾飞："国家安全·社会认同·个人自由——'9·11'事件后美国社会政治领域中的移民问题"，《国际政治研究》2006年第3期。

9. 郝立新、周康林："构建人类命运共同体——全球治理的中国方案"，《马思主义与现实》2017年第6期。

10. 栾文莲："对当前西方国家反全球化与逆全球化的分析评判"，《马克思主义研究》2018年第4期。

11. 李明欢："当代西方国际移民理论再探讨"，《厦门大学学报（哲学社会科学版)》2010年第2期。

12. 蔺海鲲、哈建军："多元文化共生与人类命运共同体的构建"，《甘肃社会科学》2021年第1期。

13. 李明欢："20世纪西方国际移民理论"，《厦门大学学报（哲学社会科学版)》2000年第4期。

14. 李涛、高亮："罗兴亚问题对缅—孟关系和地区秩序的影响"，《民族学刊》2020年第62期。

15. 李益斌："欧盟恐袭主体认知偏差与'文明冲突'的关系"，《当代世界与社会主义》2019年第4期。

16. 路阳："国际移民新趋向与中国国际移民治理浅论"，《世界民族》2019年第4期。

17. 林红："'失衡的极化'：当代欧美民粹主义的左翼与右翼"，《当代世界与社会主义》2019年第5期。

18. 卢玲玲："19世纪英国对阿根廷的移民及其影响"，《西北大学学报（哲学社会科学版)》2018年第3期。

19. 唐慧云："移民问题高度政治化绑架美国政坛"，《文汇报》2018年1月27日第7版。

20. 宋全成："反移民、反全球化的民粹主义何以能在欧美兴起"，《山东大学学报（哲学社会科学版)》2018年第5期。

21. 宋全成："论法国移民社会问题的政治化——一种政治社会学的视角"，《山东大学学报（哲学社会科学版)》2010年第1期。

22. 石晨霞："全球治理机制的发展与中国的参与"，《太平洋学报》2014年第1期。

23. 王亚宁："难民危机背景下欧盟一体化边防管理存在的问题研究"，《武警学院学报》2019年第7期。

24. 文峰："制度与结构：难民危机对欧盟难民治理体系的冲击及其应对"，《暨南学报（哲学社会科学版）》2016年第4期。

25. 王伟、赛娜："欧洲白人极端主义的复燃及其挑战"，《现代国际关系》2019年第11期。

26. 王瑞平："对当前西方'反全球化'浪潮的分析：表现、成因及中国的应对",《当代世界与社会主义》2018 年第 6 期。

27. 徐坚:"逆全球化风潮与全球化的转型发展",《国际问题研究》2017 年第 3 期。

28. 阎学通:"新冠肺炎疫情为去全球化提供合理性",《国际政治科学》2020 年第 3 期。

29. 尹志国:"从全球化角度解读欧洲移民问题",《学术探索》2012 年 7 月。

30. 杨晴旼:"主权国家与联合国难民署视角下全球难民治理的困境分析",《国际关系研究》2017 年第 5 期。

31. 左晓斯:"全球移民治理与中国困局",《广东社会科学》2014 年第 5 期。

32. 朱陆民:"西方关于移民参政的几种理论阐释",《湖南师范大学社会科学学报》2004 年第 6 期。

33. 张宇燕:"全球化与去全球化:世界经济的视角",《探索与争鸣》2017 年第 3 期。

34. 郑京平:"新冠肺炎疫情对全球化的影响分析",《全球化》2020 年第 4 期。

35. 周琪:"美国的反全球化及其对国际秩序的影响",《太平洋学报》2017 年第 4 期。

36. 章雅荻:"国际移民问题全球治理的现状、困境与展望——以欧洲移民危机为例",《国际关系研究》2017 年第 1 期。

37. 张莉:"当前欧洲右翼民粹主义复兴运动的新趋向",《欧洲研究》2011 年第 3 期。

四、中文网络文献

1. 参考消息:"外籍劳工宿舍成抗疫盲点,新加坡付出高昂代价",https：//tech.sina.com.cn/roll/2020 - 05 - 14/doc - iircuyvi3062932.shtml。

2. 参考消息:"这国新冠确诊病例,多来自被美国遣返的移民",http：//news.sina.com.cn/w/2020 - 04 - 17/doc - iirczymi6922816.shtml。

3. 俄国防部："叙利亚境外难民人数超 670 万人"，http：//news. sina. com. cn/w/2020 - 09 - 18/doc - iivhuipp5142663. shtml。

4. 环球网："面对疫情，西方反华舆论的'狂欢'"，https：//world. huanqiu. com/article/3wzYBN2pohj？ qq - pf - to = pcqq. group。

5. 环球网："反歧视亚裔的怒火仍在美国燃烧"，https：//world. huanqiu. com/article/42Ur0BDcOVu。

6. 环球网："海牙国际法院，昂山素季为罗兴亚人问题辩护"，https：//world. huanqiu. com/article/9CaKrnKogq2。

7. 罗爱玲："欧洲要彻底解决难民问题，必须与中东北非国家携手"，http：//www. whb. cn/zhuzhan/huanqiu/20190709/275777. html。

8. 联合国常务副秘书长："移民是全球化的重要特征，对社会做出积极贡献"，https：//news. un. org/zh/story/2018/04/1005871。

9. 人民网："联合国通过《移民问题全球契约》，美等十国退出"，http：//m. people. cn/n4/2018/1211/c57 - 12027097. html。

10. 人民日报："用实际行动践行多边主义——论习近平主席在世界经济论坛'达沃斯议程'对话会上特别致辞"，http：//www. gov. cn/xinwen/2021 - 01/29/content_5583424. htm。

11. 搜狐网："新冠肺炎疫情蔓延至非洲，难民营防疫情况引发担忧"，https：//www. sohu. com/a/384254261_115239。

12. 时代财经："失业潮来袭超 2200 万人没了'饭碗'，美国产业链离华回迁可能性升高"，https：//new. qq. com/omn/20200421/20200421A00A1Q00. html。

13. 搜狐："拜登入主白宫的'头号大事'：全球抢夺科技人才，优先考虑跨国科技公司利益"，https：//www. sohu. com/na/445778273_237556。

14. 腾讯网："希腊最大难民营被烧毁 其中 35 人新冠病毒检测呈阳性"，https：//new. qq. com/omn/20200911/20200911A0AU0G00. html。

15. 伍慧萍："德国能否在难民危机中再次主导欧洲"，http：//www. beijingreview. com. cn/shishi/201601/t20160106_800046113. html。

16. 人民日报海外网："也门连年战乱 500 多万人失业，民众领救济物资维生"，https：//baijiahao. baidu. com/s？ id = 1632861654613241190&wfr

= spider&for = pc。

17. 新华网:"德国一难民营发生新冠病毒聚集性感染事件", https://news.china.com/internationalgd/10000166/20200518/38233729.html。

18. 潇湘晨报:"土耳其宣布开放边境:一场政治斗争导致的难民之殇", http://k.sina.com.cn/article_1655444627_62ac1493020012pnf.html?from = local。

19. 新华社:"王毅介绍中方在罗兴亚人问题上立场", http://www.xinhuanet.com/world/2017 - 11/19/c_1121978271.htm。

20. 新华网:"联合国:过去两周27万罗兴亚难民从缅甸逃往孟加拉国", http://www.xinhuanet.com/world/2017 - 09/09/c_1121636331.htm。

21. 新华社:"习近平在联合国生物多样性峰会上发表重要讲话", http://www.gov.cn/xinwen/2020 - 09/30/content_5548766.htm。

22. 新华网:"'血色星期五'促欧盟重新检视难民政策", http://www.xinhuanet.com//world/2015 - 11/18/c_128440003_2.htm。

23. 新浪网:"调查:非裔和亚裔美国人因新冠疫情遭受更多种族歧视", https://news.sina.com.cn/w/2020 - 07 - 02/doc - iirczymm0092929.shtml。

24. 新浪网:"因澳疫情未有效控制且种族歧视现象上升,中国教育部发布赴澳留学预警", https://news.sina.com.cn/c/2020 - 06 - 10/doc - iirczymk6167628.shtml。

25. 中国妇女网:"联合国:美国关押超10万非法移民儿童", http://www.cnwomen.com.cn/2019/11/21/99181333.html。

26. 中国青年网:"调查显示华裔加拿大人在新冠肺炎疫情暴发后遭遇种族歧视", https://www.360kuai.com/pc/9c3ec4f3d325dbfc3?cota = 3&kuai_so = 1&sign = 360_e39369d1&refer_scene = so_54。

27. 中国新闻网:"土耳其开放边界后,2天内约3.6万难民试图前往欧洲", https://www.chinanews.com/gj/2020/03 - 01/9109701.shtml。

28. 中国新闻网:"特朗普'零容忍'移民政策原计划分离2.6万家庭", https://www.chinanews.com/gj/2019/11 - 28/9019359.shtml。

29. 中国新闻网:"英国为何脱欧?专家:难民危机坚定英国脱欧决

心",https：//www.chinanews.com/gj/2016/06-24/7916626.shtml。

30. 中国国新闻网："全球新冠确诊逾1亿！抗疫鏖战中，有人迷失，有人坚守",http：//www.chinanews.com/gj/2021/01-27/9397336.shtml。

31. 中国新闻网："调查显示：新西兰亚裔人群在疫情期间遭遇种族歧视",http：//www.chinanews.com/hr/2020/06-29/9224364.shtml。

32. 中国网："古特雷斯：不排除缅甸正在进行'种族清洗'可能性",https：//news.china.com/internationalgd/10000166/20170914/31394767.html。

33. 中国新闻网："联合国大会通过《难民和移民问题纽约宣言》",https：//www.chinanews.com/gj/2016/09-19/8008121.shtml。

五、外文原著

1. Alexander Betts, *Global Migration Governance*, London：Oxford University Press, 2012.

2. Christopher Caldwell, *Reflections on the Revolution in Europe：Immigration, Islam, and the West*, New York：Doubleday, 2009.

3. Douglas Murray, *Der Selbstmord Europas：Immigration, Identität, Islam*, Berlin：Finanzbuch Verlag, 2018.

4. Elena Jurado and Grete Brochmann, *Europe's immigration challenge Reconciling Work, Welfare and Mobility*, London：I. B. Tauris, 2015.

5. Elspeth Guild, Stefanie Grant, C. A. Groenendijk, *Human Rights of Migrants in the 21st Century*, London：Routledge, 2017.

6. João Carvalho, *Impact of Extreme Right Parties on Immigration Policy：Comparing Britain, France and Italy*, Routledge, 2014.

7. Jocelyne Cesari, *Muslims in the West after 9/11：Religion, politics, and law*, New York：Routledge Press, 2010.

8. Karl-Heinz Meier-Braun, *Schwarzbuch, Migration, Die dunkle Seite unserer Flüchtlingspolitik*, Berlin：Beck C. H., Verlag, 2018.

9. Martin Geiger, Antoine Pécoud, *The International Organization for Migration：The New "UN Migration Agency" in Critical Perspective*, Switzerland：

Springer Nature, 2018.

10. Nausikaa Schirilla, *Migration und Flucht: Orientierungswissen für die Soziale Arbeit*, Stuttgart: W. Kohlhammer Verlag, 2016.

11. Sylviane A. Diouf, *Servants of Allah: African Muslims Enslaved in the Americas*, NYU Press, 2013.

12. Susan F. Martin, *International Migration: Evolving Trends from the Early Twentieth Century to the Present*, London: Cambridge University Press, 2014.

13. Sam Mullins, *Jihadist Infiltration of Migrant Flows to Europe: Perpetrators, Modus Operandi and Policy Implications*, London: Palgrave Macmillan, Febraury 26, 2019.

六、外文期刊论文

1. Ana LÓPEZ – SALA, "Managing Uncertainty: Immigration Policies in Spain during Economic Recession (2008 – 2011)", *Migraciones Internacionales*, July, 2013.

2. Alessandro Bufalini, "The Global Compact for Safe, Orderly and Regular Migration: What is its contribution to International Migration Law", *QIL*, May, 2019.

3. Antoine Pécoud, "Narrating an ideal migration world? An analysis of the Global Compact for Safe, Orderly and Regular Migration", *Third World Quarterly*, June, 2020.

4. Antoine Pécoud, "What do we know about the International Organization for Migration", *Journal of ethnic and migration studies*, March, 2018.

5. Bauder, Harald. "Understanding Europe's Refugee Crisis: A Dialectical Approach", *Geopolitics, History and International Relations*, July, 2016.

6. Concepción Carrasco Carpio, "Immigration and Economic Crisis: Analysis of the Impact in Spain", *Critical Sociology*, February, 2017.

7. Caitlyn Yates, "As More Migrants from Africa and Asia Arrive in Latin America, Governments Seek Orderly and Controlled Pathways", *Migration Infor-*

mation Source, October, 2019.

8. DMC, "Global Report on Internal Displacement 2019", *Geneva: Norwegian Refugee Council*, May 2019.

9. Elspeth Guild, Tugba Basaran and Kathryn Allinson, "From Zero to Hero? An analysis of the human rights protections within the Global Compact for Safe, Orderly and Regular Migration (GCM)", *International Migration*, June, 2019.

10. Erik Bleich, "The Legacies of History? Colonization and Immigrant Integration in Britain and France", *Theory and Society*, April, 2005.

11. Freeman. G. P, "Migration and the Political Economy of the Welfare State", *The Annals of the American Academy of Political and Social Science*, April, 1986.

12. Ford, Robert S., "The Least Bad Option", *Foreign Affairs*, Volume 96, Number 6, November/December, June, 2017.

13. Hassan Faruk Al Imran, Md. Nannu Mian, "The Rohingya Refugees in Bangladesh: A Vulnerable Group in Law and Policy", *Journal of Studies in Social Sciences*, Number 2, May, 2014.

14. Jonathan Zaragoza-Cristiani, "Containing the Refugee Crisis: How the EU Turned the Balkans and Turkey into an EU Borderland", *The International Spectator*, Nov, 2017.

15. Jane Mcadam, "Introductory note to global compact for safe, orderly and regular migration", *American Society of International Law*, Jun, 2019.

16. Jane McAdam, "The Global Compacts on Refugees and Migration: A New Era for International Protection?", *International Journal of Refugee Law*, April, 2018.

17. Justin Gest, Ian M. Kysel, "Protecting and Benchmarking Migrants' Rights: An Analysis of the Global Compact for Safe, Orderly and Regular Migration", *International Migration*, June, 2019.

18. Jan Wouters, Evelien Wauters, "The UN Global Impact For Safe, Orderly And Regular Migration: Some Reflections", *Leuven Centre for Global Gov-*

ernance Studies, February, 2019.

19. J. Kevin Appleby, "Implementation of the Global Compact on Safe, Orderly, and Regular Migration: A Whole – of – Society Approach", *Journal on Migration and Human Security*, 2020.

20. K. Lux, Thomas, "Die AfD und die unteren Statuslagen. Eine Forschungsnotiz zu Holger Lengfelds Studie Die 'Alternative für Deutschland': eine Partei für Modernisierungsverlierer", *KZFSS Kölner Zeitschrift für Soziologie und Sozialpsychologie*, June, 2018.

21. Martin Håkansson, "The Economization of Migration: Games played in the arena of Migration", *International Human Rights, Refugee law*, Autumn, 2005.

22. Megan Bradley, "The International Organization for Migration (IOM): Gaining Power in the Forced Migration Regime", *Refuge*, May, 2017.

23. Michelle Hackman, "U. S. Immigration Courts' Backlog Exceeds One Million Cases", *The Wall Street Journal*, September, 2019.

24. Nancy Riordan, "Internal Displacement in Iraq: Internally Displaced Persons and Disputed Territory", *New England Journal of Public Policy*, February, 2016.

25. Natasha T. Duncan, Brigitte S. Waldorf, "High skilled immigrant recruitment and the global economic crisis: the effects of immigration policies", *Working Paper*, February, 2010.

26. R. Swiers, C. Johnman, F. Sim, P. Mackie, "Migration, ethnicity, race and health, Public Health", *The Royal Society for Public Health*, March, 2019.

27. Robert G. Cushing, "Immigration status and jobs lost during the US recession of 2007 – 09", *Immigration and the Financial Crisis: The United States and Australia Compared*, UK: MPG Books Group, May, 2011.

28. Ryszard Cholewinski, Patrick Taran, "Migration, Governance and Human Rights: Contemporary Dilemmas in the Era of Globalization", *Refugee Survey Quarterly*, May, 2015.

29. Soma Chatterjee, "Immigration, anti – racism, and Indigenous selfde-

termination: towards a comprehensive analysis of the contemporary settler colonial", *Social Identities*, May 23, 2018.

30. Sanam Noor, "Afghan Refugees After 9/11", *Pakistan Horizon*, January, 2006.

31. Todd Bensman, "The Ultra – marathoners of Human Smuggling: How to Combat the Dark Networks that Can Move Terrorists over American Land Borders", *Homeland Security Affairs Journal*, May, 2016.

32. Tsosie, Rebecca, "Indigenous Women and International Human Rights Law: The Challenges of Colonialism, Cultural Survival, and Self – Determination", *Journal of International Law & Foreign Affairs*, Spring, 2010.

33. Troianovski, Anton, "On Arctic Frontier, A Spy Mystery", *The Washington Post*, February 4, 2018.

七、外文网络文献

1. Andrew Lawler, "Muslims Were Banned from the Americas as Early as the 16th Century", https: //www. smithsonianmag. com/history/muslims – were – banned – americas – early – 16th – century – 180962059/.

2. Ashok Swain, "Increasing Migration Pressure and Rising Nationalism: Implications for Multilateralism and SDG Implementation", https: //www. un. org/development/desa/dpad/wp – content/uploads/sites/45/publication/SDO_BP_Swain. pdf, p1 – 2.

3. Ayça Tekin – Koru, "Precarious lives: Syrian refugees in Turkey in corona times", April 6, 2020, https: //voxeu. org/article/precarious – lives – syrian – refugees – turkey – corona – times.

4. Alex Nowrasteh, "Terrorism and Immigration: A Risk Analysis", Published by the Cato Institute, https: //www. cato. org/publications/policy – analysis/terrorism – immigration – risk – analysis.

5. Ana Gonzalez – Barrera and Jens Manuel Krogstad, "What We Know About Illegal Immigration From Mexico", https: //www. pewresearch. org/fact –

tank/2019/06/28/what – we – know – about – illegal – immigration – from – mexico/? about – illegal – immigration – from – mexico%2f.

6. Council on American – Islamic Relation, "The status of Muslim civil rights in the United States 2009", p. 8, http: //www. cair. com/Portals/0/pdf/CAIR_2009_Civil_Rights_Report. pdf.

7. Clinton, Hillary R. , "America's Pacific Century", http: //www. state. gov/secretary/rm/2011/10/175215. htm.

8. Demetrios G. Papademetriou, "Managing the Pandemic and Its Aftermath: Economies, Jobs, and International Migration in the Age of COVID – 19", https: //www. migrationpolicy. org/sites/default/files/publications/tcm2020 – papademetriou – migration – covid – 19_final. pdf.

9. Danilo Zak, "Immigration – related Executive Actions During the COVID – 19 Pandemic", https: //immigrationforum. org/article/immigration – related – executive – actions – during – the – covid – 19 – pandemic/.

10. Emily Fishbein, "Fear and uncertainty for refugees in Malaysia as xenophobia escalates", https: //www. thenewhumanitarian. org/news/2020/05/25/Malaysia – coronavirus – refugees – asylum – seekers – xenophobia.

11. Foster, "How U. S. Immigration Policy Has Changed Since 9/11", https: //www. fosterglobal. com/blog/how – u – s – immigration – policy – has – changed – since – 911/.

12. FAIR, "Identity and Immigration Status of 9/11 Terrorists", https: //www. fairus. org/issue/national – security/identity – and – immigration – status – 9·11 – terrorists.

13. GFMD, "The GFMD Mayors Mechanism", https: //gfmd. org/process/gfmd – mayors – mechanism.

14. International Organization for Migration (IOM), "Glossary on Migration 2019", p. 132, https: //publications. iom. int/system/files/pdf/iml_34_glossary. pdf.

15. IMF, "Globalization: Threat or Opportunity", https: //web. archive. org/web/20170827130311/http: //www. imf. org/external/np/exr/ib/

2000/041200to. htm#I.

16. John Letzing, "How COVID - 19 is throttling vital migration flows", https：//www. weforum. org/agenda/2020/04/covid - 19 - is - throttling - vital - migration - flows/.

17. Julia Gelatt, Jeanne Batalova, and Randy Capps, "An Early Readout on the Economic Effects of the COVID - 19 Crisis Immigrant Women Have the Highest Unemployment", https：//www. migrationpolicy. org/sites/default/files/publications/COVID - 19 - Unemployment - Women - FS - FINAL. pdf.

18. Muzaffar Chishti, Claire Bergeron, "Post - 9/11 Policies Dramatically Alter the U. S. Immigration Landscape", https：//www. migrationpolicy. org/article/post - 911 - policies - dramatically - alter - us - immigration - landscape.

19. Mallie Jane Kim, "After 9/11, Immigration Became About Homeland Security", https：//www. usnews. com/news/articles/2011/09/08/after - 911 - immigration - became - about - homeland - security - attacks - shifted - the - conversation - heavily - toward - terrorism - and - enforcement.

20. Michelle Mittelstadt, Burke Speaker, Doris Meissner Muzaffar Chishti, "Through the Prism of National Security：Major Immigration Policy and Program Changes in the Decade since 9/11", p. 2, https：//www. migrationpolicy. org/pubs/FS23_Post - 9 - 11policy. pdf.

21. Mathias Czaika, Hein de Haas, "The Globalization of Migration：Has the World Become More Migratory", https：//onlinelibrary. wiley. com/doi/full/10. 1111/imre. 12095.

22. Md. Shahidul Haque, "COVID - 19 could bring about a migration crisis. Here's how we can avoid it", https：//www. weforum. org/agenda/2020/04/covid19 - coronavirus - migration - crisis - refugees - international/.

23. Muzaffar Chishti and Sarah Pierce, "Crisis within a Crisis：Immigration in the United States in a Time of COVID - 19", https：//www. migrationpolicy. org/article/crisis - within - crisis - immigration - time - covid - 19.

24. OECD, "International Migration Outlook 2009, Paris：Organization for EconomicCoopera - tionandDevelopment", http：//www. oecd. org/els/mig/in-

ternationalmigrationoutlook2009. htm.

25. OECD, "What is the impact of the COVID-19 pandemic on immigrants and their children", https://www.sirius-project.eu/sites/default/files/attachments/oecd.pdf.

26. PIIE, "What Is Globalization? And How Has the Global Economy Shaped the United States", https://www.piie.com/microsites/globalization/what-is-globalization.

27. Patrycja Sasnal, "Domesticating the Giant: The Global Governance of Migration", https://www.cfr.org/report/domesticating-giant-global-governance-migration.

28. Reuters, "Indonesian envoy to urge Myanmar to halt violence against Rohingya Muslims", https://www.reuters.com/article/us-myanmar-rohingya-indonesia/indonesian-envoy-to-urge-myanmar-to-halt-violence-against-rohingya-muslims-idUSKCN1BE0HS.

29. Ted Hesson, "Five Ways Immigration System Changed After 9/11", https://abcnews.go.com/ABC_Univision/News/ways-immigration-system-changed-911/story?id=17231590.

30. UN Department of Economic and Social Affairs, "Global Forum on Migration and Development", https://sustainabledevelopment.un.org/index.php?page=view&type=30022&nr=1872&menu=3170.

31. UNESCO: "Asylum seeker", https://www.unesco.org/new/en/social-and-human-sciences/themes/inernational-migration/glossary/asylum-seeker.

32. UNHCR, "Global Trends: 2019", p.64, https://www.unhcr.org/statistics/unhcrstats/5ee200e37/unhcr-global-trends-2019.html.

33. USCI, "Buy American and Hire American: Putting American Works First", https://www.uscis.gov/laws-and-policy/other-resources/buy-american-and-hire-american-putting-american-workers-first.

34. U.S. Citizenship and Immigration Services, "Overview of Agency History: Post-9/11", https://www.uscis.gov/about-us/our-history/post-911.

35. Zoe Todd, "By the Numbers: Syrian Refugees Around the World", https://www.pbs.org/wgbh/frontline/article/numbers-syrian-refugees-around-world/.

图书在版编目（CIP）数据

国际移民问题研究.2001—2021 / 李琦著.—北京：时事出版社，2023
ISBN 978-7-5195-0483-0

Ⅰ.①国… Ⅱ.①李… Ⅲ.①移民问题—研究—世界—2001-2021 Ⅳ.①D523.8

中国国家版本馆 CIP 数据核字（2023）第 007695 号

出 版 发 行：	时事出版社
地　　　址：	北京市海淀区彰化路 138 号西荣阁 B 座 G2 层
邮　　　编：	100097
发 行 热 线：	（010）88869831　88869832
传　　　真：	（010）88869875
电 子 邮 箱：	shishichubanshe@sina.com
网　　　址：	www.shishishe.com
印　　　刷：	北京良义印刷科技有限公司

开本：787×1092　1/16　印张：13.5　字数：230 千字
2023 年 6 月第 1 版　2023 年 6 月第 1 次印刷
定价：88.00 元

（如有印装质量问题，请与本社发行部联系调换）